Winfried Brandau

# FINSTERNISSE IN LICHT VERWANDELN
Pater Pio in Kontakt mit einem Seher

Betrachtungen

Impressum:

1998
© by Bernardus-Verlag Langwaden
    Alle Rechte vorbehalten


Gesamtherstellung:
Zisterzienserkonvent Langwaden
Bernardus-Verlag
Satzstudio M. Brand
Kloster Langwaden
D-41516 Grevenbroich
Tel.: 0 21 82 / 88 02 - 28
Fax: 0 21 82 / 88 59 13

ISBN 3-910082-62-9

Winfried Brandau

# FINSTERNISSE IN
# LICHT VERWANDELN

Pater Pio in Kontakt mit einem Seher

Betrachtungen

**Bernardus-Verlag**
**Langwaden**

# Inhaltsverzeichnis

# Vorwort

Das hier Vorgelegte soll ein Zeugnis sein für das Übermaß der Barmherzigkeit Gottes, die durch ihre Auserwählten immer wieder Licht bringen will in die wachsende Dunkelheit unserer Zeit.

Nicht nur im Okkultismus, Satanskult, Drogenmißbrauch und anderen Süchten kommen wir mit dunklen Mächten in Berührung, sondern auch in verantwortungsloser Umweltzerstörung, maßlosem Medienkonsum, in Egoismus, Ängsten und in der Verdrängung der Sehnsucht nach Gott.

Da die Zeit drängt, sendet Er neben den wachrüttelnden Worten, die Er durch die Gottesmutter in die Welt rief, auch Botschaften durch begnadete Sühneseelen.
Wie es die folgenden Seiten eindeutig zeigen, offenbart Er sich durch ein auserwähltes Werkzeug. Es ist der weltweit verehrte und geliebte P a t e r  P i o aus Süd-Italien, der – wie sein Ordensvater Franziskus – die Wundmale des Herrn trug dessen Seligsprechung voraussichtlich noch in diesem Jahr bevorsteht.
Als Märtyrer des Beichtstuhles – ähnlich wie der heilige Pfarrer von Ars¬, als Prophet und Wundertäter, vor allem aber durch sein schweres Sühneleiden brachte er Millionen von Pilgern Hilfe und Heilung.

Aber nicht nur in seinem Erdenleben hat er ständig „Finsternisse in Licht verwandelt". Gott, der Herr, hat ihn in besonderer Weise berufen, solches vom Jenseits aus fortzusetzen.
Dies ist an uns weitergegeben durch einen begnadeten Seher, Wilhelm K u r t s i e f e r.
Gott ließ ihn vieles aus dem Jenseits schauen und hören, insbesondere aber Botschaften von Pater Pio, zunächst bestimmt für einen kleinen Kreis, aber auch – nach dem Tod des Sehers – zur Weitergabe an die Menschen unserer Zeit, die letzte Orientierung suchen.
Diese Botschaften wollen die Augen öffnen für die oft vergessenen Quellen des Trostes, der inneren Heilung, der Geborgenheit, der Freude, – und für die unbezwingbaren Waffen des Lichtes. Darüber hinaus schenken sie uns die seltene Möglichkeit, einen Blick in die heiligen Geheimnisse des Jenseits zu werfen. So antworten sie auf Fragen, die vielen auf der Seele brennen, – und wollen uns helfen, den Alltag zielbewußter zu leben mit allseinen uns von Gott zugedachten Chancen, wollen das Feuer neu entfachen das alle Finsternisse besiegt.

## Sinn und Bedeutung solcher Botschaften...

...treten uns um so deutlicher vor Augen, wenn wir vorher kurz bedenken, wo wir heute stehen.

In einer Tagung zum Thema „Zeitgeist, Religion und Fernsehen" haben Medienfachleute und Theologen versucht, die gegenwärtige Stimmungslage in der Gesellschaft zu beschreiben (1). In einer anschließend herausgegebenen Dokumentation zur Tagung heißt es im Vorwort:

> „In dem Maße, wie der Fortschrittsglaube brüchig wird, stellen sich wieder die alten religiösen Fragen. Die Menschen sind wieder offen für spirituelle Themen".

Aber sie geben auch zu bedenken:

> „Der Markt an Sinngebungs-Angeboten ist unüberschaubar geworden".

Genau hier setzt nach Rahner der Sinn, die Bedeutung von Privatoffenbarungen wie der vorliegenden ein. Der Mensch braucht besonders heute angesichts des pluralen Meinungsangebotes Leitlinien für die Gestaltung seines Lebens.

In der einfachen Sprache des Pater Pio stellt uns der Herr kurze, prägnante Hinweisschilder vor Augen. Sie legen den Finger auf richtungweisende Worte der Heiligen Schrift, die für uns heute von besonderer Bedeutung sind, weil sie Fragen nachgehen, die vielen auf der Seele brennen. Es ist, wie wenn dieser begehrte, außergewöhnliche Seelenführer uns persönliche Worte mit auf den Weg gibt, kostbare, klare, archetypische Worte, die zu unserer Seele sprechen, an die man sich immer wieder erinnert und die so allmählich in unserem Leben führend werden.

Der Seher weist darauf hin, daß Pater Pio im Auftrag steht, uns zu trösten, Mut zu machen und zu weiterem Nachdenken über das Geoffenbarte anzuregen.

In diesem Dienste stehen die vom Herausgeber angefügten Meditationen. Sie sind im Geiste Pater Pios geschrieben, der uns zu tieferem Verständnis der Heiligen Schrift führen will.

------

1 Vgl. Dokumentation zur Tagung „Zeitgeist, Religion und Fernsehen", zit. nach Hermann Josef Lauter, Besprechung der Dokumentation zur Tagung in: Pastoralblatt der Diözesen Aachen, Berlin, Essen, Hildesheim, Köln, Osnabrück, 42. Jg.

Um seinem Grundanliegen, der Vertiefung des geistlichen Lebens, gerecht zu werden, ziehen die Meditationen nicht nur zu einer jeweiligen Botschaft weitere Botschaften hinzu, die den Kontext erhellen, sondern knüpfen auch an entsprechende Äußerungen Pater Pios an, die er zu Lebzeiten getan hat und auf die er von drüben aufmerksam macht.

Gelegentlich bringen die Meditationen zur Veranschaulichung der Anliegen des wortkargen Paters auch entsprechende Zeugnisse, welche die Anliegen des Pater Pio bestätigen und plastisch vor Augen stellen.

Nun wollen wir uns den kritischen Fragen zuwenden, die erfahrungsgemäß von vielen gestellt werden, wenn es um etwas so Außergewöhnliches wie Kundgaben aus dem Jenseits geht.

– „Privatoffenbarungen"? Was ist davon zu halten?
– Ist die Offenbarung nicht abgeschlossen?
– Wie denkt man im Raum der Kirche darüber?
– Gibt es wirklich heute noch Seher und Propheten?
– Wie kann man sie unterscheiden von Scharlatanen, Spiritisten, „falschen Propheten" und von sogenannten Sehern, deren Informationsquelle in Wahrheit ihr Unterbewußtsein ist?

Antwort finden wir in der Forschungsarbeit bedeutender Theologen, wie Bischof Dr. Rudolf Graber, Karl Rahner, der ehem. reformierte Pastor Willem van Dam (Autor von „Tote sterben nicht"), Ignatius von Loyola in der klassischen Lehre der „Unterscheidung der Geister" und nicht zuletzt in der Heiligen Schrift.

Ich möchte einige Aussagen anfügen, die aus sich heraus den Stellenwert der Privatoffenbarungen deutlich machen. Vorweg eine Schriftstelle aus dem Alten Testament:

*„Ich werde in den letzten Tagen meinen Geist über alles Fleisch ausgießen. Da werden eure Söhne und Töchter prophezeien, eure Jünglinge werden Gesichte schauen und eure Greise Traumgesichter haben"* (Joel 3,1).

In seiner besonders klaren Sprache macht R a h n e r den Wert der Privatoffenbarung und des Prophetischen heute deutlich:

„Das kleine Tor einer Privatoffenbarung sei gepriesen, wenn Menschen dadurch den ersten Eingang in eine wirkliche Erfassung des Christentums finden, wie dies oft geschieht".

„Das Prophetische in der Kirche hat trotz der Abgeschlossenheit der Offenbarung seine unersetzliche Bedeutung in der Kirche!"(1)

Rahner führt weiter aus, daß das Prophetische im Laufe der Kirchengeschichte diese immer maßgebend beeinflußt hat und durch nichts ersetzt werden kann.

„Immer muß es neben dem durch Handauflegung weitergegebenen Amt in der Kirche auch die menschlich unübertragene Berufung des Propheten geben. Keine der beiden Gaben kann die andere ersetzen."(1)

In der abschließenden Klarstellung zeigt Rahner eine wesentliche Saite dieser Botschaften auf:

„Privatoffenbarungen sind in ihrem Wesen ein Imperativ, wie in einer bestimmten geschichtlichen Situation von der Christenheit gehandelt werden soll; sie ist wesentlich keine neue Behauptung, sondern ein neuer Befehl."(1)

Ergänzend zu Rahners Aussagen möchte ich die tiefgründige Sicht von Geschichte, wie sie Bischof Dr. G r a b e r entwickelt hat, vorstellen. Sie eröffnet meines Erachtens eine neue Dimension:

„Die äußere Geschichte bedarf innerer, tragender, büßender und sühnender Seelen, die vor Gott gutmachen, was im äußeren Bereich an Bösem geschieht. In dieser Gegenüberstellung offenbart sich ein göttlicher Plan und ebenso in der Beobachtung eine Art mystischer Abfolge, denn es scheint, daß begnadete Seelen einander ablösen, so daß die Linie der Sühne nicht abreißt."(2)

Zu diesen „begnadeten Seelen" gehört neben dem weltbekannten Kapuzinermönch Pater Pio auch der eher unbekannte Seher aus Bonn, W i l h e l m  K u r t s i e f e r.

Obwohl er mit außerordentlichen Gnadengaben beschenkt war, sah er seine eigentliche Berufung in einem ganz verborgenen Apostulat, indem er den Menschen auf besondere Weise Wohltaten erwies. Um Seelen zu retten, verbrachte er Tag und Nacht viele Stunden in fürbittendem Gebet, freiwilliger Buße und Sühneleiden, das ihn fast an den Rand seiner Kräfte brachte.

-----

1 Karl Rahner, Visionen und Prophezeiungen, hrsg. v. J. Sudbrack (Freiburg i.Br. 1989) 78 u. 32; bzw. 31, 30; bzw. 29.
2 Robert Ernst, Die Seherin aus dem Ruhrgebiet (Stein am Rhein 1988) 7.

Im Theologiestudium habe ich insbesondere die Werke der ausgewiesenen Kenner auf dem Gebiet der Unterscheidung der Geister, Johannes vom Kreuz und Ignatius von Loyola, erforscht. Dies hat mich in die Lage versetzt festzustellen, daß Wilhelm Kurtsiefer den Echtheitskriterien ihrer Lehre auf der ganzen Linie entspricht (Näheres darüber siehe Kapitel Hinführung). Das visionäre Erleben des Sehers wird zutreffend beschrieben durch die folgenden Beurteilungskriterien für die Echtheit christlicher Visionäre, die der oben genannte Dr. v a n D a m aufgrund seiner Erfahrungen formulieren konnte:

„Viele Visionäre durften einen Blick ins Jenseits werfen; sie hatten dabei das Gefühl, dieses Land mit dem Geist zu besuchen. Dabei befanden sie sich nicht am Rande des Todes, im Koma oder einem Trance-Zustand. Oft befanden sie sich im Gebet, wenn sie das Jenseits schauten. Sie standen vollauf in diesem Leben und durften von hier aus über die Grenzen hinweg eine Ausflug machen oder einen Blick werfen in die für normale Augen unsichtbare Wirklichheit nach diesem Leben.

Christliche Visionäre haben, ganz anders als Sensitive oder spiritistische Medien, das Bewußtsein, daß ihre Augen und Ohren von Gottes Geist geöffnet werden, und zwar nicht in dem Augenblick, in dem sie das wünschen, sondern wenn er es will.

Sie sind sich bewußt, daß sie nur das sehen dürfen, was Gott sie sehen lassen will und was für das Glaubensleben der Menschen nützlich ist."(1)

Ich möchte hervorheben, daß der Seher W.K. wie ich persönlich von ihm weiß, niemals Kontakte von sich aus mit Jenseitigen suchte, sondern lediglich passive Empfangsstation war.

---

1 W. Cornelius VAN DAM, Tote sterben nicht (Aschaffenburg 1980) 70f.

## Was wissen wir über das Verhältnis von Pater Pio und dem Seher?

Sie sind sich persönlich nie begegnet. Aber sie mußten einander kennen. Darauf deutet die vertraute Anrede hin, mit der Pater Pio seine Botschaften einleitet: „Carissime!" (dt.: „Teuerster").

Wie aber war eine sprachliche V e r s t ä n d i g u n g möglich, da der Seher kein Italienisch und Pater Pio kein Deutsch gelernt hatte?
Einen erstaunlichen Hinweis gibt uns ein Biograph Pater Pios, Arni Decorte: „Im Beichtstuhl v e r s t a n d Pater Pio j e d e r m a n n s S p r a c h e und jeder ihn. Er sprach ebenso gut Englisch wie Französisch und auch die ausgefallensten Dialekte Amerikas, Chinas und sogar Japans stellten für ihn kein Hindernis dar" (1). Erinnert dies nicht an das „Pfingstwunder"?

Aber noch ein anderes großes Wunder, das Pater Pio zuteil wurde, erleichterte die Verbindung mit dem Seher:
Da er, wie sein Ordensvater Franziskus und wie der heilige Antonius von Padua, die seltene Gabe der B i l o k a t i o n hatte – die Fähigkeit, an zwei Orten gleichzeitig zu sein – (2), war er auf diese Weise dem Seher schon zu Lebzeiten oft mit Mitteilungen erschienen. Dies geschah, auch um ihm Tröstung und Stärkung in seinem schweren Sühneleiden zu bringen, zuweilen auch, um seine besonders vollmächtige Gebetshilfe zu erbitten. Dies war der Fall, wenn er Katastrophen vorhersah, oder in besonders schwierigen Anliegen der Seelenrettung.

Pater Pio und der Seher hatten – wie der heilige Pfarrer von Ars – die prophetische Gabe der H e r z e n s s c h a u , sahen also das Vergangene, Gegenwärtige und Kommende in Einem.

Diese wunderbare Gabe Pater Pios durfte ich eines Tages selbst erleben: Wie überrascht war ich, als ich erfuhr, daß er eine Frage, die mich eine Zeit lang plagte, von drüben schon vorausgesehen hatte und mir durch den Seher seine Antwort zukommen ließ!

------

1 Arni Decorte, Pater Pio aus Pietrelcina (Hauteville 1993) 83.
2 Vgl. Kapitel Hinführung.

Es handelte sich um die Frage, ob die erläuternden und vertiefenden Illustrationen, die ich seinen Botschaften beifügte, von ihm selbst gewollt seien oder nicht.

Bereits am 28.04.1972 gab er dem Seher, wie ich erst gegen Ende dieses Buches zufällig entdeckte, eine genaue Vorausschau der Art meiner Herausgabe seiner Botschaften.
In seiner Güte nahm er mir alle Zweifel: Er nannte sie „ein Vermächtnis der Assoziation".

In Dankbarkeit und Verehrung gedenke ich des im September 1985 verstorbenen und auf dem „Alten Friedhof" in Bonn beigesetzten Wilhelm Kurtsiefer. Er vertraute mir die Herausgabe der ihm zuteil gewordenen Offenbarungen an. Dies sollte nicht vor sieben Jahren nach seinem Tode geschehen.

Aufschlußreiches über den Seher und sein Leben siehe Kapitel Hinführung (S. 24ff.).

Düsseldorf im Mai 1998                                    Winfried Brandau

# WER WAR DIESER
# PATER PIO?

## Kurzbiographie von Pater Pio

**Wer war dieser Pater Pio,**
- der wie ein Magnet Hunderttausende von Hilfesuchenden aus aller Welt nach San Giovanni Rotondo anzog, Menschen, die in seelischem Leid, körperlichen Gebrechen und Schwierigkeiten aller Art Hilfe suchten,
- dessen Seligsprechungsprozeß bereits kurz nach seinem Tode eingeleitet wurde,
- von dem ein Mitbruder öffentlich sagen konnte: „Pater Pio ist den Menschen des 20. Jahrhunderts durch sein Leben und sein Apostolat wie kein anderer ein lebendiger Christus geworden"?

Am 25. Mai 1887 wurde Francesco Forgione in Pietrelcina (Süditalien) als Sohn eines Kleinbauern geboren. Er hatte einen Bruder und drei Schwestern. Der stille Knabe war gern allein, betete eifrig und verspürte schon früh eine große Sehnsucht nach Jesus im Heiligen Sakrament des Altares. Wie die Mutter bezeugt, wuchs in ihm die Liebe zu Gott und die Neigung, Ihm Opfer zu bringen, mit den Jahren immer mehr. Manchmal fand sie das Bett unberührt, da Franz es vorgezogen hatte, auf dem Boden zu schlafen.

Mit 15 Jahren verwirklicht sich sein größter Wunsch: Er tritt in das Kloster der Kapuziner in Morcone ein. Tapfer bestand er alle Anfechtungen des Widersachers und wurde dann dafür durch besondere Gnaden getröstet und gestärkt. Nach den Studienjahren wird er am 10. August 1910 im Dom von Benevent zum Priester geweiht. Auf dem Primizbildchen ist sein ganzes priesterliches Programm zusammengefaßt:

> „Heute, da ich zitternd Dich erhebe,
> in einem Geheimnis der Liebe,
> wünsche ich, MIT DIR für die Welt
> WEG, WAHRHEIT und LEBEN
> und für Dich heiliger Priester,
> vollkommenes SÜHNEOPFER zu sein".

Die Antwort Gottes war über die Maßen groß:
Am 20. September 1918 werden ihm während der Danksagung seiner heiligen Messe die W u n d m a l e des Herrn an den Händen, den Füßen und der Seite eingeprägt. So wurde er der erste stigmatisierte Priester.

Diese Wundmale sind von verschiedenen Ärzten wiederholt untersucht worden. Übereinstimmend kamen sie zu dem Ergebnis: medizinisch erklärbare Ursachen sind auszuschließen. In einem Buch veröffentlichte Dr. Festa seine gründlichen Untersuchungen. Sie ließen ihn zu einem tieferen Glauben finden. Wie viele andere sieht er in diesen sichtbaren Zeichen an den Händen, den Füßen und der Seite ein erschütterndes Mahnmal, das an die Leiden Christi erinnert, an den hohen Preis unserer Erlösung, der allzu leicht in Vergessenheit gerät.

Bald wurde für den nun einsetzenden Zustrom der Pilger eine große, neue Kirche nötig. Sie kamen voll Vertrauen auf Gott, die himmlische Mutter und den stigmatisierten „Padre", der in außerordentlicher Weise Werkzeug Gottes war. Nicht nur aus Italien kamen sie. Amerikaner, Engländer, Franzosen, Deutsche, Schweizer, Asiaten, Afrikaner, Menschen aus der ganzen Welt wollten Pater Pio erleben, ihm begegnen. Zwei gewaltige Pole traten in den Vordergrund, durch die er mit diesen vielen Menschen in Verbindung stand: der B e i c h t s t u h l und der A l t a r .

Täglich erreichten ihn Hunderte von Briefen derer, die nicht selbst kommen konnten. Gern setzte er sich in Gebet, Opfer und Leiden für sie alle ein, nicht nur tagsüber, sondern trotz seiner schwachen Gesundheit auch viele Stunden in der Nacht.
Er gehörte ganz Gott und den Menschen, die ihm zugeführt wurden.
Auffallende Bekehrungen, wunderbare H e i l u n g e n und Hilfen in verschiedensten Nöten folgten und wirkten weltweit Segen.

Zu seinen großen Leiden gehörte auch ein Verleumdungsfeldzug, infolgedessen er zum Einsiedlerleben bestimmt wurde.

Aber Gottes Allmacht und Liebe hatten durch die seltene Gabe der Bilokation (1) vorgesorgt. So war er in der Lage, seine hilfreiche seelsorgliche Tätigkeit sogar in dieser Zeit ungehindert fortzusetzen, überall da, wo er gebraucht wurde.

Ein bleibendes Zeugnis für seine echte, tatkräftige Liebe zu den geplagten Leidenden ist das größte K r a n k e n h a u s Süd-Italiens. Durch die vielen Spenden, die ihm die Pilger brachten, konnte er es erbauen lassen, trotz starker Widerstände. Er nannte es jedoch nicht „Krankenhaus", sondern „Haus zur Linderung des Leidens". Damit wollte er zum Ausdruck

--------
1 Die Gabe, an zwei Orten zugleich zu sein. Vgl. Hinführung

bringen, daß es nicht nur als Ort medizinischer, sondern ganzheitlicher Hilfe gedacht war. Es sollte „ganz besonders ein Feuerherd geistlichen Lebens und des Gebetes" sein (2). Auch hatte er erkannt, daß das Wirken der Ärzte und pflegenden Personen nur dann fruchtbar sein kann, wenn durch das Gebet und die verborgene Hingabe anderer Glieder der Kirche eine feste geistliche Grundlage dafür gebildet wird.

So gründete er im Jahr 1950 zur Unterstützung dieses Werkes der „Linderung des Leidens" die ersten G e b e t s g r u p p e n . Er betrachtete sie als „seinen Augenstern", sein kostbarstes Erbe, das er der Kirche hinterließ (2).

Er starb am 23. September 1968 mit dem Rosenkranz in den Händen, mit dem er unzertrennlich verbunden war. Seine „Waffe" und sein „Weg", der ihn zum Geheimnis des Kreuzes führte (3).

--------

2 Vgl. P Derobert, Pater Pio. Durchsichtig auf Gott hin (Marquin, Belgien, 1990) 770ff.
3 Vgl. Pater Paolino Cilenti OFM, Pater-Pio-Denkmal in Frastaz/Vlbg (Ansprache am 10.Aug.1986 anläßlich der Einweihung), Tonkassette 8654 (Weto-Verlag Meersburg 1986) S.1.

# I. HINFÜHRUNG

## Gespräche über die Botschaften von Pater Pio

1. Gespräch

**Was war das Außergewöhnliche an diesem weltweit bekannten und begehrten Beichtvater, was zog Hunterttausende zu ihm in die Eucharistiefeier?**

**Was erhält sein spirituelles Vermächtnis frisch und überzeugend wie am ersten Tag?**

Ich möchte zu antworten versuchen, indem ich ein Gespräch einfüge, das ich mit meinem Studienfreund Thomas hatte.

Thomas:

„Von Pater Pio hörte ich, daß er ein weltbekannter Beichtvater gewesen sein soll. Darüber wüßte ich gern etwas Näheres; denn mit Beichte hatte ich ehrlich gesagt bisher so meine Probleme …

Ich habe mich jedoch viel mit Psychotherapie befaßt, weil ich weiß, daß fast alle Menschen innerer Heilung bedürfen.

Stell Dir vor, eines Tages lese ich von der bekannten Therapeutin A. Sanford etwas, was mich überraschte. Sie sprach über die Beichte und stellte fest, daß sie knapp zusammengefaßt alles enthalte, womit auch die Psychotherapie arbeitet. Ein evangelischer Arzt meinte sogar, sie enthalte noch mehr, weil Gott selbst darin am Werke sei.

Nun interessiert es mich sehr, etwas mehr über die Gnadengaben dieses so begehrten Beichtvaters zu erfahren. Was war denn an ihm so außergewöhnlich?"

W.B.:

„Wie mit einem *Röntgenauge* erkannte er, was die Menschen brauchten und wo die verborgenen Hindernisse auf ihrem persönlichen Weg zu Gott lagen. Viele Menschen, die bei ihm gebeichtet haben, berichten, was sie in der Beichte bei ihm erlebten. Man könnte es so zusammenfassen:

Noch bevor der Sünder zu sprechen begann, wußte der Kapuziner schon, was jener ihm zu sagen hatte. Wenn jemand etwas vergessen hatte oder nicht nennen wollte, hakte der Pater ein und erinnerte mit Genauigkeit an die näheren Umstände der Sünden, wie wenn er die Situation vor sich sähe. Manchmal stellte er kurze Fragen, die eigentlich Enthüllungen waren und deswegen überraschten und bestürzten. Manchmal schwieg er und wartete ab. Dann fühlte sich der Beichtende in seinem Gewissen unsicher und berichtete, was er nicht mehr verbergen konnte.

Einmal kam jemand zu Pater Pio nur, um einen Brief eines Freundes abzugeben.

Im Gespräch mit ihm über den Brief sagte der Pater ganz unvermittelt; „Und wie ist es mit Dir? Du willst gewiß beichten, nicht wahr?", worauf dieser betroffen antwortete: „Offen gestanden, ich verstehe mich nicht auf diese Übungen".

Im Laufe des Gespräches wurde klar: Er war seit dem siebten Lebensjahr nicht mehr zur Beichte. Er glaubte zwar an Gott, hatte aber die von der Mutter erlernten Gebete längst vergessen. Plötzlich verblüffte Pater Pio ihn mit der Frage: „Wann wirst Du endlich aufhören, dieses schreckliche Leben zu führen? Auf deinen Lippen sehe ich Gotteslästerung geschrieben". Der Mann fühlte sich völlig durchschaut. Nach inneren Kämpfen kam er zwei Tage später zurück und sagte: „Pater, ich möchte beichten, aber Sie müssen mir helfen".

Pater Pio nahm ihn freundlich auf und sagte: „Gut, daß du gekommen bist". Er half ihm durch Fragen, so daß die Beichte gut zu Ende ging.

Da er spürte, daß der Mann in Gefahr war, in seine Gewohnheitssünden zurückzufallen, gab er ihm eine besonders wirksame „Medizin" mit auf den Weg: Vier Monate lang ein Gebet zum heiligen Erzengel Michael zu verrichten.

Total verändert, innerlich geheilt und voll Freude kehrte der Mann nach Hause zurück.

Während des Bekenntnisses hatte der Mann überrascht gespürt, wie sehr Pater Pio litt. Das geschah oft bei schwierigen, massiven Bekehrungen. Und solche wurden ihm durch Leiden schon Tage vorher angekündigt.

Wie Jesus am Jakobsbrunnen deckte Pater Pio nur Tatsachen auf, er verurteilte nicht. Manchmal fühlte er sich vom Herrn gezwungen, eine Seele hart zu behandeln. Auch dabei litt er große Qualen; doch er mußte es tun, um diese Seele zur rettenden Selbsterkenntnis zu bringen".


Th.:
„Dieses abgrundtiefe Mitleiden..., ...welch ein Kreuz!"


W.B.:
„Ja, sehr erschüttert hat mich auch folgender Bericht eines Mannes, der gestand, daß er seine Frau umbringen und einen Selbstmord vortäuschen wollte, um sich einem anderen Verhältnis zuzuwenden. Um den Verdacht

von sich abzulenken und sich selbst in ein gutes Licht zu rücken, hatte er eingewilligt, sie noch zu Pater Pio zu begleiten. Kaum hatte er die Schwelle der Kirche betreten, als er sich wie von magnetischer Kraft zur Sakristei hingezogen fühlte. Pater Pio kam ihm entgegen, packte ihn am Arm und schüttelte ihn kräftig. Er rief: „Weißt du denn nicht, Unseliger, daß du deine Hände nicht mit Blut beflecken darfst?"

Entsetzt und innerlich aufgewühlt floh der Mann. Nach zwei Tagen kam er wieder zu Pater Pio und wurde mit derselben Güte aufgenommen, mit der Jesus die großen Sünder aufnahm ...

Man weiß, daß solche Bekehrungen nicht nur durch die Strenge, sondern vor allem durch den freiwilligen Sühne- und Gebetseinsatz des Paters getragen wurden.

Da fällt mir noch der junge Mann ein, der von weither kam, um zu beichten. Wie betroffen war der Mann, als er Pater Pio fragen hörte, warum er so selten sonntags zur Messe gehe. Als Grund gab der Mann seine wichtigen Arbeiten an. Da fragte ihn Pater Pio traurig: „Was wirst du einmal zum ewigen Richter sagen? Dorthin kannst du all das Erworbene nicht mitnehmen. Um deine arme Seele kümmerst du dich nicht?"

Diese Worte drangen wie ein Schwert in sein Inneres, und er bekehrte sich und gab von nun an Gott die Ehre, indem er seiner Einladung zur sonntäglichen Meßfeier folgte.

Dies sind nur ein paar Beispiele von vielen, die Pater Pio als auserwähltes Werkzeug Gottes erkennen ließen".

Th.:
„Jetzt wird mir klar, warum der Strom der Rat- und Hilfesuchenden aus aller Welt kein Ende nahm."

W.B.:
„Aber es war noch mehr! Er spürte in sich die Berufung, den Menschen nahe zu bringen, welch ungeheures Drama sich in der heiligen Messe, dem Höhepunkt und der Mitte der katholischen Religion, vollzieht, nämlich: Die Erneuerung des Opfers von Golgotha. In jeder Meßfeier durchlitt er die ganze Passion Jesu.

Hunderttausende, Gläubige, Priester, Kardinäle, Minister, Fromme und Spötter haben in tiefer Erschütterung seiner Messe beigewohnt, haben sein Weinen und Bluten gesehen und lernten von diesem überzeugenden Vorbild, wie jeder die heilige Messe auf seine Weise mitfeiern sollte: Durch Mitleiden und Mitlieben!"

Th.:

„Das beeindruckt mich sehr! Solche außergewöhnlich begnadeten Menschen müßte es öfter geben in der Welt!"

W.B.:

„Ja, das hatte die Liebe Gottes wohl auch im Sinn, als sie ihm die Gabe der B i l o c a t i o n verliehen hat. Bei Ihm ist kein Ding unmöglich".

Th.:

„Glaubst Du wirklich, daß er an zwei Orten zugleich sein konnte?"

W.B.:

„Das ist durch viele Augenzeugen belegt. Eines Tages wurde er z.B. in einer Stadt weit entfernt vom Kloster am Bett eines Schwerkranken gesehen, dem er Trost und Heilung brachte. Erstaunt rief man im Kloster an und erfuhr, daß Pater Pio in seiner Zelle säße. So zeigte Gott ihm öfter im Gebet, wo in der Welt seine Hilfe dringend gebraucht wurde. Das gleiche ist von Franziskus und Antonius von Padua bezeugt."

Th.:

„Jetzt möchte ich gerne etwas
### Näheres über den Seher aus Bonn
wissen, dem er so oft Botschaften überbrachte. Wie hast du ihn bloß entdeckt?"

W.B.:

„In Bonn besuchte ich öfter liebe Bekannte, die Geschwister Welter, einen älteren Theologen und seine Schwester, eine Lehrerin. Dort lernte ich ihn eines Tages kennen. Als er gegangen war, hörte ich von seiner besonderen Berufung. Ich war eigentlich nicht verwundert; denn der Eindruck, den er auf mich gemacht hatte, war außergewöhnlich. Unwillkürlich dachte ich: Das ist also einer von denen, die der Prophet Joel gemeint hat (Joel 3,1)...."

Th.:

„Du meinst: „In jenen Tagen werde ich ausgießen meinen Geist über alles Fleisch und es werden weissagen Eure Söhne ...". Ja, aber hast du denn nicht daran gedacht, daß es auch falsche Propheten gibt, von denen Jesus sagt, daß sie in Schafskleidern umherlaufen, inwendig aber reißende Wölfe sind? Trotz des harmlosen Äußeren streben sie nach Ansehen, Macht und Geld. Statt sich der Wahrheit zu öffnen, führen sie Menschen in die Irre."

**W.B.:**

„Ich bin da immer genauso skeptisch wie du, besonders seitdem ich Johannes vom Kreuz entdeckt habe. Er sagt, daß hier die größte Vorsicht geboten sei; denn der Widersacher könne Visionen imitieren. Durch Gefühle des Stolzes wolle er den Menschen auf seinem Weg zu Gott aufhalten".

**Th.:**

„Natürlich weiß ich auch von anerkannten Sehern wie Katharina von Emmerich, die das Leben des Herrn in allen Einzelheiten geschaut hatte.
Oder von anderen christlichen Sehern, wie dem indischen Sadhu Sundar Singh, der nach dem Verbrennen einer Bibel eine Christusvision hatte und dadurch Christ wurde.
Ich hoffe, dich jetzt nicht in die Enge zu treiben, aber eine ganz entscheidende Frage des heutigen Menschen kann ich dir doch nicht ersparen: Ist es nicht möglich, daß die sogenannten „Offenbarungen aus dem Jenseits" in Wirklichkeit das Produkt des schöpferischen Unterbewußtseins des Sehers sind? Woher willst du wissen, daß dies hier nicht zutrifft?"

**W.B.:**

„Diese Frage war mir genauso wichtig wie dir, aber da bin ich bei Karl Rahner auf einen hilfreichen Hinweis gestoßen".

**Th.:**

„Ich wußte gar nicht, daß Karl Rahner sich auch mit diesem Thema befaßt hat. Kannst du mir den Titel dieses Buches sagen?"

**W.B.:**

„'Visionen und Prophezeiungen'. Nach Rahner ist das Unterbewußtsein als Ursache auszuschließen, wenn der Inhalt der empfangenen Offenbarung „sehr eindeutig" über dem Wissensstand des Empfängers liegt".

**Th.:**

„Da fällt mir ein Wort Jesu ein, das mich persönlich immer neu fasziniert: „Ich preise Dich, Vater, Herr des Himmels und der Erde, daß Du dieses vor Weisen und Klugen verborgen, Unmündigen aber geoffenbart hast" (Mt 11,25). Aber jetzt bin ich sehr gespannt, zu erfahren, inwiefern der Seher dem Kriterium von Rahner standhält!"

W.B.:

„Eines Tages hörte ich von diesen Bekannten, den Geschwistern Welter, die sein Vertrauen besaßen und die Botschaften aufschrieben, etwas Bemerkenswertes, was mich aufhorchen ließ. Sofort stand mir das Rahnerwort vor Augen.
Sie berichteten, daß er sie oft bat, ihm Begriffe aus den Botschaften zu erklären, die er wohl genau gehört, aber nicht verstanden hatte; wie z. B. Dimension, Assoziation, denn er war von einfacher Schulbildung".

Th.:

„Dieses Wort von Rahner klingt für mich überzeugend und ist sicherlich eine wertvolle Hilfe".

W.B.:

„Aber noch mehr: Durch einige Botschaften erfuhr der Seher eine Glaubenserweiterung, an die er sich nur langsam gewöhnen konnte.
Und etwas anderes hat mich sehr beeindruckt: Eines Tages erfuhr ich, daß der Seher wie der Pfarrer von Ars und Pater Pio die seltene Gnadengabe besaß, Menschen, ob nah oder fern, bis ins Innerste zu durchschauen, und das im Hinblick auf ihre Vergangenheit und Zukunft".

Th.:

„...Was du nicht sagst!"

W.B.:

„Ja, tatsächlich, er konnte damit Menschen in großer Not helfen.
Jemand hatte mit einer befreundeten Person ein sehr heftiges Streitgespräch. Sofort danach rief er den Seher an mit den Worten: „Haben sie das Telefongespräch vor Augen, das ich soeben geführt habe"?
Er antwortete: „Voll und ganz".
„Dann bitte ich Sie um einen Rat", fuhr der Fragesteller fort: „Wäre es nicht richtiger, sich von dieser Person zu trennen"?
Das verneinte er entschieden und skizzierte mit kurzen Worten ein genaues Bild der sehr ungewöhnlichen Vorgeschichte dieser Person".

Th.:

„Mit dieser Gabe hätte er doch viel Geld machen können"!

W.B.:

„Du hast recht. Es wunderte mich gar nicht, als ich hörte, daß auch an ihn der Versucher herangetreten war und ihm vor Augen gehalten hatte, die Welt brauche seine Gaben, er könne reich werden, Macht und Ansehen gewinnen".

Th.:
„Und wie hat er sich entschieden"?

W.B.:
„Ja, ich weiß von ihm, was ihn gerettet hat: Seine Verbindung zu Christus, zu dem er sich in Wort und Tat sowie in regelmäßigem Sakramentenempfang bekannte, war so stark, daß er die entscheidende Waffe im Kampf gegen das Böse erkannte und bekam: die Macht der Demut.
So ging er als Sieger aus solchen Versuchungen hervor. Er entschloß sich, seine Berufung zur Nachfolge Christi auch weiterhin in Armut und Verborgenheit zu leben und seine Gaben nur im Dienste Gottes und zum Seelenheil der Menschen zu gebrauchen. Später bestärkte Pater Pio ihn darin durch folgende kurze Botschaft (21.09.1974): „Ich will dich schützen vor den Gefahren eines Ruhmes und Weltgeflüsters. Ein solcher Ruhm könnte dir deine Herzensschlichtheit nehmen".

Th.:
„Wie kamen denn Menschen, die seine Hilfe brauchten, an ihn heran?"

W.B.:
„Dies geschah durch diesen Theologen und seine Schwester. Sie waren auf Wunsch des Sehers darauf bedacht, alle "Sensationshungrigen" von ihm fernzuhalten und nur in echten Nöten seine Hilfe in Anspruch zu nehmen".

Th.:
„Weißt du von einem solchen Fall"?

W.B.:
„Hier nur ein paar Beispiele aus eigenem Erleben: Ein Pfarrer bat z. B. um Klärung eines Mordfalles, bei dem ein junger Mann unter Verdacht stand. Der Seher gab sofort die genauen Einzelheiten bekannt und sagte: „Es war nicht Mord, sondern Selbstmord".
Ebenso befreite er eine Frau, die von Mißtrauen gegen ihren Mann sehr gequält wurde, von ihrem schweren Kummer, indem er ihr überzeugend darlegen konnte, daß die Ursache ihres Argwohns nicht mehr bestehe.

In noch vielen anderen Fällen wurde er zum Retter, indem er durch Aufdeckkung von verborgenen Tatsachen Heil wirkte, wegweisend, ermutigend oder tröstend".

Th.:

„Jetzt möchte ich aber gerne
**mehr über das Leben dieses Sehers**
wissen. Wo stammt er her?"

W.B.:

„Seine Wiege stand in einem rheinischen Bauernhof, nicht sehr weit von Bonn. Schon aus seinen ersten Kinderjahren wird etwas Erstaunliches berichtet. Ähnlich früh wie Hildegard von Bingen durfte er bereits mit vier Jahren die Herrlichkeit Gottes schauen.
Eines Tages sah er den Himmel offen. Schnell lief er ins Haus, um seine Schwestern zu holen. Wie bestürzt war er jedoch, als er merkte, daß andere nicht dasselbe sehen und hören konnten wie er.
Die ersten Aufzeichnungen über Wahrnehmungen und Botschaften machte W.K. bereits mit zehn Jahren. Als Kind wollte er nicht immer alles sagen, was er von oben zu wissen bekam. In seinem Dorfe brachte man bei bestem Willen nicht immer das rechte Verständnis für die Begabungen eines Sehers auf. Zudem drehte es sich während des Ersten Weltkrieges auch oftmals um traurige Wahrnehmungen von Soldatenschicksalen an der Front".

Th.:

„Wie reagierte die Familie auf diese außergewöhnliche Begabung"?

W.B.:

„Er wurde von seinen Eltern geliebt. Der Seher war das jüngste unter den Geschwistern. Die Eltern ließen ihn in Ruhe, wenn er irgendwo still seine Notizen machte. Dann pflegte die Mutter zum Vater zu sagen: „Willi schreibt wieder". Da er jedoch ein kräftiger, kerngesunder Junge war, ließen sie ihn das Metzgerhandwerk erlernen".

Th.:

„Einen solchen Beruf hätte ich bei einem Seher nicht gerade vermutet".

W.B.:

„Er blieb es auch nicht lange. Von Tag zu Tag wuchs in ihm der Wunsch,

sich ganz im Dienst an anderen einzusetzen. So entschloß er sich, bald den Beruf zu wechseln. Er wurde Krankenpfleger.
Im Zweiten Weltkrieg sorgte er als Sanitäter für das äußere und innere Wohl seiner Kameraden".
Stell Dir vor, er bekehrte sogar einen SS-Mann, den er im Lazarett zu pflegen hatte"

Th.:
„Das ist ja spannend... Weißt Du, wie ihm das gelungen ist?"

W.B.:
„Durch sein intensives, fürbittendes Gebet und durch einige Gespräche fand der SS-Mann zum Glauben seiner Kindertage zurück. Es hatte ihn so tief gepackt, daß er auch allem Spott seiner Kameraden standhielt.
Und jetzt kommt noch etwas sehr Schönes: Etwa 25 Jahre nach seinem Hinscheiden erschien dieser SS-Mann dem Seher mit den Worten: „Hab Dank, Du hast mich gerettet."
Aber kehren wir zurück zum Leben des Sehers!
Tag und Nacht unter härtesten Bedingungen im Einsatz, wurde er durch eine verschleppte Krankheit schließlich Vollinvalide".

Th.:
„Schade! Dann mußte er ja jetzt seine Samariterdienste aufgeben".

W.B.:
„Aber auch jetzt hörte er nicht auf, den Menschen in verschiedenen Formen zu dienen. Als er im Jahre 1985 starb, hörte ich beim Requiem im Bonner Münster vom Altar die Worte: „Er war ein vorbildlicher Christ". Viele bezeugten, daß er half, wo er konnte".

Th.:
„Zum Beispiel"?

W.B.:
„Er nahm sich des verwaisten Kindes seines verstorbenen Kameraden liebevoll an. Einen Kriegsversehrten betreute er, solange es seine Kräfte erlaubten. Er kochte sogar für ihn. Wenn die Gabe der Erkenntnis ihn veranlaßte, Menschen zur Umkehr zu rufen, war er äußerst einfühlsam und taktvoll. Die Gemeindeschwester der Bonner Münsterpfarre, die ihm in kranken Tagen die Kommunion brachte, charakterisierte ihn so: "Sein Wesen

war zurückhaltend, freundlich, voller Güte", und sie fügte noch hinzu: "sehr tapfer im Leiden".

Th.:
„Und sein Verhältnis zum Dritten Reich?"

W.B.:
„Auch darüber erfuhr ich einiges von Bekannten und von seiner Pflege- tochter. Als mutiger Zeuge des Glaubens trat er für die erkannte Wahrheit auch entschieden ein. So ist es nicht verwunderlich, daß er auch auf der „Schwarzen Liste" stand. Aber da er sich durch den täglichen Rosenkranz unter den besonderen Schutz der Gottesmutter gestellt hatte und durch seine Sehergabe die Ränke der Machthaber durchschauen konnte, entkam er ihren gefährlichen Nachstellungen.
Auch in Dunkelheit und Schmerzen wußte er sich von Gott geliebt. Und wie der Herr dem Elijas, als er nicht mehr konnte, einen Engel zur Stärkung schickte, so sandte Er auch ihm viele solche Tröstungen übernatürlicher Art, wie sie uns in den Botschaften überliefert sind. Christus begegnete ihm nicht nur in den Ärmsten der Armen, für die er ständig sorgte und litt, son- dern auch in den Heiligen des Himmels".

Mein Freund fügte lächelnd hinzu:
„Wußtest du übrigens auch, daß die heilige Birgitta von Gott in Not und Bedrängnis getröstet wurde, indem Er ihr den heiligen Dionysius erschei- nen ließ?
Und ebenso habe ich bei Jungclaussen gelesen, daß dem seligen Heinrich Seuse Meister Eckehard erschienen ist.
Jetzt bin ich aber gespannt auf die Botschaften von Pater Pio".

W.B.:
„Ja, wir brauchen sie dringend. Der Seher sagte: „Pater Pio steht dauernd im Auftrag, uns Mut zu machen und gute Aussichten auf das Jenseits zu geben. Er sagte selbst voraus, von diesen Botschaften ginge eine Kraft aus, nach der man greifen wird (28.9.1974)."

## 2. Gespräch

Im folgenden möchte ich auch das Gespräch wiedergeben, das ich mit einer evangelischen Studentin der Religionswissenschaft führen konnte, nachdem ich ihr von den Botschaften des Pater Pio berichtet hatte.

„Alles, was Sie mir neulich über die Kontakte des Sehers mit Heiligen erzählten", sagte sie, „hat eine Fülle von Fragen in mir aufgeworfen. Mit der Möglichkeit, daß Heilige des Himmels Einfluß auf uns nehmen können, kam ich noch nie zurecht... und mit solchen Phänomenen wie Erscheinungen, Visionen oder Botschaften schon gar nicht! Aber ich bin froh, das alles bei Ihnen einmal abladen zu können.
Meine Frage war immer: Warum all diese Vermittlertätigkeit? Wüßten Sie irgendwelche Bibelstellen, die darauf hindeuten könnten, daß solches im Plane Gottes liegt? Gott selbst ist doch an jedem einzelnen gelegen. Und haben wir nicht direkt Zugang zu ihm?"

„Gott sei Dank, den haben wir!", antwortete ich ... und gerade wollte auch ich auf ihre Bedenken näher eingehen, da hörte ich sie sagen:
„Aber seltsamerweise reizen mich solche Weisungen von diesem Pater Pio aus dem Jenseits sehr! Ich frage mich, warum. Als Sie davon sprachen, kam mir der seltsame Gedanke, sie könnten vielleicht so etwas wie eine Antwort Gottes auf die Bitte jenes reichen Mannes sein, der aus den Qualen der Unterwelt Abraham bestürmt, er möge doch einen Boten aus dem Jenseits in sein Vaterhaus zu seinen fünf Brüdern senden, um sie zu warnen! Sie sollten nicht auch noch an diesen Ort der Qualen kommen!"

Ich konnte nicht umhin, mir einen kleinen Schlenker zu gestatten: „Wirft solche liebevolle Sorge in der Hölle nicht wiederum eine tiefschöpfende Frage auf?"
„Ja, Nächstenliebe in der Hölle? ... Für uns undenkbar!
Das überlegte ich auch, aber einige Bibelkommentare meinen, man könne bei Gleichnissen nicht jeden einzelnen Zug übertragen".

„Ich kenne einen Kommentar, der sehr zu denken gibt und die Frage aufwirft, wie weit eine Gnadeneinwirkung noch im Reich der Finsternis zu spüren ist", entgegnete ich. „Ich denke da gerade an die Botschaft 'Verdienste der Märtyrer – wie weit strahlen sie aus?'
Van Dam fragt 'sollte Jesus in seinen Gleichnissen Einzelheiten einfügen, die der Realität widersprechen?' Aber ich hatte Sie gerade unterbrochen".

„Sie wissen ja selbst, was Abraham dem reichen Manne antwortete: 'Sie haben Moses und die Propheten, auf die sollen sie hören'.Aber der Reiche ließ nicht locker und machte einen zweiten Versuch. Die Antwort Abrahams fiel jetzt noch härter aus: 'Wenn sie Mose und die Propheten nicht hören, so werden sie auch nicht glauben, wenn jemand von den Toten aufersteht'".

Aber
### was könnte die „Brüder des reichen Mannes" trotz aller Verhärtung doch noch retten?
so frage ich mich immer wieder." Und noch ernster fügte sie hinzu: „In jedem Menschen ist doch ein Fünkchen Gottes. Ist es möglich, daß es für immer verschüttet ist? Sollte es wirklich keinen Weg geben, ihn dennoch zum Flammen zu bringen?"

„Auch ich habe lange darüber nachgedacht. Ich glaube an die unergründliche Liebe und Weisheit Gottes. Als er den Sündenfall vorausgesehen hatte, da plante er die 'alle Begriffe übersteigende' Erlösung. Und als er auch noch die Undankbarkeit selbst gegenüber dieser so über die Maßen liebevollen Rettungstat am Kreuz voraussah, ..."

„... das traurigste Kapitel in der Menschheitsgeschichte"

„... Sollte da SEINE allerbarmende, erfinderische Liebe nicht doch noch Wege wissen für eine Heimkehr SEINER verlorenen Söhne und Töchter?"

„Ja, so ungefähr dachte ich auch, als ich von diesen Botschaften hörte. Hätten Sie da eine Vorstellung ...?", fragte sie interessiert.

### „Eine Wahrheit von ungeahnter Tragweite
ist mir neulich wieder zum Bewußtsein gekommen, als ich eine Szene aus dem Markusevangelium vor Augen sah. Denken Sie an diese abenteuerliche Geschichte: Da schleppen sie einen Gelähmten herbei, und weil die Volksmenge die Türen verstopft, verschaffen sie sich einen Zugang durch das Dach und lassen die Bahre hinunter, direkt vor die Füße des Herrn. Dann heißt es: 'Als er i h r e n  G l a u b e n sah, sagte er zu i h m :'Deine Sünden sind dir vergeben.'... und er heilte ihn.
'Als er i h r e n  Glauben sah'... – dieser Satz brannte in mir wie Feuer und zeigte mir ungeahnte Möglichkeiten, zu retten, zu befreien – ja, 'Finsternis in Licht zu verwandeln'... Vielleicht liegt hier der Schlüssel für Ihre Schwierigkeiten!"

Nach einiger Überlegung fragte sie: „**Wo finden wir nun die**, durch deren Glauben wir geheilt werden, wenn wir durch Verwundungen, Lethargie oder Glaubenszweifel, durch Süchte, Lüste, Stolz oder Eigenwillen in die Gewalt des Bösen geraten und so die innere Freiheit verloren haben und wie gelähmt am Boden liegen, so daß wir uns selbst nicht mehr zum Herrn bewegen können ...? Ich denke, diesen Dienst leisten uns doch unsere Geschwister im Glauben hier a u f E r d e n ! Besonders beeindruckt hat mich, wie dies heute in Hauskreisen und Gebetsgruppen geschieht! Kennen Sie so etwas auch?"

„O ja, aus wertvollen Erfahrungen in der sogenannten 'charismatischen Gemeindeerneuerung', die ich nicht missen möchte. Ich erlebte dort echte Geborgenheit in brüderlicher Liebe und Verantwortung für einander! Die dort erlebten Heilungswunder und der gemeinsame Lobpreis öffneten mich für eine tiefere Erkenntnis und Gewißheit der Liebe Gottes – Grundanliegen der Botschaften von Pater Pio, der Gebetsgruppen ins Leben rief und sie betreute. Ich denke auch besonders an die Kleine Heilige Therese, in der viele eine Wegbereiterin dieser Erneuerung sehen."

„Sie meinen Therese von Lisieux? Ich habe von ihr gehört. Mich hat lange beschäftigt, wie sie dem verstockten Mörder Pranzini durch ihr beharrliches Beten und Fasten den Weg zum Herrn geebnet hat. Sie wird als Missionarin verehrt, weil sie hinter Klostermauern ihr junges Leben solchem Dienst der Liebe hingab."

„Ebenso lebte Marthe Robin in Ganzhingabe für die Bekehrung der Sünder, sie trug dafür Gelähmtsein und viele Leiden, ja, sie bot sogar dem Herrn ihr Augenlicht an für die Rettung von Seelen...und Er nahm es an. So könnte ich jetzt viele Heilige nennen, wie z.B. den Pfarrer von Ars, der Nächte lang betete und harte Bußübungen auf sich nahm, um seine Gemeinde vom Alkohol zu befreien und zum Herrn zu tragen. Der Erfolg war ein überwältigendes Zeugnis der Gnade Gottes."

„So ein stellvertretendes Leiden beeindruckt mich sehr. Was es bewirkt, drückt Teilhard de Chardin in einem Brief an seine gelähmte Schwester aus: 'Während ich die Meere durchquerte und die Schönheiten der Erde einsog, hast Du, auf Dein Lager hingestreckt, Finsternisse der Welt in Licht verwandelt! Nun sage mir, wer hat mehr für die Menschheit getan, Du oder ich?' "

„Ja, das Reich Gottes beginnt schon hier auf Erden. Zu alldem, was wir jetzt gesagt haben, sehe ich ein Bild der Chassidim vor Augen. Es zeigt zuerst, wozu die Menschen auch fähig sind:
Da sitzen sie um einen reich gedeckten Tisch und sind völlig unterernährt; sie haben verzweifelte Mienen. Und der Grund? Da sind nur lange Löffel, die sie nicht zu Munde führen können. Das nennt sich Hölle.
Die andere Seite heißt Himmel: Um einen gleichfalls reich gedeckten Tisch sitzen Menschen mit den gleichen Löffeln und sind gut genährt. Sie haben es erfaßt: Mit den langen Löffeln füttert einer den anderen.
Sie sah mich erleichtert an. „Ja, so empfinde ich Gemeinschaft der Heiligen, wie Paulus es ausdrückt: 'Christus, das Haupt und wir die Glieder! Wenn ein Glied leidet, leiden alle mit.'"

„Und das gilt natürlich für a l l e , auch für die, die schon drüben sind, am Ziel, und zu den Schauenden gehören," fügte ich hinzu.

„Sie meinen, daß diejenigen, die schon bei Gott sind, uns s e h e n in all unserem Tun und Leiden und Kämpfen?"

„Ich glaube, daß sie uns näher sind als vorher, denn
'WER BEI DEM GOTT IST, DER DIE LIEBE IST, DER IST BEI DENEN,
DIE GOTT LIEBT'.

So faßt es Bischof Hemmerle in Worte. Es ist wie bei einem Rad: Je näher die Speichen der Achse kommen, desto näher sind sie auch einander. Die Speichen - das sind wir alle, die Gemeinschaft der Heiligen; die Achse - das ist Gott. Die Kleine Heilige Theresia drückte es so aus: 'Ich werde den Himmel damit verbringen, Rosen auf die Erde regnen zu lassen.'"
„O, das sagte sie?"

„Ja, ich glaube, die Heiligen des Himmels wollen und können nicht anders, als ihren Geschwistern auf Erden zu Hilfe zu eilen, wenn sie gebeten werden. Und warum sollten wir nicht ihre mächtige Fürbitte erflehen, die uns vor den Herrn tragen kann, wenn wir durch irgendwelche Nöte wie gelähmt sind!"

„Warum sagen Sie hier 'mächtig'? Erreicht nicht jede Fürbitte Gottes Herz?"

„Ganz bestimmt! Aber wir glauben: Je näher einer bei Gott ist, der die Liebe ist, desto stärker ist die Kraft, die uns durch seine Fürbitte zuströmt, und desto mehr Verantwortung spürt er zu helfen, besonders wenn die Geschwister in Glaubensnöten sind und in Gefahr, ihr ewiges Glück zu verlieren! Verstehen Sie jetzt besser, – worüber wir neulich gesprochen haben –, daß Maria, die Mutter des Herrn, so oft erschien, um zu raten, zu mahnen und zu helfen? Genau das wollen auch die Botschaften von Pater Pio."

„Aber da muß ich noch einmal einhaken! Heute weiß man doch, daß die
URSACHE DER VISIONEN
auch Hysterie, Halluzinationen oder zuweilen das Unterbewußtsein sind!"

„Natürlich, Sie haben recht! Aber gerade aus diesen Gründen war die katholische Kirche immer sehr reserviert, wenn es sich um Außergewöhnliches, Geheimnisvolles handelte, bis feststand, daß hier wissenschaftlich nicht erklärbare Phänomene vorliegen. Auch die Stigmata des Pater Pio, die Wundmale des Herrn an seinem Körper, wurden jahrelang von verschiedenen neutralen Ärzten untersucht. Schließlich mußten sie zugeben, daß medizinisch erfaßbare Ursachen auszuschließen sind. Unter dem schwer belastenden Mißtrauen der Kirche, ja, sogar seiner eigenen Mitbrüder, sowie unter Spott, Sensationslust und Undank vieler Menschen hat Pater Pio viel gelitten. In all seinem Leiden war ihm der Rosenkranz hilfreicher Begleiter."

Sie schaute mich fragend an, und dann brach es aus ihr heraus:
„Rosenkranz – ist dieser übertriebene Marienkult nicht letztlich Götzendienst? Gott allein gebührt doch Anbetung!"

„Ja, nie würden wir Maria anbeten! Aber wollen Sie nicht selbst einmal prüfen, w i e  wir zu ihr sprechen? Nehmen wir doch das weit verbreitete 'Ave Maria' unter die Lupe!" Ich sah, daß sie interessiert war und sagte: „Es beginnt mit zwei Bibelworten: Zuerst der Gruß des Engels: 'gegrüßet seist Du Maria, Du bist voll der Gnade!' Dann der Gruß der Elisabeth: 'Du bist gebenedeit unter den Frauen!' Auf diesem Hintergrund leuchtet das Kernstück hervor, der Lobpreis, der dem Herrn gilt: 'Gebenedeit ist die Frucht Deines Leibes: Jesus!' Danach bitten wir Maria um ihre Fürsprache bei Gott: 'Heilige Maria, Mutter Gottes, bitte für uns Sünder, jetzt und in der Stunde unseres Todes, Amen!'"

„Wenn Sie es so erklären...dann finde ich einen Zugang. Aber der ganze Rosenkranz...?"

„... ist nichts anderes als eine Betrachtung der wichtigsten Stationen des

Lebens Jesu an der Hand der Mutter Gottes. Sie hat als Mutter alles am tiefsten miterlebt. 'Man muß sie auch deshalb lieben, weil sie uns ein großes Vorbild an Demut und starkem Gottvertrauen ist.' Wissen Sie, wer das sagt und zudem die vielleicht schönste Magnifikatauslegung geschrieben hat...?"

„Sie meinen Luther, nicht wahr?"

„Ja, es war Martin Luther. Er nennt Maria darin das 'allervornehmste Beispiel der Gnade Gottes.'"

„Das Zitat kannte ich nicht! Was sagt er noch von ihr?"

„Der wichtigste Gedanke seines Werkes ist wohl der: 'Wer sie darum recht ehren will, der muß bedenken, daß sie nicht zu sich, sondern allein zu Gott führen will.' Und das ist zugleich der Grundsatz unserer ganzen Mariologie."

Sie atmete erleichtert auf und sagte: „Wenn Pater Pio die Mutter Gottes so sehr verehrt hat, müßte sie ihn ja demnach in eine besonders tiefe Christusverbindung geführt haben!"

„Genauso war es! Weil er Ihn so sehr liebte, konnte Er ganz in ihm Wohnung nehmen. Und die Liebe Christi zog ihn auch hinein in den Strom Seiner Hinneigung zu den Armen und Kranken. Aus seiner mystischen Vereinigung mit dem Gekreuzigten erwuchs in ihm der ganz konkrete Auftrag, ein großes Krankenhaus bauen zu lassen. Gott segnete diesen Plan, indem Er ihm aus aller Welt Spenden zukommen ließ, in solchem Maße, daß es zum größten und modernsten Krankenhaus Süd-Italiens werden konnte. Aber Pater Pio ist in seiner Bescheidenheit und Schlichtheit immer der einfache Bauernsohn und ein Mann des Volkes geblieben. Verstehen Sie jetzt, daß solche Liebe nicht aufhören kann, daß es sie treibt weiterzuhelfen, zu führen, auch von 'drüben'?"

„Das kann ich mir gut vorstellen. Jetzt möchte ich noch auf eine meiner zu Beginn gestellten Fragen zurückkommen. Hoffentlich führt sie Sie nicht doch noch aufs Glatteis, aber sie ist mir sehr wichtig!

## KÖNNEN SIE DIE VERMITTLERTÄTIGKEIT DER HEILIGEN DES HIMMELS BIBLISCH FUNDIEREN?

Ich stellte mir immer vor, daß die Heiligen nach ihrem schweren Leben mit Martyrium oder dergleichen bei Gott ewig Ruhe haben."

„Ich glaube, Sie werden etwas überrascht sein, wenn Sie sich Offenbarung 3,21 genauer ansehen. Es geht da um die Berufung der Menschheit überhaupt, um das vom Schöpfer erdachte Ziel: Nach Offb. 3,21 bzw. 19,7 liegt es von Anfang an in Gottes Plan, in der Menschheit Seinem Sohn eine ewige Gefährtin, genannt 'die Braut' oder 'die Frau des Lammes', zu schaffen, damit sie mit Ihm in Ewigkeit das Universum regiere."

„Ja, diese Stellen eröffnen ein Spektrum von faszinierenden Möglichkeiten ..., aber ich stolpere immer wieder über das seltsame Wort 'regieren'. Was verstehen Sie als Katholik darunter?"

„Im Reiche Gottes heißt regieren oder herrschen nichts anderes als dienen und lieben. 'Gott wollte nicht alles allein tun ... Die Liebe ist größer, wo sie schenkt, andere beschenken zu können' so erklärt Bischof Hemmerle die innere Logik der Liebe Gottes.(1) Für dieses hohe Ziel, mit Christus herrschen zu können, brauchen die Menschen eine Zeit der Vorbereitung und Ausbildung, um sich im Überwinden von Hochmut, Stolz und Egoismus zu üben, d.h. um die rechte Art der „geistlichen Kampfführung" zu erlernen. So sagt es der Evangelist und Radiomissionar, Pastor Billheimer."

„Dieser evangelische Pfarrer spricht mir aus der Seele! Die Heiligen müssen also den Charakter und die Persönlichkeit von Überwindern haben."

„Ja, auch ich habe mit Gewinn sein Buch gelesen: 'Berufen zum Überwinden'. Ich habe es zufällig in meiner Tasche. Hier ist es."

„Und wie sieht er dieses große göttliche Erziehungsprogramm?"

„Ich bin sicher, daß Sie täglich die rechte Art der geistlichen Kampfführung einüben!"

„Sie meinen das Gebet?"

---

1 Einen wichtigen Grundsatz, der uns erhellen kann, was die Gemeinschaft der Heiligen zusammenhält, formuliert Pater Pio so:
   "Selig, wer das Licht weiterleiten kann" (Botschaft vom 11.8.1973).

„Ja, durch das Gebet sollen sich die Menschen im Überwinden üben; denn Gebet ist auch Kampf mit den Mächten der Finsternis. Unser Seher sagt dazu: 'Wenn das Gebet übermächtig ist, d.h. wenn der Beter ganz in der Liebe mit Gott verbunden ist, dann muß das Böse weichen.'"

„Ja, ein wunderbares 'Kampfmittel'! Die Liebe 'saugt' das Böse auf."

„Dazu haben mir einige Gedanken von Billheimer sehr weitergeholfen... Schlagen Sie doch einmal Seite 43 auf!"

Sie las vor: „'In der Tatsache, daß Gott das Gebetsleben der Heiligen benutzt, um sie dadurch vorzubereiten für ihre ewigen Aufgaben, liegt eines der großen Geheimnisse des göttlichen Planes, das von vielen Gläubigen nicht gesehen und verstanden wird.'"
Langsam und mit innerer Überzeugung las sie die sich anschließenden Worte:
„'CHRISTEN, DIE EIN ARMSELIGES GEBETSLEBEN FÜHREN, HINDERN DEN HEILIGEN GEIST IN STARKEM MAßE, IHREN CHARAKTER UND IHRE PERSÖNLICHKEIT SO UMZUFORMEN, DAß SIE EINMAL FÜR IHRE GROßE UND EWIGE BERUFUNG ZUBEREITET SIND.'"
Dann legte sie das Buch beiseite und sagte nachdenklich: „Also doch ewige Aufgaben – und nicht 'ewige Ruhe'! Diese Worte helfen auch mir weiter. Neulich habe ich in einer katholischen Kirche beim Gebet für die Verstorbenen gehört: 'Herr, laß sie leben in Deiner Herrlichkeit!'"

Am nächsten Tage kam sie mir mit folgenden Worten entgegen: "Die Botschaften, die Sie mir gestern mitgaben, sind mir sehr nachgegangen! Sie haben mich sehr beeindruckt. Aber ein Problem erscheint mir doch noch bedenkenswert, wenn es um Botschaften aus dem Jenseits geht:

WISSEN WIR NICHT SCHON DURCH DIE BIBEL,
WAS HEILSNOTWENDIG IST?"

„Richtig, die Offenbarung ist abgeschlossen, sagt die Lehre der Kirche. Uns ist alles kundgetan, was wir brauchen, um unser Ziel finden zu können. Wir wissen alles! Aber handeln wir immer danach?"

„Leider nein! Es gibt viel, was wir oft vernachlässigen oder aus Gleichgültigkeit vergessen, ja völlig aus den Augen verloren haben."

„Ich denke gerade an das 14. Kapitel im Johannesevangelium. Da heißt es:

'Der Heilige Geist... wird euch alles lehren und euch an alles erinnern, was ich euch gesagt habe.' Meistens ermahnt er uns durch die innere Stimme."

„Ja, so führt Er uns doch, jeden Einzelnen!"

„Genau, Pater Pio nennt es die 'persönliche Geistführung.' Aber stellen wir abschließend ruhig noch einmal die Frage:

WAS WOLLEN DIE WEISUNGEN PATER PIOS AUS DEM JENSEITS?

Eigentlich sind es nur Hinweise auf das, was in der gegenwärtigen geschichtlichen Situation zu tun ist. 'Sie sind keine neue Behauptung, sondern ein neuer Befehl', wie Rahner sagt ..."

„...damit wir - als Brüder des reichen Mannes - nicht doch noch aus Trägheit das Ziel verfehlen!", sagte sie lächelnd. „Was mich besonders beeindruckt hat, ist, daß die Botschaften keine Angst im Leser hervorrufen."

„Nein, nicht bei denen, die glauben. Sie machten mich ruhig und stärkten mein Vertrauen. Sie verschweigen nicht die Wahrheit; denn nur die Wahrheit macht frei!
Der Seher sagt sehr schön: 'Pater Pio steht dauernd im Auftrag, uns Mut zu machen und gute Aussichten auf das Jenseits zu geben.' Ja, auch mir kommt es so vor, wie wenn der gütige Vater, bei dem 'kein Ding unmöglich ist', sich durch seinen Heiligen Geist herabneigt, um auch 'den letzten der Brüder des reichen Mannes' noch einmal auf den sicheren Weg zur Rettung hinzuweisen, auf Christus, das Alpha und das Omega, den Anfang und das Ende, dem wir alle gemeinsam entgegengehen, — unbewußt oder bewußt."

# UNSERE
# EINZIGE HOFFNUNG

# JESUS CHRISTUS – DIE EINZIGE HOFFNUNG FÜR DIE ENDZEIT

## Botschaft vom 31.1.1977

„Carissime! Erfährst Du auch, wie auf Erden die Ratlosigkeit der Menschen zunimmt? Ihre Aufgaben werden immer größer, auch ihre Angst, auch ihre Vorsätze, obschon sie diese nicht einzulösen wissen. Die Zukunft hat immer dunklere Aussichten für Euch, und der Erdenmensch ist fleißig dabei, das Erdenleben unmöglich zu machen.

Auch ist es wahr, daß die Erde in ihrer Auflösung begonnen hat. Es gibt wenig Hoffnung für die Welt und für die Erde; denn die Welt rast ihrem Ende entgegen. Eine Zukunft hat die Erde nur wenig. Ein jeder sollte wissen, daß Himmel und Erde mit gewaltigem Geräusch vergehen werden. Auch wird alles, was auf Erden an Rest noch ist, verbrennend aufgelöst. Alles dieses ist ein wahrer Überblick von oben herab, der manchem nicht gefällt.

Wenn nun auch keine Hoffnung für die Erde ist, so ist doch Einzelnen (den Glaubenden) eine Hoffnung noch gesichert. Diesen strahlt vom Himmel her ein Lichtstrahl entgegen in der Person Jesu zum Retten – bereit, der Welt letztes Problem zu lösen: das Problem der Sünde.
So erwarte, o Menschheit, von der Erde nichts mehr; aber alles von J e s u s."

## Kommentar des Sehers

Ja, die allgemeine **Auflösung der Erde** hat begonnen. Beachten Sie die unterschiedlichen Jahreszeiten, die Vergiftung der Luft und des Meeres und ähnliche uns nur zu gut bekannte Auflösungsmomente; das ist doch nichts Natürliches mehr.
Das menschliche Gehirn hat mitgeholfen, diese Zustände herbeizuführen, aber wer steckt hinter dem menschlichen Gehirn? Doch nur Anwandlungen von Wesen aus der Unterwelt.

Und wenn es dann weiter heißt, daß **Himmel und Erde mit gewaltigem Getöse vergehen werden,** so entspricht das den letzten furchtbaren Ereignissen. Dann ist kein Stein mehr auf dem anderen, kein Halm mehr auf dem Feld. Es sind entsetzliche Zustände. Feuer fällt auf die Erde; und es entsteht eine Schmutzwolke, in der das Atmen schwer fällt.

Es werden Menschen übrig bleiben (1), die dazu berufen sind, in allem Elend den übrigen verängstigten Menschen noch Hoffnung zu machen. Diese Hoffnung ist aber nur denkbar im gläubigen Sinne; und der **Lichtstrahl,** der dann vom Himmel her erscheint, betrifft nur die wahren Gläubigen. Die Geängstigten sind die, die bis dahin nicht glauben konnten, vielleicht sogar noch die Faust gegen Gott erhoben. Jetzt gehen auch sie in die Knie – wir wollen es wenigstens hoffen – sodaß sie in letzter Stunde noch für das empfänglich werden, was die Hinaufsteigenden ihnen sagen. Vielleicht ist das ihre letzte Rettung.

Aus der Heiligen Schrift:

*„Der jetzige Himmel aber und die jetzige Erde sind durch dasselbe Wort für das Feuer aufgespart worden. Sie werden bewahrt bis zum Tag des Gerichts, an dem die Gottlosen zugrunde gehen...*
*Das eine aber, liebe Brüder, dürft ihr nicht übersehen: Daß beim Herrn ein Tag wie 1000 Jahre und 1000 Jahre wie ein Tag sind. Der Herr zögert nicht mit der Erfüllung der Verheißung, wie einige meinen, die von Verzögerung reden; Er ist nur geduldig mit ihnen. Weil er nicht will, daß jemand zugrunde geht, sondern daß alle sich bekehren. Der Tag des Herrn wird aber kommen wie ein Dieb. Dann wird der Himmel prasselnd vergehen, die Elemente werden verbrannt und aufgelöst, die Erde und alles, was auf ihr ist, werden (nicht mehr) gefunden. Wenn sich das alles in dieser Weise auflöst: Wie heilig und fromm müßt ihr dann leben, den Tag Gottes erwarten und Seine Ankunft beschleunigen! An jenem Tag wird sich der Himmel im Feuer auflösen, und die Elemente werden im Brand zerschmelzen. Dann erwarten wir, Seiner Verheißung gemäß, einen neuen Himmel und eine neue Erde, in denen die Gerechtigkeit wohnt. Weil ihr das erwartet, liebe Brüder, bemüht euch darum, von Ihm ohne Makel und Fehler und im Frieden angetroffen zu werden. Seid überzeugt, daß die Geduld unseres Herrn eure Rettung ist." (2 Petr 3,7-15).*

*„Allen aber, die Ihn aufnahmen, gab Er Macht, Kinder Gottes zu werden"* (Joh 1,12). (vgl. auch Dan 7,13f; Joel 3,5; Sach 13,9; Mk 13,26; 14,62; Offb 1,7f; bzw. auch Jes 13,9; 34,4; Joel 2,10; Mt 24,29-31; Lk 17,28-30; 2 Petr 3,10.12; Offb 16,8f; 6,12-14.

-------
1 Vgl. Letzte Botschaft: „Die Entrückung".

## Meditation

*„Wer den Namen des Herrn anruft, wird gerettet werden"* (Joel 3,5).

Das Licht, das alle Schrecknisse und Finsternisse weit überstrahlt, ist Jesus Christus, unser Retter.

Er gab sich zu erkennen als „der gute Hirte", der den verlorenen Schafen nachgeht, um sie aus dem Dickicht der Ängste, der Verirrungen – ja, der Sünde – zu befreien und sie zurückzuholen auf den Weg, der zur Geborgenheit in der Herrlichkeit des Vaterhauses führt. Er hat sich als „Lösegeld" hingegeben, damit a l l e Menschen gerettet werden und zur Erkenntnis der Wahrheit gelangen" (1 Tim 2,4-5).

So verstehen wir Sein Wort: „Wenn ich am Kreuz erhöht bin, werde ich a l l e an mich ziehen" (Joh 12,32).
Umso mehr erschrecken wir, wenn Pater Pio darauf hinweist, daß es n u r r e l a t i v  W e n i g e sind, denen vom Himmel her ein Lichtstrahl entgegenleuchtet in der Person Jesu, der einzigen Rettung.

Ahnen wir, warum er es tut? Will er uns herausfordern angesichts dieser äußersten Bedrängnis, das Wort Jesu zu bedenken, das uns zu unbegrenzter Hoffnung ermutigt:
*„Bei Gott ist kein Ding unmöglich"* (Lk 1,37)

Ein anschauliches Beispiel dafür finden wir in der Szene aus dem Alten Testament, in der Abraham „mit Gott verhandelt", mit dem Ergebnis, daß durch 10 Gerechte die Stadt gerettet werde (Gen 18, 24-28).

Daß durch solches „Verhandeln" in Form von stellvertretender Sühne auch heute noch Menschen gerettet werden, bestätigt uns der Seher.

Pater Pio lehrt uns die rettende Fürbitte:
**„Fleht auf sie das Werk des Heiligen Geistes herab".**

Um Katastrophen abzuwehren oder zu mildern und um Seelen zu retten, wandte er sich selbst – dies geht aus einigen Botschaften hervor – weltweit immer wieder an viele begnadete Beter, darunter Einsiedler und Heilige auf dem Himalaja.

Hatte Jesus tatsächlich, als Er die Verheißung aussprach, daß Er alle an sich ziehen werde, auch diese vor Augen, die in Seiner Nachfolge soviel Hoffnung und Liebe aufbringen würden, daß sie Sein Werk vollenden helfen? Offenbar hat Gott es so gewollt, daß wir einer für den anderen verantwortlich seien, daß es eine gegenseitige Einwirkung, ja Umgestaltung gebe: Durch Gebet, Opfer, Hingabe, Sakramente.

So mahnt Paulus die Kirche, „für alle Menschen zu beten" (1 Tim 2,1).

Auf welchem Wege dies erreicht werden kann, deuten folgende Worte an: „Es soll uns das Verlangen erfüllen, allen Unglauben der Welt wegzuglauben und allen Mangel an Christus-Liebe tausendfach mit Liebesglut zu ergänzen, um dem wiederkommenden Herrn die Wege zu ebnen" (1).

---

1 Fritz Arnold, Du Freund des Lebens (Rom 1995) 207.

Gebet

Himmlischer Vater,
nie können wir Dir gebührend danken,
daß Du für alle Menschen
den R e t t e r  gesandt hast,
Jesus Christus,
Ihn, der das stärkste Feuer auf die Erde brachte,
das „Feuer, das von innen brennt"
und alle Mutlosigkeiten verzehren kann!

Erwecke Deine Liebe in uns allen so stark,
daß wir sie durch Gebet und Werke der Barmherzigkeit
zu all denen durchfließen lassen,
die nach Dir dürsten, ohne es zu wissen.
Dank sei Dir, Herr,
daß diese Botschaft mit dem Hoffnungsstrahl endet:
"Erwarte alles von Jesus".

Wie weit diese Hoffnung trägt,
die alle kommende Drangsal übersteigt,
hast Du uns durch die Bibel wissen lassen.

Daran erinnerst Du uns in diesen Botschaften.

## Eine letzte Mahnung
### Botschaft vom 28.3.1977

„Carissime! Der Welt wird noch einmal kundgetan eine Mahnung zur Fülle von Menschenliebe, von Wahrheit untereinander, und Wärme des Lebens. – Ich weiß: Dennoch lassen viele es an Mühe, die Wahrheit zu suchen, und an Verständnis fehlen."

### Meditation

Hautnah dürfen wir erleben, daß diese wunderbare Verheißung schon in gewaltigen Aufbrüchen konkret erfahrbar geworden ist. Bereits unmittelbar nach seinem Heimgang (Sept. 1968) hatte Pater Pio uns anvertraut:

### Botschaft vom 26.10.1968

„Wenn Maria noch einmal ihr Schweigen bricht, ruft sie aus über gottfremde und gottferne Zeiten, daß sich die Menschen einreihen in Kampf, Gebet und Buße; denn allein dieses noch sind ihre Waffen".

Offenbar weist Pater Pio hier auf den großen Aufbruch unserer Zeit hin, der von M e d j u g o r j e ausgeht.
Dort ist das Unerwartete Wirklichkeit geworden:
Die Mutter Gottes selbst erscheint Kindern und Jugendlichen mit einer letzten Mahnung, um die Menschheit aufzurütteln, um sie zu retten. Bei ihren regelmäßigen Erscheinungen, bei deren Ablauf der Gesundheitszustand der Seher in aller Ruhe mit wissenschaftlichen Methoden geprüft werden konnte, zeigt sie allen, worauf es ankommt:
Sie zeigt den Weg zur Liebe und Wahrheit, und damit den Weg zu einer erneuerten Menschlichkeit, zu einer Versöhnung mit dem Schöpfer und untereinander.
Sie macht bewußt, daß die Freiheit der Wahl und die volle Bejahung des Lebens Voraussetzung für Liebe sind.

Als Stimme der Wahrheit weist sie auch darauf hin, daß der Weg zur Liebe nur über das Gebet geht: "Ohne Gebet könnt ihr die Liebe nicht verstehen". So hält sie uns die Dringlichkeit des Gebets vor Augen, das weitgehend verloren gegangen ist. (1)

--------
1 „Betet, betet, betet" (21. Juni 1984); „...Ohne Gebet gibt es keinen Frieden ..." (6. Sept. 1984)

Daneben ruft sie eine Wiederentdeckung des Fastens ins Leben: „Fastet und betet mit dem Herzen … " (20. Sept. 1984) mit der Zusicherung: „Fasten und Gebet können sogar den Krieg verhindern" (21. Juli 1982) (2).

Auf dem Weg zu Liebe und Wahrheit zeigt sie noch eine dritte tragende Voraussetzung, indem sie die zum Fremdwort gewordene „Buße"! ins Rampenlicht der Weltöffentlichkeit rückt.
Auffallend ist, daß in Medjugorje viele einen neuen Zugang zum Sakrament der Versöhnung finden, das neben der Kirche in vielen Sprachen angeboten wird.

In der erwähnten Botschaft von 1968 hat er uns zugleich vorbereitet auf einen weiteren Aufbruch:

**„Maria steht seit längerem im Kampf gegen den Bolschewismus".**

Staunend haben wir den Durchbruch zur Wahrheit und Menschenliebe in dem kürzlich noch größten atheistischen Reich Rußland erlebt. Wie Tatjana Goritschewa berichtet, wird dort Tag und Nacht gebetet. Das russische Volk erinnert sich mehr und mehr seiner eigentlichen Identität, an der im Verborgenen so viele festgehalten haben, getragen durch all diejenigen, die weltweit dem Ruf der Gottesmutter von Fatima zu Gebet, Buße und Opfer für die Bekehrung Rußlands gefolgt sind. In Medjugorje weist sie hin auf „ökumenische Weite":

„Trennungen habt ihr ausgelöst, sie kommen nicht von Gott" (3).

Zu den Initiativen des heiligen Geistes unserer Zeit , die zur Nächstenliebe und Wärme in Fülle und zur Wahrhaftigkeit untereinander führen, gehört auch das große, alle Kontinente umfassende Zeichen der Versöhnung, das T a i z é setzt.

---

2 „René le Jeune, Franz. Prof. für Lit., u.a. am Institut für Lehrerbildung in Straßburg tätig, vertritt die Meinung, Fasten müsse zum großen Erziehungsprogramm des 21. Jahrh. werden" (Sarrach 92).
3 Alfons Sarrach, Der Prophetische Aufbruch von Medjugorje (Jestetten 1991) 45.

Man kann es unter den Tausenden von Menschen aller Generationen und Konfessionen erfahren, die sich dort zusammenfinden, um in der Gegenwart des Herrn zu verweilen, im gemeinsamen Beten, Singen und im Austausch über den Reichtum und die Quellen des Glaubens. Auch dort wird spürbar, wie die unvergleichliche Macht des Gebetes zur Quelle für wahre Menschenliebe und Wärme des Miteinander-Lebens wird, selbst unter Nationen ganz verschiedener Mentalitäten, Nationen, die vorher durch Haß und Krieg getrennt waren.

Auch dort wird das Sakrament der Versöhnung täglich in vielen Sprachen angeboten.

Taizé versteht sich wesentlich als Vorbereitung und Anregung, um die vielen Jugendlichen und Erwachsenen, die dort hinfinden, d a s  G e - h e i m n i s  d e r  K i r c h e  neu entdecken zu lassen und ihre Mitarbeit in den Heimatgemeinden neu zu beleben. Welch großes Anliegen jede Erneuerung der Kirche durch den Heiligen Geist ist, wird in der folgenden Botschaft deutlich.

Gebet
Dank sei Dir Herr,
für die aufrüttelnden Zeichen,
die Deine Vatergüte uns sendet!
Öffne uns
Herz und Verstand,
daß wir Deinen Aufruf
zur Umkehr
nicht überhören!

An die Kirche
Botschaft vom 23.06.1973.

„Die Kirchen werden immer leerer werden, und Organisieren nützt nicht, auch nicht Pomp und dogmatische Haarspalterei; denn solches hat unser Gott nicht gelehrt.

Ich weiß, noch viele wertvolle Seelen befinden sich in der Kirche, die wissen, daß die Kirche die Tür zwischen Diesseits und Jenseits, zwischen dieser und der anderen Welt ist; und es wird
n i c h t gelingen, diese gewaltsam für alle Zeit zu schließen, weil die (für den Durchschnittsmenschen nicht zu erkennende) überzeugende Beweismacht klar wird, daß der Mensch den Tod seines physischen Leibes überlebt.
Aber nicht nur die Nicht-Denkenden, sondern 99 von 100 Menschen haben Zweifel. Selbst der sich im Glauben stark Fühlende wankt beim Nachdenken über die Unsterblichkeit. Ja, Zweifler wanken gar oft".

Meditation

Die Frage, die dieser Botschaft zugrunde liegt, brennt wohl vielen auf der Seele:
Warum werden die Kirchen leerer?

Pater Pio weiß, daß es mehrere Gründe gibt. Doch auf den letztlich entscheidenden Grund geht er näher ein; denn er möchte das Übel an der Wurzel heilen:
Es ist der **Zweifel am Weiterleben nach dem Tode, der selbst zahlreiche Glaubende befällt.** Allen solchen Zweiflern hilft er durch einen wertvollen Hinweis:
Er spricht von dem Offenbarwerden einer „**überzeugenden Beweismacht..**, daß der Mensch den Tod seines physischen Leibes überlebt".

Wer dächte da nicht an die unzähligen „**Reanimierten**", die durch die neuere Medizin nach ihrem klinischen Tod zurückgeholt werden konnten? (1)

------

1 Nach Dr. van Dam werden „allein in Amerika ... jährlich ungefähr tausend Menschen reanimiert" Willem C. VAN DAM, Tote sterben nicht (Augsburg 1987) S. 92.

Die Erfahrungen, die sie jenseits dieser Schwelle machen konnten, haben ihr eigenes Leben und das Leben vieler Menschen radikal verändert.

Ruft der Herr auch durch dieses Phänomen zur inneren Erneuerung auf?

Es ist wie ein Appell, das Leben in Seine Hände zu geben, in die Hände der „Lichtgestalt", von der so viele Reanimierte berichten, gleich welcher Religion und Weltanschauung sie angehören (Dr. Ritchie und viele andere durften in ihr Christus erkennen). Wir können dankbar sein, daß die Zahl der Menschen, die an ein Weiterleben nach dem Tode glauben, in den letzten Jahren zugenommen hat (1).

Offenbar weiß Pater Pio, daß es die Menschen, die so zum festen Glauben an das Weiterleben gefunden haben, drängt, den Weg in die Kirche zu finden.
So ist es eine Erfahrung, daß in diesen Menschen die Ansicht über die Kirche gewandelt wird. Sie sehen nicht in erster Linie die Fehler einzelner Glieder der Amtskirche, sondern es wird ihnen gegeben, zum göttlichen Kern vorzustoßen – und auch die vielen Priester zu sehen, die in Ganzhingabe Seelsorger aus der Kraft des Heiligen Geistes sind.
Sie erkennen die eigentliche Bestimmung der Kirche und begreifen immer mehr, was Pater Pio mit den Worten sagt: **„Die Kirche ist die Tür zum Jenseits".**

Ein Skeptiker warf ein: „Was für ein Anspruch! Läßt sich dies biblisch belegen"?

Der Herr selbst gibt
### die entscheidende Antwort:

*„I c h bin die Tür ... "* (Joh. 10,7). *„Niemand kommt zum Vater, außer durch mich"* (Joh 14,6)
... und Er hat versprochen, bei uns zu bleiben *„alle Tage bis zum Ende der Welt"* (Mt 28,20).

-------
1 Vgl. die Spiegel-Umfrage zu Glaubensartikeln von 1967 u. 1992.

Diese Verbundenheit hat Er uns plastisch vor Augen gestellt durch die Worte:

*„Ich bin der Weinstock, Ihr seid die Reben"* (Joh 15,4)

und dies konkret erfahrbar gemacht in der heiligen Eucharistie, in Seiner erfinderischen, alles Begreifen übersteigenden göttlichen Liebe, die durch die Adern jedes Gläubigen hindurchströmen will, um sie auf dem Weg zum himmlischen Vaterhaus zu stärken – und in Seiner überaus wirksamen, aber verborgenen Gegenwart überall da, wo zwei oder drei in Seinem Namen versammelt sind.

Wie erfüllt uns das Wort mit Freude:
**„Es wird nicht gelingen, diese Tür gewaltsam für alle Zeit zu schließen,"**
wie es der Widersacher mit allen Mitteln von innen und außen anstrebt!

So erinnert uns der Herr an Seine Verheißung, die Kirche werde bis zum Ende der Zeiten fortbestehen (vgl.Mt. 16,18). Dies überstrahlt alle Enttäuschungen und Prognosen unserer düsteren Zeit. Trösten kann uns alle auch der Gedanke, der Kardinal Newman vor seiner Konversion letzte Sicherheit gab vor der Instanz der Vernunft: Wenn die katholische Kirche trotz ihrer menschlichen Fehler und Schwächen schon so lange besteht, so wäre dies nicht denkbar ohne Seine göttliche Führung.

Wie konkret Er ihr zur Seite steht, zeigt uns
**der weltweite Aufbruch**

von dem Kardinal Ratzinger Zeugnis gibt: Er ist nicht das Ergebnis menschlicher Organisation, sondern ersehntes und erflehtes Geschenk Seines Geistes, der das Antlitz der Kirche immer wieder erneuert. Seine Kennzeichen sind: „Fülle von Menschenliebe, ... Wahrheit untereinander und Wärme des Lebens (Botschaft „Eine letzte Mahnung").

„Was in der Breite der Gesamtkirche – gerade auch in der Krise der westlichen Welt - hoffnungsvoll stimmt, ist das Aufbrechen neuer Bewegungen, die n i e m a n d  g e p l a n t  und die n i e m a n d  g e r u f e n  hat, sondern die einfach aus der inneren Vitalität des Glaubens kommen. In ihnen zeichnet sich sehr leise wohl – doch so etwas wie eine pfingstliche Stunde der Kirche ab". Der Kardinal nennt die am meisten verbreiteten: „die charismatische Bewegung, Neokatechumenat, Cursillo,

Fokulare, Communione e Liberazione" und setzt hinzu: „Das Neue ist schon im Kommen ... Die Aufgabe der Amtsträger und der Theologen in der Kirche ist es, ihm die Türe offenzuhalten, den Raum vorzubereiten"(1).

Der Geist geht oft andere Wege, als unser sich selbst überschätzender Aktivismus sich träumen läßt, unser Drang zum **Organisieren**, zum Rationalismus, etc.

Dies läßt Er uns bereits konkret in Pater Pios Leben erkennen.
Ihm schenkte Er die Gnade, sich für Ihn so unbegrenzt zu öffnen, daß daraus etwas entstehen konnte, was bis in unsere Zeit nachwirkt: Die Gebetsgruppen, die unter der Leitung eines Priesters die seelsorglichen Anliegen der Kirche unterstützen und tragen.

Die Liebe, die der Herr in Pater Pios Herz entfacht hatte, brannte so stark, daß es ihn drängte, alles Mißtrauen, alle Treulosigkeiten, die Ihm angetan wurden, s ü h n e n d wiedergutzumachen. Und Er gab ihm den Impuls, viele Christen in dieses Werk der Stellvertretung hineinzuholen. So rief Gott der Herr durch Pater Pio, der ununterbrochen im Gebet war, bereits 1950 seine ersten Gebetsgruppen ins Leben, die bald danach in allen Kontinenten zu finden waren.

Bevor er die Erde verließ, wurde ihm das große Geschenk zuteil, daß er das Welttreffen dieser Gebetsgruppen, die er als „seinen Augenstern" betrachtete, noch mit einer Dankmesse beschließen konnte. In ihnen hat er sein „kostbarstes Erbe" der Kirche vermacht (2).

Gebet
O Herr, erfülle Deine ganze Kirche mit Weisheit,
So daß sie sich nur nach dem richtet
was Du sie gelehrt hast
durch Dein Wort und Beispiel.

Gib uns die Gnade eines so starken Glaubens,
daß wir – voll Vertrauen auf Deine Verheißungen –
alle Formen des Zweifels verjagen!

-------
1 Josef Kardinal Ratzinger, Zur Lage des Glaubens (München 1985) S. 41 ff. Hervorh.v.Verf.
2 PDerobert, Pater Pio. Durchsichtig auf Gott hin, vgl. 772.

## Welche Fragen werden uns im Jenseits gestellt?

Botschaft vom 28.3.1977

„Hier (d.h. hier im Jenseits, Anm. d. Sehers) wird ein jeder gefragt, wie er in der Welt gelebt hat; ob Liebe und Wahrheit ihm Lebensinhalt gaben in Fülle.
Aber auch nach dem Drang zum Licht des Geisteslebens, nach der persönlichen Geistführung."

### Kommentar des Sehers

„Wer dieses Licht sucht und um den Geist der **Liebe und Wahrheit** bittet und sich ehrlichen Herzens darum bemüht, dem wird daraus eine Antwort; und in dieser Antwort wird ihm ein Trost gegeben für alles, was ihm bis dahin unklar war. Und das wird uns vom Schutzgeist übermittelt, den Pater Pio meint, wenn er von **persönlicher Geistführung** spricht. Wer im rechten Glauben steht, richtet sich schon hier auf Erden nach diesem **persönlichen Geist**.
Seine **Führung** aber ist bei jedem andersartig, wie die Menschen alle verschieden sind. Es kommt darauf an, wie der einzelne sich in dieses Geschehen einfühlt, indem er auf seine Weisungen hört...
Jeder gute Gedanke, den wir denken, wird uns von den Engeln eingegeben."

### Meditation

Diese Botschaft will uns schon jetzt auf den Boden einer Realität stellen, mit der wir alle einmal konfrontiert werden. Sie will anregen, intensiver auf das Ziel zu schauen, das täglich näher rückt. Sie tut es durch den liebevollen Hinweis auf das,

**worauf es allein ankommt...**

Was werde ich sagen, wenn Er, der Herr, vor mir steht, mit mir Rückschau hält auf mein Leben – indem Er mir solche Fragen stellt?
Will uns Pater Pio davor bewahren, Ihm ähnlich antworten zu müssen wie z.B. Dr. Ritchie, jener durch seinen Bestseller „Rückkehr von morgen" (1)

---

1 Vgl. zum Folgenden George Ritchie, Rückkehr von Morgen (Marburg a.d.L. 1990) 36-42.

weltweit bekannt gewordene, reanimierte Arzt? Seine Erlebnisberichte sind für das Verständnis der vorliegenden Botschaft sehr aufschlußreich. Dr. Ritchie wurde 1945 nach seinem klinischen Tode dank der Errungenschaften der neueren Medizin ins Leben zurückgeholt.

Durch seine Erfahrungen erhalten wir wertvolle Informationen über das Erleben des Todes und bekommen eine Ahnung von der Welt danach. Seit Urzeiten hat dieses Geheimis Menschen aller Kulturen beschäftigt.

Wie Dr. Ritchie berichtet, nahm er ein immer heller werdendes Licht wahr... und plötzlich erkannte er, daß es eine L i c h t g e s t a l t   war...: „Ich bekam die erstaunliche Gewißheit: Du bist in der Gegenwart des Sohnes Gottes. Diese Person war selbst Kraft (1)... aber weit größer als die Kraft, die von Seiner Gegenwart ausging, war die bedingungslose Liebe – eine erstaunliche Liebe! Eine Liebe jenseits meiner höchsten Vorstellungen. Diese Liebe kannte jede meiner lieblosen Regungen..."

Dann berichtet er von einer einmaligen Ineinssetzung von Zeiten und Räumen in seinem Leben an einem Ort zur gleichen Zeit:

„Gleichzeitig mit seiner strahlenden Gegenwart – wenn ich davon erzähle, muß ich beides getrennt beschreiben – war in diesen Raum

### jede einzelne Episode meines Lebens

eingetreten. Alles, was um mich herum geschehen war, war einfach da, in voller Sicht, gleichzeitig und fließend, so, als ob in einem Moment alles zu gleicher Zeit stattfinden könnte... Jede Einzelheit eines zwanzigjährigen Lebens war zu sehen. Das Gute, das Schlechte, die Höhepunkte, das, was Zum-Davon-Laufen war. Und mit dieser Allesinklusiv-Schau entstand eine Frage. Sie war in jeder Szene gegenwärtig, und, wie die Szenen selbst, schien sie von dem lebendigen Licht neben mir gesteuert zu sein:

### Was hast du aus deinem Leben gemacht?

Es war offensichtlich nicht eine Frage der Art, daß Er Auskunft wünschte, denn was ich aus meinem Leben gemacht hatte, war klar zu erkennen...

-------

1 Mt 7,29 und Mk 5,30: Jesus redete wie einer, der Macht hat. Eine Kraft ging von Ihm aus.

Ich verstand bereits, daß ich in meinen wahnsinnigen ersten Anstrengungen, mit einer eindrucksvollen Antwort aufwarten zu wollen, vollkommen falsch lag. Er fragte nicht nach Leistung und Orden. Es schien eine Frage nach den Werten, nicht nach den Fakten zu sein: Was hast du mit der kostbaren Zeit, die dir zugeteilt worden war, gemacht?...Verzweifelt schaute ich nach etwas aus, das wertvoll erscheinen könnte, in dem Licht dieser strahlenden Realität.

Die Frage hatte, wie alles andere, was von Ihm ausging, etwas mit Liebe zu tun:

**Wieviel hast du mit deinem Leben geliebt?**
**Hast du andere geliebt; so wie ich dich liebe?**
**Ganz? Bedingungslos?**

Statt eine klare Antwort zu geben, suchte Dr. Ritchie sich zu rechtfertigen: „Ich hatte Liebe nicht so gekannt, wie sie mir jetzt als Möglichkeit vorgestellt wurde. 'Jemand sollte mir davon erzählt haben', dachte ich entrüstet!... Es ist so, als ob man zum Abschlußexamen kommt und entdecken muß, daß man in einem Fach geprüft wird, das man niemals studiert hat. Wenn dies die Mitte aller Dinge war, warum hatte mir das niemand erzählt?' „Erstaunt nahm er die Antwort des Herrn wahr:

**'Ich habe es dir gesagt'.**

Aber wie? Immer noch bemüht, mich selbst zu rechtfertigen: Wie konnte er es mir gesagt haben, und ich hätte es nicht gehört?

**'Ich sagte es dir durch das Leben, das ich lebte.**
**Ich sagte es dir durch den Tod, den ich starb.**
**Und wenn du mich im Auge behältst, wirst du noch mehr sehen...'".**

Aufgewühlt von dieser Begegnung sah Dr. Ritchie sein Leben plötzlich mit anderen Augen. Er war dankbar, noch einmal neu beginnen zu können. Getragen von der Sehnsucht, einmal jener nie zuvor erlebten **Freundlichkeit wiederzubegegnen**, drängte es ihn, den neu erkannten Auftrag seines Lebens zu erfüllen, das Versäumte nachzuholen: die L i e b e !

Wie froh können auch wir sein, daß wir noch Gelegenheit haben, „die Gnadenzeiten dieses Lebens auszukaufen zum Heil und zum Segen" (W.K.). Die Wortbildung „auszukaufen" ist verblüffend eindringlich. „Aus" steht für völlig, bis zur Neige. „Kaufen" meint das Erwerben durch die Liebe als einzig gültiger Währung. Und der Seher hilft uns, einen ersten Schritt in diese Richtung zu tun:

> „Die Botschaften sind uns gegeben, damit wir
> weiter darüber nachdenken" (W.K.).

Diese anschauliche Schilderung des Arztes gibt uns dafür wertvolle Anregung. Beim Nachdenken über die Antwort Jesu an ihn werden wir im Folgenden sehen, daß sie genau dem entspricht, was Pater Pio zum Vermächtnis seines Lebens machte. Jeden Tag neu gab er mit seinem ganzen Sein Antwort auf den größten Wunsch des Herrn, der uns das Entscheidende enthüllt. Pater Pio erinnert uns daran in der Botschaft vom 26.11.1972 mit den Worten:

> „Gottes Liebe wünscht G e g e n l i e b e .
> Ich erlebte gar oft, wie Menschen sich weigerten,
> Gottes Willen zu tun, obschon ich mahnte, daß es
> sehr unglücklich macht, k e i n e Gemeinschaft
> mit Gott zu haben."

Jede Liebe ersehnt Gegenliebe. Warum G o t t sie wünscht, wird in dieser Botschaft spürbar: Sie soll uns glücklich machen.

Wie Er sich diese Gegenliebe vorstellt, hat Jesus selbst uns deutlich gesagt. Er antwortete dem Schriftgelehrten auf die Frage nach dem wichtigsten Gebot:

> *„Du sollst den Herrn, deinen Gott, lieben mit*
> *ganzem Herzen, mit ganzer Seele und mit all*
> *deinem Denken. Das ist das wichtigste und*
> *erste Gebot. Ebenso wichtig ist das zweite:*
> *Du sollst deinen Nächsten lieben wie dich*
> *selbst. An diesen beiden Geboten hängt das*
> *ganze Gesetz samt den Propheten."*
> (Mt 22,37)

Treffend und hilfreich hat Augustinus dieses Grundprogramm unseres Lebens in das kurze Wort zusammengefaßt:

> „Ama et fac quod vis" – „Habe die Liebe,
> dann magst du tun, was immer du willst".

Jedes Tun wird immer dann richtig, wenn es aus echter Liebe geschieht. Dann muß es im Einklang mit den Zehn Geboten sein. Das ist der Prüfstein für meine Liebe zu Gott; denn die Gebote sind - wie Paulus sagt - in der Liebe zusammengefaßt (Vgl. Röm 13,8-10), d.h.: die Liebe ist der eigentliche Grund für ihre Erfüllung. Dies kann uns ein Beispiel verdeutlichen: Als Jesus den Blinden am Sabbat heilte, wollte Er uns den Blick dafür öffnen, daß eine Tat der Liebe nicht im Widerspruch zur Sabbatheiligung stehen kann.

Und ein weiteres Beispiel: – Wieviel leichter fällt es dem Menschen, das Gebot der Sonntagsheiligung zu erfüllen, wenn er es aus Liebe zu Gott tut.

### WAS ABER HEIßT LIEBEN?

Wie oft wird das Wort „Liebe" mißbraucht für etwas, was letztlich mit dem Wesen wahrer Liebe nichts zu tun hat, weil es verdunkelt ist durch den Egoismus. Oft wird es auch mit Besitzen-Wollen verwechselt.

Jede  e c h t e  Liebe ist immer
**ein Strahl aus dem Urquell der Liebe.**

Wenn der Mensch sich ihm öffnet, wird er stark und beschwingt... Ja, er bekommt neue Augen! ...und er vermag alles; denn er handelt nicht mehr aus eigener Kraft: Er ist eingeschlossen in den Stromkreis der göttlichen Liebe.

Liebe ist mehr als ein Gefühl, das macht Thomas von Aquin deutlich. In einer genialen Definition erschließt er den Wesenskern der Liebe:
„Alicui bene velle" – **„dem anderen gut wollen".**

Wie vielfältig die Konsequenzen dieser Grundhaltung sind, stellt uns Paulus vor Augen:
*„Die Liebe ist langmütig, die Liebe ist gütig.*
*Sie ist nicht eifersüchtig, sie prahlt nicht*
*und bläht sich nicht auf. Sie handelt nicht*
*unschicklich, sucht nicht ihren Vorteil.*
*Sie läßt sich nicht herausfordern und trägt*
*das Böse nicht nach. Sie freut sich nicht*
*über das Unrecht, sondern freut sich an der*
*Wahrheit. Sie erträgt alles, glaubt alles,*
*hofft alles, hält allem stand.*
*Die Liebe hört niemals auf".*
(1 Kor 13,4-8)

All dies finden wir in der sogenannten „**Goldenen Regel**". Sie stammt vom Herrn selbst. Er veranschaulicht die Nächstenliebe mit den Worten:

*„Alles, was ihr wollt, das euch die Leute tun,*
*das sollt auch ihr ihnen tun".*
(Mt 7,12)

Damit hat Er uns den wichtigsten Schritt auf dem Wege zur Liebe gezeigt:

**Sich Hineinversetzen in den Mitmenschen,**

ja, „Alles vom anderen verstehen" (Buchtitel von Roger Schutz).

Die Fähigkeit, sich in den anderen hineinzuversetzen, wurde in Pater Pio durch die Gabe der Herzensschau auf höchste Ebene gehoben, sodaß er in der Lage war, Menschen so zu sehen, wie Gott sie sieht.

Lassen auch wir uns durch die „Goldene Regel" locken, unsere Phantasie zu Hilfe zu nehmen und zu fragen:

Was brauche ich, wenn ich krank oder einsam bin, wenn ich Mangel an Nahrung und Kleidung habe, Zuwendung und Anerkennung, Wertschätzung und Geborgenheit entbehre, gefangen oder verfolgt bin?

Wie schön wäre es, wenn wir unser Leid, aber auch die Freude ganz neidlos miteinander teilen würden, wie das überlieferte Wort sagt:
„Geteiltes Leid ist halbes Leid, geteilte Freude ist doppelte Freude".

Dann hätten wir verwirklicht, was die Heilige Schrift uns ans Herz legt mit den Worten:
*„ Freut euch mit den Fröhlichen und weint mit den Weinenden".*
(Röm 12,26)

*„ Wenn ein Glied leidet, leiden alle Glieder mit.*
*Wenn ein Glied geehrt wird, freuen sich alle anderen mit ihm.*
*Ihr aber seid der Leib Christi und jeder einzelne ist ein Glied an ihm".*
(1 Kor 12,26f)

### Der Maßstab für unsere Nächstenliebe,

das, was Christus unter „Liebe in Fülle" versteht, wird deutlich durch Sein Wort:

**„Liebt einander so, wie i c h  e u c h  geliebt habe".**

(Joh 13,34)

Wie weit Seine Liebe zu uns Menschen geht, hat Er uns nicht nur gelehrt. Er hat sie uns vorgelebt bis zum Tod am Kreuz. Welch Erstaunen muß den römischen Hauptmann ergriffen haben, als Christus in Liebe noch für die betete, die ihm den so qualvollen Tod bereitet hatten:

*„ Vater vergib ihnen; denn sie wissen nicht, was sie tun".*

(Lk 23,34)

So hat Er etwas ganz Neues in die Welt gebracht: die F E I N D E S - L I E B E .

Seine u n e r k a n n t e Liebe hat Er nicht zurückgenommen, sondern sie weiter in die Welt hinein verströmt ..., so sehr, daß die Augen des römischen Hauptmanns plötzlich aufgetan wuden und er sich spontan bekehrte.

Unser Unvermögen, so zu lieben wie Jesus Christus, beginnt schon, wenn Menschen uns unsympathisch sind, wenn sie uns enttäuschen, wenn sie nur ein wenig „an unserer Ehre kratzen"...

Täglich kämpfen wir mit unserem störrischen Ich: „Der Geist ist zwar willig, aber das Fleisch ist schwach". Mit Paulus könnte ich sagen:
*„Ich tue nicht das Gute, das ich will, sondern das Böse, das ich nicht will"*
(Röm 7-15).

## WIE ABER FINDE ICH DEN WEG ZUR LIEBE IN FÜLLE?

In dieser Bedrängnis läßt der Herr uns nicht allein. Schon zu Lebzeiten kommt Pater Pio den Menschen tröstend entgegen mit den Worten: „Lieben wollen heißt schon Lieben"(1).

Wie schwer wurde es ihm oft gemacht, seine Mitbrüder zu lieben, – ja, so schwer, daß er sie einmal fragen mußte: „Soll ich schweigen?"
Pater Pio zeigt uns, was in solcher Situation der Bedrängnis allein helfen kann. Es ist zugleich der Weg, jene vollkommene Liebe zu erlangen, die er uns ans Herz gelegt hat:

**„Ich setzte täglich neu an, Seine Liebe und ganze Demut zu erfassen"**
(Botschaft vom 6.3.1971).

Und später sagt er uns, wie wir ihm auf diesem Weg folgen können:

**„Versetze dich oftmals in das Erlösungswerk!"**
(Botschaft von Dez. 1977).

„Genau da liegt meine Schwierigkeit", sagte ein Wissenschaftler traurig. „Mußte der Herr diesen schweren Weg gehen, um uns zu retten? Das kann mein Verstand nicht fassen".

Geht es uns allen im Grunde nicht ähnlich?

Thomas von Aquin bringt diese Schwierigkeit auf seine Weise zum Ausdruck. Er sagt, auch im Blick auf das heilige Abendmahl:

„Der V e r s t a n d  verstummt beklommen...", aber er setzt hinzu: „Nur das H e r z  begreift's allein ...".

Er weiß um die tiefere Schicht im Menschen mit dem  g ö t t l i c h e n  Funken, den der Schöpfer selbst hineingelegt hat, um uns  f ä h i g  zu machen, das gewaltige Mysterium Seiner Liebe mehr und mehr zu ergründen und zu erfahren ...

## Was könnte uns dabei helfen und tragen?

Pater Pio weist uns immer wieder auf den großen Helfer, den Heiligen Geist, hin, den der Vater sendet, wenn wir Ihn darum bitten. Er allein kann die Gnade des Glaubens an das, was der Verstand nicht begreift, in das geöffnete Herz eingießen.
Wie aber können wir das Herz weit dafür öffnen?
Pater Pio gibt uns aus eigener Erfahrung diesen weisen Rat:
„Versetze dich oftmals in das Erlösungswerk".

Für den Fall, daß wir diesen Rat befolgen und ihn sofort in die Tat umsetzen wollen, können wir es hier mit Pater Pio zusammen tun. Er schreibt in seiner
„Meditation über die heilige Agonie"(1):

„Göttlicher Geist, erleuchte meinen Verstand und entflamme mein Herz, während ich über Jesu Passion nachdenke! Hilf mir, dieses Mysterium der Liebe und des Leidens meines Gottes zu durchdringen, der, Mensch geworden, leidet, im Todeskampf liegt, für mich stirbt!
Der Ewige, der Unsterbliche erniedrigt sich, um sich einem unerhörten Mysterium zu unterziehen, dem schändlichen Tod am Kreuz, inmitten von Beschimpfungen, von Hohngelächter und von Schmach, um sein Geschöpf zu retten, das Ihn mit Füßen getreten hat ...
Maria, Mutter der Schmerzen, laß mich Jesus folgen und innigst Seines Leidens und Deines Kummers teilhaftig werden!
Mein Schutzengel, laß all mein Vermögen im leidenden Jesus gesammelt sein, damit es sich nie von Ihm lösen möge.
Am Ende seines Erdenlebens, nachdem Er sich uns im Sakrament Seiner Liebe ganz geschenkt hat, geht der Herr zum Ölberg, den seine Jünger kennen, aber auch Judas ... In dem Augenblick, in dem Sein bitteres Leiden beginnt, denkt Er nicht an Sich selbst, sondern an dich ...

------

1 Zit. nach Winowska, S.136ff. Einem glücklichen Zufall verdanken wir die Veröffentlichung dieser persönlichen Notiz von Pater Pio, die uns authentisch seinenWeg zur „Liebe in Fülle" vemitteln kann.

O Jesus, mein Herz ist fassungslos, wenn ich der Liebe gedenke, die Dich Deinem Leiden und Sterben entgegeneilen ließ!

O Nacht, noch nie gab es eine Nacht wie dich!

Hier ist der Platz, den Jesus aufsucht, um zu beten. Er entkleidet Seine heilige Menschheit der Stärke, auf die sie durch ihre Union mit der göttlichen Person ein Anrecht hat. Er taucht sie in einen Abgrund der Traurigkeit, der Herzensangst, der tiefsten Erniedrigung...

Das heilige Antlitz des Gott-Menschen, der im Genuß der Anschauung Gottes ist, liegt hier unkenntlich im Staub. Mein Jesus! Bist Du nicht Gott? Herr des Himmels und der Erde? Dem Vater gleich? Warum erniedrigst Du Dich so weit, daß Du sogar alles menschliche Aussehen verlierst?

Ach, ja ... ich verstehe! ...Um meine Anmaßung zu sühnen, brichst Du zusammen. Um den Himmel mit der Erde auszusöhnen, erniedrigst Du Dich bis zur Erde, als ob Du ihr den Kuß des Friedens geben wolltest... Du hast alle unsere Schwächen auf Dich genommen. Um uns Deine Kraft zu schenken, bist Du unser Sündenbock geworden. Du willst uns lehren, daß wir unser ganzes Vertrauen allein auf Dich setzen dürfen, selbst wenn uns der Himmel ehern scheint.

In Seinem Todeskampf ruft Jesus zu seinem Vater empor: 'Wenn es möglich ist, so gehe dieser Kelch an mir vorüber!' Es ist dies der Schrei der Natur, die sich, zu Boden geschmettert, vertrauensvoll an den Himmel wendet. Er weiß, daß Er nicht erhört wird, weil Er will, daß dem so sei.

Welch schwindelerregendes Mysterium! Die Qual, die Dich bedrückt, läßt Dich um Hilfe und Trost bitten, aber Deine Liebe zu uns und Dein Verlangen, uns Gott zurückzugeben, läßt Dich sprechen: 'Aber nicht wie ich will, sondern wie Du willst!'

Alle unsere Sünden in ihren kleinsten Einzelheiten ziehen vor Ihm vorüber.

Er sieht alle Niederträchtigkeiten, alle Unzucht, alle Lästerungen, die die Herzen und die Lippen beflecken, die geschaffen sind, Gottes Herrlichkeit zu besingen.

Ich meine die Klagen des Erlösers zu hören: 'Wenn wenigstens der Mensch, für den ich leide, sich die Gnaden zunutze machen würde, die ich ihm mit meinem so furchtbaren Leiden erlange! Wenn er wenigstens erkennen würde, wie hoch der Preis ist, den ich bezahle, um ihn zu erlösen und ihm das Leben des Sohnes Gottes zu schenken!'

> Er sieht den Menschen, der nicht w e i ß ,
> weil er nicht w i s s e n w i l l ..."

--- --- ---

Auf diese Weise versetzte Pater Pio sich ganz in Jesu Denken und Seine Gefühle. So konnten sich in ihm die Worte des Herrn erfüllen:

> *„Ich bin gekommen, Feuer auf die Erde zu werfen,*
> *und wie wünschte ich, daß es schon entfacht wäre"* (Lk 12,49*).*

In dieser innigen Verbindung konnte der Herr in ihm eine solche Liebe entzünden, daß sein Herz brannte, – so sehr, daß auch sein ganzer Körper davon erfaßt wurde und erglühte. Solches Liebesfeuer brannte, wie in vielen Heiligen, auch in Pater Pio. Die Intensität war so groß, daß bei Messungen der Körpertemperatur gewöhnliche Fieberthermometer zerplatzten(1). Bei diesem Phänomen ahnen wir, wie konkret das Wort Jesu gemeint ist:

> *„ Wenn einer mich liebt,*
> *wird mein Vater ihn lieben,*
> *und wir werden kommen*
> *und Wohnung in ihm nehmen"*
> (Joh 14,23).

-------
1 Vgl. dazu „Die Stimme Pater Pios", 22. Jg. Nr. 3, S. 19-21.

Und es wird offenbar: Wer Christus liebt, der wird immer mehr verwandelt, in Seine Liebe hineingezogen. Je mehr er mit Ihm eins wird, desto mehr wird es wahr, daß er mit Seiner Liebe „göttlich" liebt. So wurde in Pater Pio das Pauluswort Wirklichkeit:

„Nicht mehr ich lebe, sondern Christus in mir" (Gal 2,20).

Und da Christus ihn immer mehr hineinzog in Seine Liebe zu allen Menschen, ersehnte Pater Pio diese Verwandlung für a l l e :

„Jesus sei der Herr eurer Herzen und setze in ihnen Sein Werk fort, bis ihr vollkommen in die LIEBE verwandelt seid (1)."

## Gottesliebe als Quelle der Nächstenliebe

Aus solcher Liebe wuchsen ihm übermenschliche Kräfte, ganz für das Wohl des Nächsten dazusein. Viele bekehrten sich durch seinen Dienst im Beichtstuhl, in der Eucharistie, in ringenden Kämpfen der Fürbitte und in stellvertretendem Leiden. In solcher Besorgtheit um das Heil der Menschen sendet er auch die vorliegenden Botschaften.

So konnten wir durch Pater Pio neu und tiefer erkennen, daß der Wurzelgrund der echten Selbstannahme und der selbstlosen Nächstenliebe die Gottesliebe ist. Daher stellen wir uns die Frage:

-------

1 Maria Winowska, Das wahre Gesicht des Pater Pio: Bibliothek Ekklesia Bd. 2 (Aschaffenburg (8)1961, S. 65. In diesem Lichte kann man auch die Definition von Liebe verstehen, wie sie Theresia v. Avila entwirft: Sich leidenschaftlich danach sehnen, daß andere Gott lieben.

# WIE KANN ES WIRKLICHKEIT WERDEN, DASS ICH GOTT AUS GANZEM HERZEN, AUS GANZER SEELE UND MIT ALL MEINEM DENKEN LIEBE?

Der erste Schritt ist schon getan, wenn ich meine Armut, mein totales Angewiesensein auf die Kraftquelle der Liebe, den göttlichen Geist, erkenne. Das ist eine Bewußtseinshaltung, die den gesamten Weg zur "Liebe in Fülle" eröffnet, wie Pater Pio ihn gegangen ist. Plastisch und drastisch gibt er uns eine Starthilfe:

"Sage zu Jesus: 'Du verlangst von uns eine größere Liebe?
Ich habe keine mehr. Gib Du mir mehr, dann will ich sie Dir anbieten'.
Zweifle nicht daran, Jesus wird dieses Angebot annehmen!"(1)

Solch einen Schritt zur **realistischen Selbsterkenntnis** und **Gotteserkenntnis** wagt auch Karl Rahner, wenn er sagt:

"Das demütige Erschrecken über unsere Lieblosigkeit Gott gegenüber
ist der **gott**gewirkte Anfang unserer Liebe...
Das Gebet um diese Gottesliebe ist **unser** Anfang für die Gottesliebe"(2).

Meditation und „Gebet um die Gottesliebe"

Angeregt durch Pater Pios Kunst, sich in Gott hineinzuversetzen, wollen wir im Blick auf die Liebe, die Menschen miteinander verbindet, prüfen, worin wir ähnliche Zeichen unserer Liebe zu Gott erkennen können.

Das erinnert an das **Hohelied** aus dem Alten Testament. Es ist eine Sammlung der schönsten Liebeslieder, in denen die Liebe, die Menschen einander schenken können, besungen wird. Wenn man diese bildreichen Lieder zu sich sprechen läßt, spürt man: Letztlich wollen sie uns **gleichnishaft** die Liebe zwischen Gott und den Menschen nahebringen:

„Aufstehen will ich, die Stadt durchstreifen, die Gassen und Plätze,
Ihn suchen, den meine Seele liebt" (Hld 3,2).

-------

1 Raoul Villedieu, Das Geheimnis des Pater Pio (Aschaffenburg 1965) 134.
2 Karl Rahner, Worte gläubiger Erfahrung (Freiburg 1985) S. 41.

So sagt auch der liebende Mensch, in dem die Sehnsucht nach Gott erwacht ist. Aber es bedeutet noch mehr: Pater Pio öffnet uns in der Botschaft „Was ersehnt Gott für die Menschen" neu die Augen dafür, daß dieses Wort uns die Liebe Gottes veranschaulicht, die dem Menschen nachgeht und sich danach sehnt, daß der Mensch Ihm sagt:

„Nur IHM, meinem Geliebten, gehöre ich" (Hld 7,11).

Lesen wir diesen Vers zu Ende:

„...Und mir gehört Sein ganzes Verlangen",

so erkennen wir, was uns zu dieser Gottesliebe fähig macht:

„Er hat uns zuerst geliebt" (Joh 4,19).

Es geht uns wohl wie Pater Pio, daß wir es umso weniger fassen können, je tiefer wir es zu ergründen suchen.

Einem seiner Beichtkinder, das ihm gegenüber das Erstaunen darüber zum Ausdruck brachte, „daß Er Seine Wonne an uns finde", eröffnete er: „Das habe ich auch nie verstanden" (LM 113). ...Und er sagte noch, „Der wahre Grund ist der, daß Gott ‚Sich verströmende Liebe' ist. Er ist nicht zufrieden, solange Er Sich nicht ganz hingibt".

Und Pater Pio, der „Meister der Liebe", hat sie uns ja schon gelehrt:

## „DIE KUNST, SICH IN GOTT ZU VERLIEBEN".

Er hat uns verraten, wie er selbst dazu kam (s.o.)...
Aber machen auch wir uns auf den Weg und fragen wir uns:
**Wie verhält man sich, wenn man sich mehr und mehr in einen Menschen verliebt?**

Jemand sagte: Dann möchte ich immer gern in seiner Gegenwart sein.

Ja, wer liebt, nimmt sich Z e i t für den Geliebten
und kann in der Kraft der Liebe auf manches verzichten, um sich ihm zuzuwenden.

**So wollen wir uns an Ihn wenden und Ihn vertrauensvoll bitten:**
– Schenke mir ein offenes Ohr für Deine E i n l a d u n g e n und hilf mir, Dich nie vergeblich warten zu lassen in Deiner Sehnsucht, mich wieder neu mit Deiner Liebe erfüllen zu können! Hilf mir, die W i d e r s t ä n d e zu d u r c h s c h a u e n und zu besiegen, die sofort auftauchen, um mich

vom Weg zu Dir zurückzuhalten, wie Trägheit, Vorurteile, Antipathien, Ablenkungen, Zerstreuungen (vgl. Botschaft: 'Wie kann Unbewußtes, Verdrängtes aufgedeckt werden?')!

Wer liebt, h ö r t dem Geliebten gerne z u ,
will ihm ähnlich werden und seine W ü n s c h e   e r f ü l l e n .

**So bitte ich Ihn:**
– Schenke mir das Verlangen, Deinem Wort zu lauschen - Deinem "Liebesbrief" an Dein Volk, um Dein Wesen immer tiefer in mich aufzunehmen, Dir ähnlicher zu werden und meinen Willen mit dem Deinen zu vereinen! Deine Worte laden mich ein, aus Liebe zu Dir Deine Gebote zu halten und Dein Licht weiterzuleiten.

Liebe ist   e r f i n d e r i s c h .
Der Liebende findet tausend Wege und immer neue, auszudrücken, was ihm der Geliebte bedeutet.

Welche Freude können sich Menschen machen, wenn sie das, was sie schön und beglückend aneinander finden, auch in Worten zum Ausdruck bringen! Sollte sich ein persönlicher Gott, der uns nach seinem Ebenbild erschaffen hat, nicht genauso darüber freuen, wenn wir Ihm immer neu sagen, warum wir Ihn lieben?

**So bitte ich Ihn:**
– Dränge mich durch Deinen Heiligen Geist, Dir die **Antwort meines Herzens** auf all Deine Liebe in ständig wachsendem **Lobpreis**, in **Dankbarkeit** für all Deine Gnaden zu sagen und zu singen! Laß mich in der **Anbetung** und **Betrachtung Deines Leidens** von Deiner Liebe verwandelt, liebesfähiger werden!

– Ermuntere mich, öfter am Tag, mitten im Tun, aufzublicken und Dir einfach zu sagen, daß ich Dich liebe!

– Erinnere mich daran, daß Du Dich freust, wenn ich alles mit Dir vertrauensvoll bespreche wie mit dem besten Freund, von dem ich weiß, daß er mich liebt!
(nach Therese von Lisieux)

Wer liebt, will sich mit dem Geliebten v e r e i n i g e n, sein Leben ihm ganz hingeben. Durch Sein Leiden und Sterben hat Christus uns gezeigt, wie weit die Hingabe der Liebe gehen kann:

**So bitte ich Ihn:**
– Lenke mich oft zu dem unverdienten Glück der innigen Vereinigung mit Dir in der hl. Eucharistie – in der Du Dich täglich von neuem hingibst –, sodaß Du Dein Werk in mir fortsetzen kannst,
  – mich immer mehr in Deine Liebe zu verwandeln,
  – mir Deine Augen für die Mitmenschen zu schenken,
  – und so das Pauluswort in mir Wirklichkeit werden zu lassen:
  – „Nicht mehr ich lebe, sondern Christus lebt in mir" (Gal 2,20).

Jede Liebe will sich durch die T a t als echt und wahr erweisen, um den Geliebten dadurch zu e r f r e u e n und zu b e s c h e n k e n. Sie beflügelt zur täglichen Erfüllung der Pflichten.

**So bitte ich Ihn:**
– Nähre in mir den Wunsch, Dir, gestärkt durch die göttliche Nahrung in Wort und Sakrament, „mit allen Kräften" zu dienen in all den Menschen, die Du mir ans Herz legst.

– Laß mich im Hören auf die leise innere Stimme Deines Boten, meines Schutzgeistes, erkennen, was die Pflicht des jeweiligen Augenblickes ist, und sie aus Liebe zu Dir erfüllen.

– Hilf mir durch die Erleuchtung Deines Heiligen Geistes, den Augenblick zu erspüren, der mich fordert, Zeugnis zu geben von Dir und Deiner „Frohen Botschaft" all denen, die danach hungern.

– Gib mir echtes Mitleiden mit den Heimatlosen und Verfolgten, die Nahrung, Kleidung und freundliche Zuwendung brauchen,

– und ebenso mit den innerlich Vereinsamten, mit jenen, die an einer Aufgabe ermüdet und gescheitert sind; mit den Kranken und Gefangenen, die sich nach einem liebevollen Besuch sehnen, nach einem, der zuhört und versteht,

– und mit den vielen Versklavten, Verfolgten und Gebundenen, für die Du uns das rettende Heilmittel empfohlen hast:

das Fasten und Beten! Pater Pio war – wie seine Mitbrüder bezeugen – die "personifizierte Fürbitte". Sie ist eine echte Tat der Liebe, durch die wir auch denen zu Hilfe kommen können, um deren Not wir wissen, die wir aber sonst nicht erreichen können. Durch sie ermöglichst Du uns, daß wir uns einschalten können in den großen Stromkreis Deiner barmherzigen Liebe.

Je mehr ich meine Unbeständigkeit in der Liebe erkenne, desto mehr staune ich über Seine unergründliche, grenzenlose Liebe, das "Feuer", das Er auf die Erde geworfen hat. Immer wieder entzündet Er es neu in uns in dem Maße, in dem wir danach verlangen.

**So bitte ich Ihn kühn:**

– Brenne alles weg, was das Licht Deiner Liebe in mir noch verdunkelt: alle Lauheit, Ichsucht und den stolzen Eigenwillen, der Deinen Willen gar nicht erst erfragt und damit all das verpaßt, was Du mir eigentlich zugedacht hattest!

– Hilf mir, so zu lieben wie die Menschen, die wie Pater Pio ganz zu Liebe geworden sind!

In knapper Weise vertraute er uns sein Vermächtnis an:
   „Lebe ständig in der Gegenwart Gottes!
   Lebe ständig in der Gnade Gottes!
   Lebe ständig in der Liebe Gottes"(1)!

---

1 Diese drei Maximen gab Pater Pio einmal einem Konvertiten als Exerzitienprogramm. Jede Woche sollte er eine von ihnen beherzigen.

Wie uns diese Botschaft offenbart, werden wir auch nach dem Stellenwert gefragt, den wir der **Wahrheit** eingeräumt haben.

Werfen wir mit Pater Pio einen Blick in unsere Zeit. Er sagt:
**„Viele lassen es fehlen an Mühe, die Wahrheit zu suchen"** (28.3.1977).

Offenbar sieht er die tägliche Entscheidungsnot des heutigen Menschen, der ständig vor einem Überangebot von spannenden Ablenkungen und Zerstreuungen steht und so leider für seine ganzheitliche Entfaltung keine Zeit mehr findet ...

In einer anderen Botschaft (21.07.1972) hat er es noch etwas genauer gesagt:
**„Die Menschen wähnen sich im Zeitalter der Aufklärung**
und s u c h e n nicht erst nach einer klaren Antwort auf Gottesfragen".

Will er uns hier daran erinnern, daß Gott uns die Freiheit geschenkt hat, IHN zu suchen mit dem Einsatz all unserer Gaben – oder IHN nicht zu suchen und das tief in der Seele wohnende Heimweh nach Gott zu verschütten?

Oder will er uns auf unentwegte Gottsucher hinweisen, die ihre Sehnsucht ernst nahmen und nicht nachließen, ihr nachzugehen, wie z. B. Charles de Foucauld, der sein Suchen damit begann, immer wieder die Worte zu wiederholen:
„Herr, w e n n es dich gibt, so laß mich dich finden".

Und ER ließ sich von ihm finden..... . Er, der vor Pilatus erklärte:
*„Ich bin dazu geboren und dazu in die Welt gekommen,*
*daß ich für die Wahrheit Zeugnis ablege"* (Joh 18,37),

J E S U S   C H R I S T U S , der allein sagen konnte:

*„Ich bin der Weg, die Wahrheit und das Leben"* (Joh 14,6),
und:
*„Ich bin als das Licht in die Welt gekommen,*
*damit keiner, der an mich glaubt, in der Finsternis bleibt"* (Joh 12,46).

Pater Pio will uns dabei helfen, auf k e i n e r  S t u f e der Wahrheitssuche zu  r u h e n , denn der Geist der Wahrheit will uns in die volle Wahrheit einführen.

So legt Pater Pio uns ans Herz, o f t in der Heiligen Schrift zu lesen, und er sagt am 10.7.1976:

> „Ich möchte, Gott zu erkennen, auf Seine Offenbarungen hinweisen. Erst dann kommt ein jeder weiter. Für alle Menschen hat Gott sich offenbart in der verständlichsten Weise durch Seinen Sohn Jesus, ein einmaliges, wunderbares Vorbild".

Wie könnten wir unser großes Vorbild besser kennenlernen und Seinem Wesen besser näherkommen als in der Betrachtung Seiner Worte und Taten?

IHM nachfolgen heißt: Aus dem Geist der Wahrheit leben, in Seinem Wort bleiben.

Jesus sagt:
> *„ Wenn ihr in meinem Wort bleibt, seid ihr wirklich meine Jünger.*
> *Ihr werdet die Wahrheit erkennen, und die*
> *Wahrheit wird euch freimachen"* (Joh 8,31-32).

Er lehrt Seine Jünger unbedingte W a h r h e i t s l i e b e :
> *„Euer Ja sein ein Ja, euer Nein ein Nein"* (Mt 5,37).

## Die Liebe freut sich an der Wahrheit

„Die Menschen könnten nicht in Gemeinschaft miteinander leben, wenn sie sich nicht gegenseitig glaubten, als solche, die einander die Wahrheit offenbaren" (1).

Als Vorbereitung für den großen Augenblick, da wir der Wahrheit selber, C h r i s t u s, ins Angesicht schauen müssen, gibt Pater Pio uns einiges zu bedenken; traurig stellt er fest:

**Viele „haben nicht den Mut, sich Gott so zu stellen wie sie sind"**
**(23.6.1972).**
**Sie wollen „sich verschönern" (26.6.1976).**
**„Sie kommen nicht ans Licht mit ihrem richtigen Leben" (26.6.1976).**

An anderer Stelle bemerkt Pater Pio angesichts einer Gruppe von Jenseitigen:

**„...für ihre Lügen..., ihr Falsches-Zeugnis-Dahersagen**
**suchten sie sich zu rechtfertigen" (3.5.1976).**

Dies sagt Pater Pio rückblickend auf ihr irdisches Leben. Obwohl sie auf Erden den Gnadenimpuls bekommen hatten, einmal ehrlich in sich hineinzuschauen, entschuldigten sie ihre Verantwortungslosigkeit im Umgang mit der Wahrheit. Sie blieben in ihrem Eigenwillen befangen und nahmen diese Fehlhaltungen mit ins Jenseits (vgl. Kommentar v. W.K.).

Durch diesen wachrüttelnden Einblick will Pater Pio uns, die wir noch auf der Erde leben, möglichst den langen, mühsamen Weg der Läuterung drüben ersparen, der auf uns alle wartet, wenn wir nicht die günstigen Bedingungen für eine Umkehr hier auf Erden nützen (vgl. B.v. 3.5.1976).

Bibelstelle
*„ Vater,*
*das ist das ewige Leben,*
*daß sie Dich, den allein* **wahren Gott***, erkennen*
*und den Du gesandt hast,*
*Jesus Christus* (Joh 17,3).

--------

1 Thomas von Aquin: Summa Theologica 2-2, 109, 3, ad 1.

# Gespräch mit dem Herrn

Dank sei Dir, daß Deine Vaterliebe uns hier an eine Grundvoraussetzung für unser Näherkommen zu Dir erinnern will:
Die Wahrhaftigkeit, die Aufrichtigkeit, die jede Verstellung und Heuchelei meidet.

Du hast uns allen die Sehnsucht nach Wahrheit ins Herz gelegt, und Du ersehnst, daß wir nicht aufhören, sie mit all unseren Kräften zu suchen. Dafür hast Du uns den großen Helfer versprochen, den Heiligen Geist, und Du hast uns ermutigt durch starke Verheißungen, wie:
*„Suchet und ihr werdet finden"* (Mt 7,7).

*„Suchet zuerst das Reich Gottes und seine Gerechtigkeit,
und alles andere wird euch dazugegeben werden"* (Mt 6,33).

Durch unermüdliche Wahrheitssucher (z. B. Augustinus, John Henry Newman, Charles de Foucauld und viele, viele andere) hast Du uns gezeigt, daß Du ein langes Suchen hundertfältig belohnst.

Immer mehr dürfen wir erkennen, daß der Grad der Sehnsucht das Maß des Empfangens ist.

Traurig stellt Paulus fest, was geschehen kann, wenn dieser Drang, die Wahrheit zu suchen, den Du in jeden Menschen hineingelegt hast, zugeschüttet wird durch die vielen Zerstreuungen und Verlockungen der Welt:

*„Unter den Ungläubigen hat der Gott dieser Welt (Satan) den Sinn verblendet, damit ihnen nicht erstrahle das helle Licht des Evangeliums von der Herrlichkeit Christi, der da ist das Bild Gottes"* (2 Kor 4,4).

*„Denn Gott, der da sprach: 'Aus Finsternis soll Licht aufleuchten', ist in unseren Herzen aufgeleuchtet, damit erstrahle die Erkenntnis der Herrlichkeit Gottes, die auf dem Antlitz Christi ist"* (2 Kor 4,6)

O Herr, Du liebst alle Menschen und ersehnst, daß sie alle Dich, die ewige Wahrheit, suchen und so das große Ziel erreichen.

So lesen wir in Deinem Hohepriesterlichen Gebet zum Vater:

*„Ich habe das Werk vollendet,*
*das zu vollbringen Du mir aufgetragen hast ...*
*Ich habe Deinen Namen den Menschen geoffenbart ...*

*Heilige sie in der Wahrheit.*
*Dein Wort ist Wahrheit"*
(Joh 17, 4b. 6a. 17).

## Der Drang zum Licht des Geisteslebens

Auch danach werden wir gefragt ...

Wie aktuell ist dieser Hinweis der Botschaft gerade heute, da die medizinische Forschung immer mehr den Einfluß des Geistes auf die Gesundheit des Körpers erkennt! Oft liegt die eigentliche Ursache von Krankheiten darin, daß der Mensch nicht bedenkt, wie sehr auch der Geist regelmäßig Nahrung braucht, nicht nur, um den Körper gesund zu erhalten, sondern auch um sich weiterentwickeln zu können und um die hohe Berufung des Menschen zu verwirklichen, an der Schöpferkraft des Heiligen Geistes teilzuhaben.

Was dies konkret bedeutet, können uns Hinweise aus anderen Botschaften erhellen. Darin will Pater Pio uns anregen, der Sehnsucht Raum zu geben, uns zu entfalten, uns weiterzubilden, um das, was in uns angelegt ist, zur Reife zu bringen. Er sagt:

„Ausbildung als begabte Erdenwesen vertreibt unreine Geister."

Und:

„Unwissenheit verhindert Gottes Segen; wahres Wissen (1)
verleiht Flügel, die in die Höhe tragen".

Hier erinnert er an die Bibelstelle, wo Jesus denjenigen verurteilt, der seine Talente vergräbt, statt damit zu wuchern... und an den Auftrag des Schöpfers, zu wachsen und sich die Erde untertan zu machen (2).

So wird berichtet, daß Pater Pio sich täglich eine Stunde in die Bibliothek zurückzog. Und er sagt:

„Ich mache Sie darauf aufmerksam, welche Kraft die heilige Lesung
in sich birgt, um uns einen anderen Weg einschlagen und auf den Weg
der Vollkommenheit einbiegen zu lassen" . (Ep II,18 Derob.)

------

1 Bestätigt wird die Bedeutung dieses Anliegens durch die Berichte von Reanimierten. Sie spüren einen starken Drang, in ihrer Freizeit ihrem Geiste Nahrung zu geben, sich Wissen zu erwerben, sich weiterzubilden, statt Zerstreuung zu suchen – und dies bis ins hohe Alter.
2 Vgl. Mt 25,15.25 und Gen 1,28

## Gespräch mit dem Herrn

Dank sei Dir, Herr, für die hohe Berufung,
die Du dem Menschen zugedacht hast!
Deine Vatergüte will, daß er ständig wachse, Deine Gaben
entfalte, sich weiterentwickle bis zur Vollkommenheit,
um fähig zu werden für die Aufgaben in Deinem ewigen Reich.

Doch du weißt: arm sind wir ohne Deinen Beistand.
Du weißt, wie sehr wir alle versucht sind, die uns von
Dir geschenkte Zeit zu vergeuden, anstatt das, was Du in
uns angelegt hast, zu verwirklichen.

Aber Du weißt auch um unsere tiefsten Bedürfnisse ...
Wie tröstlich, daß Du selbst uns die Grundnahrung ans Herz
legst, die uns stärken, reinigen und weiterbringen soll:

*Nicht vom Brot allein lebt der Mensch, sondern von jedem Wort,
das aus dem Munde Gottes kommt. (1)*

So zeigst Du uns den Weg zum wahren Leben, zum Leben in Fülle,
zum Licht des Geisteslebens, das alle Finsternisse vertreibt.

Heiliger Geist, hilf uns,
daß wir diese kostbare Gabe nicht
vernachlässigen!

Stärke unser Verlangen nach der geistigen
Nahrung so sehr, daß wir sie regelmäßig aufnehmen wie die leibliche!

---

1 Mt 4,4

### „Das ist die Stunde der Engel", sagt Pater Pio.

Die letzten Worte der Botschaft: „... **persönliche Geistführung** ..." weisen uns auf ein großes Kraftpotential hin. Trotz aller Weiterentwicklung in diesem Jahrhundert wurde es vielfach übersehen. Heute leuchtet uns seine Wiederentdeckung aus unzähligen Büchern, Zeitschriften und Vorträgen entgegen. Sie stellen uns immer wieder vor die Frage:
Haben wir nicht eine ganze Dimension der Geschöpfe Gottes, die alle anderen an Vollkommenheit überragen, in den Bereich frommer Legende abgedrängt? Die mächtigen, lichterfüllten B o t e n Gottes, – die Engel?

Er hat sie uns aus Liebe zur Seite gestellt; damit sie uns als Seinen Ebenbildern dienen! Jedem einzelnen hat Er einen treuen Beschützer ausgesucht, der ihn führt und tröstet.

So wie diese Botschaften uns neu die Realität Jesu Christi vor Augen stellen, so lassen sie uns auch die Realität Seiner Engel neu entdecken.

Pater Pio, der in besonderer, gottbegnadeter Weise Zugang zur Wahrheit hatte, stand in persönlichem Kontakt mit seinem Schutzengel: Er sah ihn, sprach mit ihm und erfuhr seine Hilfe in allen Lebenslagen.
Um nur ein Beispiel zu nennen: Da der Pater täglich unzählige Briefe erhielt, informierte ihn sein Engel zuweilen über deren Inhalt, – sodaß er die Antwort bereits auf den noch geschlossenen Umschlag schreiben konnte.

Welche Geborgenheit dürfen wir empfinden unter dem Schutz und der Führung so hoher Geistwesen! Pater Pio beschreibt sie näher:
Einerseits „strömen sie eine ungeheure Macht aus, so daß sie gar die Kraft hätten, ein ganzes Kriegsheer zu Boden zu werfen" (Botschaft vom 26.6.1976), andererseits umgeben uns die Engel mit ihrer „gelinden Gegenwart" (ebd.).

Wenn wir „unser Bestes tun", so ist ihre Anwesenheit nach den Aussagen W.K.s wahrnehmbar, spürbar. Sie bleibt nicht nur dem durch die Gabe der Schau Begnadeten vorbehalten.

Pater Pio will uns zum Bewußtsein bringen, w i e diese Boten Gottes für uns da sind:

**„Die Engel sind oft zur Stelle, um den Menschen zu mahnen und zu warnen, aber auch zu e r m u n t e r n solche, die ihr Bestes tun"**
**(28.6.1975).**

Offenbar will Pater Pio uns darauf aufmerksam machen, daß die Engel uns mit neuen Energien aufbauen, ja uns neue Hoffnung und Zuversicht einflößen, wenn wir „unser Bestes tun".
In der Botschaft vom 26.4.1975 hatte er schon darauf hingewiesen mit den Worten:
**„Engel brachten Euch Stärkung nach schweren Kämpfen".**

Fühlen wir uns nicht oft wie beflügelt, wenn wir in einem inneren oder äußeren Kampf durchgehalten haben? Das erinnert daran, daß der Herr selbst am Ölberg, als er sich durchgerungen hatte, durch einen Engel gestärkt wurde.

Wie können wir „unser Bestes tun"?

**Wie können wir die Hilfe unserer Schutzengel intensivieren?**

Pater Pio verrät uns das Geheimnis ihrer Zuneigung, das sein Engel ihm einmal offenbarte:
„Dir bin ich immer nahe, mein geliebter junger Mensch...
Ich bewege mich immer um dich herum mit d e r Zuneigung,
die deine Dankbarkeit gegenüber dem Geliebten deines Herzens
in mir hervorrief" (Ep 1,102; Der.1977).

Hier schließt sich der Kreis: Je mehr wir uns in die Weisungen der Engel einfühlen, desto mehr wächst in uns die Sehnsucht, **„ganz für Christus da zu sein"** (Botschaft v. 20.5.1972). Und je mehr wir dies in Dankbarkeit tun, desto mehr wenden sie uns ihre helfende Liebe zu. So lassen uns die Engel neu entdecken, daß unsere Dankbarkeit dem Herrn gegenüber das Entscheidende ist (1).

--------

1 Vgl. die Botschaft: 'Die bahnbrechende Macht des Lobpreises' und 'wichtige Voraussetzungen für vollmächtiges Gebet'.

## Auf welche Weise helfen uns die Engel, „das Licht weiterzuleiten"?

Zwei weitere Botschaften enthüllen uns, daß die Engel unsere missionarischen Bemühungen vorbereiten:

„Euch sage ich: Engel werden eure Wege frei machen und euch helfen, Seelen zu suchen und zu finden" (26.4.1975).

... und sie wirken mit bei der Vollendung:

„Preise die Engel als dienstbare Geister auch für jene, an welchen noch keine fertige Arbeit gelingen konnte" (26.6.1977).

Haben wir es nicht schon erlebt? Menschen in Not begegneten uns, und es wurde uns genau der Weg eingegeben, der ihnen weiterhelfen konnte! Wir spürten: Jemand leitet die Kraft an uns weiter, regt uns zu intensiver Fürbitte an und aktiviert in uns das Wissen, das wir brauchen, um den Auftrag zu erfüllen, den der Herr selbst uns gab: „Gehet hin in alle Welt und verkündet die Heilsbotschaft allen Geschöpfen" (Mk 16,15).

... und: „Ich sage euch aber: Jeder, der sich vor den Menschen zu mir bekennt, zu dem wird sich auch der Menschensohn vor den Engeln Gottes bekennen" (Lk 12,8).

Hier ahnen wir etwas von der uns durch die persönliche Geistführung gechenkten, begnadeten Zusammenarbeit der sichtbaren und der unsichtbaren Welt, die unser „Stückwerk" **vorbereitet** und **vollendet**. So "reicht das Wenige, das wir vom Evangelium begriffen haben, aus", um es durch unser Zeugnis anderen zum Heile werden zu lassen. Da alles Gute, das wir tun, von den Engeln inspiriert ist, erkennen wir erst richtig, wie begründet Pater Pios Maxime ist: „Demut ist immer Wahrheit".

Lassen wir nun noch eine Bitte Pater Pios auf uns wirken, die er in dem Brief an Raffaelina Cerase im Hinblick auf ihren Schutzengel geäußert hat:

„Nehmen Sie die schöne Gewohnheit an, immer an ihn zu denken...
Sie sollen wissen, daß dieser gute Engel für Sie betet. Er bringt
vor Gott all Ihre guten Werke, die Sie vollbringen, Ihre heiligen
und reinen Wünsche...
In den Stunden, wo es Ihnen scheint, daß Sie alleine und verlassen
sind, beklagen Sie sich nicht, keine befreundete Seele zu haben,
der Sie sich eröffnen und ihr Ihre Schmerzen anvertrauen können.
Um der Liebe willen, vergessen Sie nicht diesen unsichtbaren
Gefährten, immer anwesend, um Sie anzuhören, immer bereit,
Sie zu trösten. O köstliche Vertrautheit, o selige Gesellschaft!"
(Der. 252, Ep. 2,64)

Wenn wir über die Worte Pater Pios nachdenken, mit denen er uns das Herz öffnet für die "unsichtbaren Gefährten", "unsere Brüder", können wir ihm vielleicht antworten, wie die bereits genannte Raffaelina es damals tat: „Ich lebte dahin in Gleichgültigkeit gegen meinen guten Engel... Mit Recht haben Sie in mir diese teure Vertrautheit, diese heilige Freundschaft erweckt. Ich danke Ihnen gar sehr dafür" (A.a.O.).

### Gespräch mit dem Herrn

Dank sei Dir, Herr, für den treuen Begleiter, durch den Du uns den besten Weg zum Ziel führen und vor Umwegen bewahren, ja, wenn nötig, retten willst!
Locke uns, die Aufgaben, die Du uns durch seine Führung aufträgst, anzunehmen und sie nicht aufzugeben, auch wenn Hindernisse den Weg erschweren!

Du regst uns durch Pater Pio an, die Engel „als dienstbare Geister zu preisen", weil sie immer, wenn wir etwas Gutes vollbracht haben, unterstützend und segensreich mitgewirkt haben. Hilf uns, diesen Aufruf ernst zu nehmen: Erinnere uns daran, daß wir ihr Kampfpotential für unser alltägliches Tun in Anspruch nehmen, indem wir sie vorher bitten, „unsere Wege frei zu machen" und die Begegnungen vorzubereiten, die Deine Vorsehung für uns bereithält!

Ja, besonders in dunklen Stunden, die uns niederdrücken, und in Versuchungen, die uns ins Trübe lenken, wollen wir ihre Gegenwart nicht vernachlässigen, sondern in ihre Schwingung eintauchen. Hilf uns doch, diesen trauten Umgang mit ihnen zu pflegen, den Pater Pio uns anempfiehlt, damit wir durch sie mit Licht erfüllt werden. Erinnere uns daran, auf diese Weise Deine Worte ernst zu nehmen, mit denen Du uns auf die Nähe der Schutzengel zu Gott hinweist:
„... Sie schauen allezeit das Angesicht meines himmlischen Vaters"
(Mt 18,10).

Und gib uns immer wieder ein offenes Ohr für Deine Mahnung:
„Siehe, ich sende Meinen Engel aus, daß er vor dir hergehe
und dich behüte auf dem Wege und dich an den Ort
führe, den ICH bereitet habe".

„Achte auf ihn und höre auf seine Stimme und glaube nicht,
daß du ihn geringschätzen dürftest ... mein Name ist in ihm!" (Ex 23,20ff).

Dank sei Dir, daß Du uns durch Pater Pio die Augen neu geöffnet hast - für
all dies, auch dafür, daß die Engel bei jeder Eucharistiefeier in Scharen anwesend sind (1).
So wollen wir – in diesem Bewußtsein neu gestärkt – immer wieder in der
Liturgie das Einswerden auch mit den Engeln vollziehen, indem wir in den
anbetenden Lobgesang der himmlischen Mächte einstimmen:
<blockquote>
„Darum preisen wir Dich mit allen Engeln
und Heiligen
und singen, vereint mit ihnen,
das Lob Deiner Herrlichkeit".
</blockquote>

---

1  Vgl. P. Nello Castello, Pater Pio als Lehrmeister (San Giovanni Rotondo
1981) Kap.: „Die hl. Messe des Pater Pio", S. 180.

# EINBLICK
# IN DAS JENSEITS

## II. EINBLICK IN DAS JENSEITS

### Prolog zu den Jenseitsbotschaften

Der Seher sagt:

„Dem, der diese Botschaften liest, ist es vergönnt, sich schon hier in die heiligen Geheimnisse des Jenseits einleben zu dürfen."

Seit Urzeiten hat die Frage danach die Menschen aller Kulturen beschäftigt.
Bei der Lektüre der Enthüllungen über das Jenseits durch Pater Pio wird der Leser entdecken, daß sie auch Licht auf das Geheimnis des diesseitigen Lebens werfen wollen. Sie wollen uns helfen, den Alltag realistischer zu sehen, und den Sinn der täglichen Prüfungen erhellen: Sie wollen uns helfen, richtig zu leben.

## Stufen ins Licht

Wir sehen hier den klaren Wanderweg derer, die sich auf dem Wege der Läuterung im Jenseits befinden.

Die letzte Gruppe verdeutlicht, daß es bereits auf Erden möglich ist – gar nicht einmal so schwer –, daß Menschen sich vor-läutern (vor-bereiten) zu dieser Höhe.

Pater Pio ließ den Seher vier unterschiedliche Gruppen von Wandernden schauen und wies auf sie hin:

## Was blockiert den Aufstieg? (1. Gruppe)

Botschaft vom 12.10.1974

**„Was du nun geschaut, sind jene, die von ihrem Ich-Geist sich zu lösen nicht selbst imstande sind, weil sich bei ihnen im Leben Selbstüberhebung und Selbstgerechtigkeit so eingewurzelt hatten, daß sie im Antritt zur geistigen Welt nicht abgetan sein konnten"**

### Kommentar des Sehers

Die erste Gruppe sind jene, die dem Irdischen noch am nächsten stehen, d.h. ihre irdischen Anhänglichkeiten lähmen sie noch und verdunkeln ihnen den Weg, so daß es ist, als wallen sie in dichtem Nebel bzw. sogar in Finsternis. Sie kleben förmlich noch an allem, was sie auf Erden fesselte, was sie ans Irdische band und verhaftete. (An anderer Stelle erklärt der Seher:) Wenn sie ihr inneres Ja dazu sagen, daß sie nicht mehr auf Erden leben und nicht revoltieren, aufbegehren, dann lichtet sich das Dunkel um sie herum, und sie sind in der Lage, die Hände zu erkennen, die sich ihnen helfend auf ihrem Wanderweg entgegenstrecken (der Schutzengel spricht sie von Zeit zu Zeit an, W.K. 14.7.1973).

Wenn sie die Demut aufbringen, diese helfenden Hände zu ergreifen, sich raten zu lassen, alles Irdische hinter sich zu werfen und sich führen zu lassen, dann sind sie weit genug und nicht mehr sehr entfernt von der zweiten Gruppe.

## Gebet

Heiliger Geist, hilf uns, beizeiten uns in der Kunst des Loslassens zu üben – sei es Besitz, Gesundheit, Erfolg, Sorgen, Süchte, Sensationen oder sogar Menschen!
Bestärke uns, damit wir nicht auf der Schiene egozentrischer Selbstverwirklichung in Überheblichkeit verfallen! Laß uns vielmehr durch Entfaltung unserer Talente in selbstloser Liebe unser eigentliches Selbst entdecken, d.h. so werden, wie es Deiner Vorstellung entspricht!

## Wie lange „dauert" die läuternde Rückschau? (2. Gruppe)

„Diese Wesen sehen einen Augenblick noch einmal ihr ganzes Leben vor sich, genau als schauten sie in einen Spiegel. Dieser Augenblick ist nicht zu vergleichen mit den in der Welt gelebten Augenblicken; denn er dauert so lange, bis er (d.h. der Betreffende, W.K.) es selbst in sich verspürt, was bei ihm zeitlebens falsch und schädlich war.

Aber dennoch gibt es bei ihnen kein Erschrecken, obschon der Mensch in diesem Augenblick (d.h. während dieser Läuterung, W.K.) seinen persönlichen Geist erkennt, aber auch alle seine Untaten wie auch seine guten Taten".

## Kommentar des Sehers

„Da ist schon ein gewaltiger Unterschied zu denen von der ersten Gruppe. 'Wie in einem Spiegel schauen sie ihr ganzes Leben vor sich', 'alle ihre Untaten, wie auch ihre guten Taten': Damit setzt das Selbstgericht ein, und es werden an diese Wesensgruppe die verschiedensten Fragen gestellt.

Jeder hat schon auf Erden die Möglichkeit, die Stimme seines ihn führenden guten Geistes zu vernehmen und ihr zu folgen, sofern er guten Willens ist und nicht seinen Eigenwillen oder sein Liebermögen dagegen setzt. Geschieht aber eine böse Tat, z.B. Ehebruch, Verleumdung, Raub, Mord, dann wird dadurch der gute Geist von mir hinweggestoßen, und der böse tritt an seine Stelle; und es bedarf eines Kampfes mit dem bösen, bis ich mich wieder für den guten öffnen kann.

'Der persönliche Geist' ist nicht der Führergeist, er ist vielmehr der Schutzgeist, der jedem Menschen beigegeben ist, die ihn leitende Hand, sofern der Mensch sich überhaupt leiten lassen will. - Ein Führergeist hingegen kann einer sein wie etwa Pater Pio, der im Jenseits ganze Gruppen von Wandernden den Stufenweg hinanführt".

## Gebet

Unfaßbar ist der Gedanke, Herr, daß unser Gebet dem Vorwärtskommen nicht nur unserer Geschwister auf Erden, sondern auch derer drüben in der Läuterung zugute kommt.
Erinnere uns täglich daran!

## Wie heißt der schnellste Weg zum Ziel? (3. Gruppe)

„Siehe! Diese sind nicht nur zur Einsicht gekommen und erkennen ihre Schuld, die gebüßt werden muß, sondern sie ordnen sich unter ihres Führers Geist und gehorchen ihm.
Ich möchte es in die Welt rufen: 'Menschen, legt euren Eigenwillen und eure Nachlässigkeit beiseite und haltet euch stets offen, für Gott zur Verfügung zu sein'".

## Kommentar des Sehers

„Die dritte Gruppe sind die, die 'zur Einsicht gekommen sind und ihre Schuld erkennen'. Damit ist schon viel erreicht. Die meisten Menschen behaupten doch im Leben stur ihren E i g e n w i l l e n auf Biegen oder Brechen. Dieser Eigensinn ist ein ungemein großes Hindernis auf dem Wege zur Vervollkommnung. Er kann ein Erbfehler sein, ist aber meistens ein Fehler der Selbsterziehung. Da bemißt sich die Schuld nach der Erkenntnis, die einer schon auf Erden von seiner Eigenwilligkeit hatte, vor allem aber nach dem Unrecht, das er laufend begeht.
Das Verhängnisvolle ist, daß etwas, was den Nächsten im größten Gebot (dem Gebot der Liebe) verletzt, auf Erden nicht immer mehr gutzumachen ist; denn der Mensch wird durch seinen Eigensinn immer weniger biegsam, d.h. er verhärtet immer mehr; und je länger er lebt, umso weniger wird es ihm dann möglich, seine Eigenwilligkeit zu erkennen. Doch wenn es

auch für solche oft zu spät zu sein scheint, auch für sie gilt das Wort, daß es auf Erden nie zu spät ist für die Gnade.

Eigenartig ist es mir immer, daß zu dieser Gruppe auch die Menschen gehören, die sich auf Erden recht und schlecht mit Gott zu verstehen suchten. Diese kommen viel schneller zur Einsicht als die Eigenwilligen (die nicht nach dem Willen Gottes fragen, der sich in der leisen inneren Stimme kundtun möchte oder erbeten werden will, Hrsg.) und kommen darum auch schneller voran. Tief in ihrem Innersten hängen sie auch am Guten und bewahren das Wort Gottes – und das ist es, was hier im Jenseits den Ausschlag geben wird. (Das gute Samenkorn, das in sie hineingelegt wurde, bringt erst hier Frucht – in welcher Richtung, das ist in jedem Fall verschieden)."

### Gebet

O Herr, Dank sei Dir dafür, daß Du uns an das ganz Entscheidende erinnerst: Daß wir unseren Stolz und Eigenwillen ablegen.Gib uns die Gnade, immer sensibler auf die leise innere Stimme zu horchen, mit der Du zu uns sprichst!

### Die Beneidenswerten (4. Gruppe)

„Und siehe! Diese stellten sich freiwillig unter das göttliche Gesetz. Ihnen kam keine langsame Reinigung. Sie stehen unter den "Sechsflügeligen" in unendlich vielen Stufen, und Freiheit ist ihnen gegeben neben ihrem besonderen Auftrag".

### Kommentar des Sehers

„Zuletzt wies der Mönch auf die 4. Gruppe, diese Beneidenswerten, die ihren Stufenweg bis dahin vollendet haben bzw. bereits auf Erden so lebten, daß sie gleich zu denen von der 4. Gruppe gehören dürfen; denn 'sie stellten sich freiwillig unter das göttliche Gesetz' – vor allem das der Liebe. Darum brauchten sie nicht, 'langsam' und von Erkenntnis zu Erkenntnis mühsam wachsend, gereinigt zu werden, sondern die meisten von ihnen haben schon auf Erden die Chance benutzt, an ihrer Selbsterkenntnis zu wachsen.'Sie stehen unter den sechs Flügeln', d.h. unter der besonderen Leitung der Cherubim, hier im Jenseits bestimmt, aber je nach ihrer Einstellung auch schon auf Erden 'in unendlich vielen Stufen' von Möglichkeiten ihrer Vollendung.

Diese Schar hat vom Jenseits aus, aber schon auf Erden, eine solche Wirkungskraft, daß das Heer von Abtrünnigen und Unterteufeln in der ganzen Welt nicht in der Lage ist, allgemein die Oberhand zu bekommen.

Die von den "Sechsflügeligen" Geleiteten bleiben Herr der Situation und wirken sich allüberall aus, wenn auch die bösen Mächte ungeheuer stark sind und fast jeden am Kragen haben. Von Zeit zu Zeit aber lassen sie den Menschen los, und das ist der Augenblick, da diese guten Mächte einspringen und rufen: 'Der soll unverletzlich bleiben!'. Da liegt ihr 'besonderer Auftrag', den sie in voller Freiheit ausführen. Hindern kann sie daran nur der Mensch, der nicht will.

In jeder der vier Gruppen gibt es solche, die auf Erden besonders viel gelitten haben, sei es im Widerstand gegen feindliche Mächte, sei es schweigend in Duldsamkeit. Diese werden aus allen Gruppen ausgesondert und kommen viel schneller zum Ziel. Durch ihr Erdenleid sind sie gereifter und offener für höhere Erkenntnis und Einsicht, und das wirkt sich hier fördernd aus."

Gebet

Herr, was würden wir darum geben, wenn auch wir zu diesen
Beneidenswerten gehörten, die den Sinn des Lebens erfaßt haben,
die sich unter Dein göttliches Gesetz stellten:
Du selbst hast es uns durch Dein Leben veranschaulicht,
das nichts anderes als Liebe bis in den Tod war, –
und durch Dein Wort: „Du sollst den Herrn, deinen Gott lieben mit
ganzem Herzen und ganzer Seele, mit all deinen Gedanken
und all deiner Kraft.
Als zweites kommt hinzu:
Du sollst deinen Nächsten lieben wie dich selbst".

Hilf uns, das Mysterium der wahren Freiheit, das Dein Geist uns zu
erkennen gibt, im fortwährenden Schauen auf Dich zu erfassen und zu
leben: Wer liebt, braucht kein Gesetz mehr; ihn drängt es, freiwillig den
anderen zu erfreuen, ihn nie zu betrüben. Wie Dein treuer Diener, der
große Kirchenlehrer Augustinus sagt: „Liebe und tue, was du willst"!

## Schlaglichter in Läuterungszustände

Nach dieser Einführung in die Grundzüge unseres Läuterungsweges im Jenseits gibt Pater Pio im folgenden schlaglichtartig Einblicke in Beispiele der Not der Jenseitigen und der möglichen Hilfeleistung, um uns immer wieder die einmalige Chance dieses Erdenlebens erkennen zu lassen.

### Was noch unedel ist...

Botschaft vom 11.8.1973

„Ja, ich weiß von einer Glut, an die unfertige Büßer herangeführt werden; und der M e i s t e r stellte fest, wo ihre noch unedlen Bestände sind, damit die Glut sie ausscheide und sie geläutert zurückkehren.
Wer daher auf Erden in Gluten, Leid und Trübsal ging, ist entschlackt, geht der Erlösung entgegen und öffnet sich den Wirkungen Gottes. Bald steht er unter dem Licht Gottes, kann es restlos auf sich wirken lassen".

### Kommentar des Sehers

Diese Glut ist natürlich kein Feuer im irdischen Sinne, und doch war die frühere Bezeichnung des Läuterungsweges als 'Fegfeuer' irgendwie richtig.
Diese Glut der Jenseitsläuterung ist zu vergleichen mit dem Schmerz schwerer Demütigungen, wie wir sie auch schon hier auf Erden erleben können, so stark, daß einer davon fieberkrank werden kann. Und wen das trifft, der kann sich nicht daraus retten. Es nützt nichts, dagegen zu kämpfen. Er muß hindurch, und damit fertig werden, heißt, sich eine Krone im Himmel zu erwerben.
In Getsemani hat der Herr Trost bekommen. Solche Art Trost erleben wir auch, sonst würden wir mit dem Leben einfach nicht fertig. Haben Sie es noch nicht erfahren, daß Ihnen in solchen trostlosen Zeiten zwischendurch etwas Merkwürdiges geschieht, für das man keine Worte findet? Keiner weiß, was das ist und wie es geschieht, aber es blüht ein ganz kleines Kräutlein neuer Hoffnung auf, die Glut weiter zu ertragen. Diese Hilfe kommt uns von denen, die im Lichte Gottes stehen. Wir selbst sind doch nicht in der Lage, uns zu helfen, und jedes kleine Aufleuchten eines Trostgedankens beweist uns, daß es von jemandem kommt, der fähig und gesandt ist, uns beizustehen.

Die Bibel sagt:

*„Wer sind sie, die da in die weißen Gewänder gehüllt sind und woher sind sie gekommen?... Das sind die, die aus der großen Drangsal kommen, und sie haben ihre Gewänder gewaschen und weiß gemacht im Blute des Lammes"* (Offb 7,13f).

Gebet

O Herr, vor dem ich einmal stehen werde,
wie leid wird es mir tun, daß ich das einmal zu Dir gesagte
„Ja" in so vielen Situationen nicht wirklich gelebt,
nicht ernst genommen habe. Wir könnten es nicht ertragen,
in Dein strahlendes Licht zu treten,
wenn wir in solcher Unreinheit blieben.
So verstehen wir, aus welcher Liebe drüben das Leid gegeben wird.

Und Dank sei Dir für den ermutigenden Hinweis,
der uns das Ertragen aller Leiden und Trübsale auf Erden
erleichtern kann: Hier schon die Chance zu haben,
ausgleichen zu können,
um drüben schneller in Dein Licht zu kommen!

## Verpaßte Chancen – auch drüben?

### Botschaft vom 3.5.1976

Der Seher sah Pater Pio in den Vorhöfen des Himmels; vor ihm eine Menschenmenge, Büßende und Wartende, aber nicht ohne Hoffnung.

„Diese haben z u   s p ä t gelernt, ihre Sündenschuld zu erkennen. So oft sagten sie auf Erden: 'Ach, wir sind nun mal alle Sünder'. Oder: 'Was habe ich denn Besonderes im Leben verbrochen?' Bei diesen Fragen fanden jedoch viele den Glauben ihrer Kindheit wieder. Sie gingen eines Tages ihr ganzes Leben sorgfältig durch. Sie sahen allein mal ehrlich in sich hinein, was sich im Leben abgespielt hatte. Aber für ihre Lügen – dies heißt: Falsches-Zeugnis-Dahersagen – suchten sie sich zu rechtfertigen und eine tiefe Erkenntnis wurde nicht gesucht und nicht gefunden.

Tief muß die Selbsterkenntnis sein, um so schneller wird der alte Glaube neu lebendig. Ein jeder muß erkennen, w i e   f e r n   e r   v o n   G o t t   i s t . Im Erdenleben ist das Annehmen der Gnade Gottes leicht, und kein langes büßendes Warten wie hier (im Jenseits, W.K.) fordert Gott vom Menschen auf Erden".

### Kommentar des Sehers

„Die Nähe zu Gott ist nicht zu erreichen ohne echte, wirksame und 'tiefe Selbsterkenntnis': Hier auf Erden ist Wandlung eher möglich. Die Form der Selbsterkenntnis drüben ist eine andere, weit schwierigere, - umso mehr, wenn Verhärtung und Starrsinn schon auf Erden zu Charaktermerkmalen geworden sind: Bei einer Revision ihrer selbst versuchen die meisten zwar zu erkennen, was sie falsch gemacht haben, aber sie beschwichtigen sich vor sich selber und sagen: Ich habe nicht gestohlen und keinen ermordet, was will man mehr von mir? Oder es schreckt sie die Größe der Schuld. Sie übersehen, daß sie dabei nicht allein sind. Ihr persönlicher Schutzgeist steht ganz nahe bei ihnen, und seine Sprache könnte sehr wohl verstanden werden, wenn guter Wille vorläge. Es kann ihnen eine neue Richtung gewiesen werden: Der Mut zur Umkehr, den die Mächte der Finsternis uns nehmen wollen. Schon hier auf Erden ist ja unser ganzes Sehnen – bewußt oder unbewußt – die Nähe zu Gott. Darum müssen wir erkennen, 'wie fern wir von Gott sind'.

Es gibt viele, in denen es zwar dunkel ist, aber sie bekommen immer wieder Gnadenstöße. Nehmen sie diese wahr, selbst wenn sie schmerzlich sind, dann kann ihnen geholfen werden. Aber wie oft werden solche Chancen auf Erden aus Mangel an Ernst verspielt; erst Recht aber im Jenseits. Auch dort sind solche Menschen noch so festgefahren in ihrer Selbsteinschätzung, daß sie auf ihrer Meinung beharren, selbst wenn helfende Geister auf ihr Flehen um Hilfe hin erscheinen! So wird ein unsagbar langes Suchen, H a r r e n und Büßen-Müssen unumgänglich.
Die sich selbst dort noch rechtfertigen wollen, kommen dadurch keinen Schritt weiter, bis sie ein Einsehen haben in ihre vergangenen Fehler."

Gebet

O Herr, wir danken Dir für den Hinweis auf die
Notwendigkeit der Selbsterkenntnis, von der so Entscheidendes
abhängt. Danke, daß Du dieses Erkennen der Wahrheit über
uns selbst durch das Angebot Deiner Gnade hier auf Erden in
ganz einmaliger Weise unterstützt! Laß uns die große Chance nicht
verpassen, uns selbst täglich zu erforschen! Erleuchte uns,
damit daraus eine solche Liebesreue erwächst, wie Petrus sie hatte,
als er bitterlich weinte!

Gewöhne mir ab, mich für meine Fehltritte zu rechtfertigen,
indem ich die Schuld in den Umständen oder bei anderen suche,
damit ich diesen folgenschweren Stolperstein
nicht nach drüben mitnehme!

## Selbsterlösung?

### Botschaft vom 11.4.1976

„Jene (d.h. 'die da vor Pater Pio waren', W.K.) glaubten nicht an die Tilgung ihrer Sünden, und ungläubig waren sie in großer Not. Sie lebten als Ungläubige der Christenheit, und den Himmel wollten sie sich durch nichts verdienen; denn sie trachteten nach einer Selbsterlösung, und diese war nicht möglich, weil d a z u J e s u s auf die Erde kam.
Ja, diese sind es, die an eine völlige Heilsgewißheit nicht glaubten. Sie sahen im Erdenleben nicht ein, daß sie ohne J e s u s verloren, ja völlig verloren waren und durch ihre Sünden in Gottes Ferne gebracht wurden. Sie folgten weder dem Verstand noch den Gefühlen, die der Heilige Geist beeinflußte, der zeitweise besonders kräftig in ihnen zu wirken begann."

### Kommentar des Sehers

Diese Ungläubigen gönnten sich zwar alles und führten ein bequemes Leben, aber als sie älter wurden, kamen sie doch ans Denken und 'waren in großer Not'. Das ist eine Not, die von Gott geschickt wird und solche Menschen fast erpreßt, damit sie noch in letzter Stunde zum rechten Glauben kommen können.
Diese Not kann sie innerlich ganz fertig machen. Aber sie ist ihnen geschickt, damit sie Rat tun und sich bekehren, sonst nehmen sie diese Not beim Sterben mit ins Jenseits. Meistens handelt es sich bei solchen um Abfall vom Glauben, und das ist wohl die größte Schuld, die es gibt. Sie wirkt sich weit bis ins Jenseits aus. Wenn sie nach l a n g e r, s c h w e - r e r L ä u t e r u n g endlich so weit gekommen sind, können sie dann bis in die Schule des Mönchs kommen. Wenn sie dann zugänglich sind und in sich gehen, gehen sie nicht verloren.

Die Begabung des Mönchs befähigt ihn, die Gedanken und Sinne zu ergreifen. Er kann sie zwar nicht mit Gewalt steuern, aber es ist ein Tasten danach und ein Wissen um den letzendlichen Erfolg. Er sieht: Deine und deine Umkehr ist ehrlich gemeint, und hier und dort kann er weiterhelfen. Er erkennt aus seiner Schar die sofort heraus, die sich innerlich wandeln, die sich ihm nahen. Die nimmt er und führt sie weiter.

Bei uns auf Erden gibt es solche Begnadigung noch aufgrund von Gnadenschätzen, die hier noch wirksam sind (z.B. Bußsakrament). Drüben ist es ein letztes Mahnen, und nicht allein das. Es dringen Ströme der Gnade auf sie ein, die den Rest ihres Gefühlslebens wach machen, und darin liegt alles Erkennen, das sie bis jetzt nicht haben wollten. Wie lange dauert es da oft, ehe sie zur Einsicht kommen, daß die inhaltslosen und nichtigen Genüsse der Erde ihnen hier nichts nützen.

### Gebet

O Herr, laß uns nicht dem schrecklichen Irrweg
der Selbsterlösung verfallen, sondern täglich in wachsender
Dankbarkeit von Deiner liebevollen Erlösungstat leben.
Hilf uns, immer tiefer zu erkennen,
daß wir ohne Dich nichts in Wahrheit Gutes tun können.
Dank sei Dir, daß Du uns durch Deinen Tod am Kreuz
das wunderbar befreiende Sakrament der Buße geschenkt hast.
Den Wert dieses Deines ersten Ostergeschenkes an Deine Jünger
läßt Du uns durch diese Botschaft neu erkennen, – als große Chance,
unseren Weg zur Erlösung sicher zu finden.

# Die uns Rufenden

Botschaft vom 19.8.1973

„'Die Welt verspricht viel und hält wenig', so sprechen die vor mir Harrenden. sie sind zunächst nur halb erlöst, und das ist vom Übel. auf ihren Gassen wandeln sie, und ihrer Seele genügt es nicht".

## Kommentar des Sehers

„Die da vor dem Mönch 'harren', suchen zwar allerlei Entschuldigungen – Jeder, der da vor ihm steht, hat auf Erden nicht erkannt, daß 'die Welt viel verspricht und wenig hält'; und da liegt ihre Schuld.
Aber sie merken allmählich: So kann es nicht weitergehen, ich muß umschalten. Schon mit diesen Gedanken geht eine Wandlung in ihnen vor. Ihr Gesicht wird sofort heller, aber das Umschalten geht sehr langsam vor sich. Auf Erden hätte es schneller gehen können.

*„Heute, da ihr meine Stimme hört, verhärtet eure Herzen nicht"*
(Hebr 3,8 nach Ps 95,7-8).

Auf dem Stufenweg im Jenseits schauen sie das Licht in der Ferne und gehen darauf zu, aber sie erfahren es zunächst nur spurenweise." 'Ihrer Seele genügt es nicht'; sie sind noch nicht mit allem einverstanden. Das Erlösungswerk hatten sie sich ganz anders vorgestellt. Sie schreien nach solchen, die sich ihrer erbarmen sollen: „Helft uns doch, wenigstens ihr, unsere Freunde (auf der Erde)!" Die Freunde aber können ihnen meistens nicht helfen, weil sie nicht von ihrem irdischen Ballast loskommen. Wie sind sie froh, wenn jemand sich ihrer erbarmt und für sie bittet.

## Meditation

Laßt uns doch die Freunde sein, die sich der Rufenden erbarmen und für sie beten, damit sie das Versäumte und schwer Nachzuholende erlangen: Ihre Fehler bis ins kleinste zu erkennen – und zum Büßen bereit sind!

Durch diese Botschaft dürfen wir noch tiefer begreifen, daß sich der Blick für Dein Licht nur in dem Maße öffnet, in dem wir zur Selbsterkenntnis und Einsicht in das Ausmaß unserer Schuld finden.

## Gebet

Gib uns die Gnade, mehr und mehr aus der Liebe zu Dir zu leben;
denn sie allein gibt uns die Kraft, den Schwung –
und eine tiefe Freude daran, Deinen Dienst, den Dienst der Liebe,
den viel versprechenden, leeren Freuden der Welt
vorzuziehen, damit wir den Rufenden besser helfen können.
Laß uns so jetzt schon Deinen liebevollen Rat annehmen:
„Erwarte nichts mehr von der Welt, sondern alles von Jesus" (1)

------

1 Aus der Botschaft „Jesus Christus – die einzige Hoffnung für die Endzeit".

## Gerettet: Von Selbstsucht zur Liebe

Pater Pio berichtet hier von Menschen, die es endlich geschafft haben, sich „in seiner Schule" g a n z zu ö f f n e n für J e s u s :

Botschaft vom 06.11.1971

„Vor mir (in den Vorhöfen, W.K.) stehen immer wieder Neue, die es sichtbar wahrnehmen, wie sie e r r e t t e t wurden.

Auf Erden fühlten sie sich nicht immer sicher, weil sie andere Wege gingen, um zu probieren, was die Welt ihnen bot. Dazu kam noch eine Macht, die sie festhielt".

Der Seher sagt:
„Die Welt macht trügerisch verlockende Angebote, die sich einmal erfüllen sollen, wenn man tüchtig mitmacht. Wer auf einen derartigen Leim hereinfällt, kommt kaum mehr davon los".

„Sie wurden mit der Zeit völlig losgezerrt von den Bindungen zu Gott. Und die eigene Anstrengung – sich nicht von Gott zu entfernen – verfiel im Besiegtsein; denn der Unsichtbare (Schutzgeist, Anm. d. Hrsg.), der sie allein in das Reich des Sohnes zu versetzen vermag, wurde plötzlich n i c h t m e h r v e r s t a n d e n ."

Meditation

Wie konnten sie gerettet werden?

Wir wissen aus den anderen Botschaften um die Möglichkeit der Rettung (durch Fürbitte, durch Belehrung Pater Pios, die zur Reue führt, und durch das Gespräch mit dem Schutzgeist, siehe z. B. Botschaft „Bei Gott ist kein Ding unmöglich").

Am Schluß der Botschaft weist Pater Pio auf die große Chance hin, die jene in ihrem Erdenleben verpaßt hatten: „Die Möglichkeit, ein Stück Himmel schon hier auf Erden zu erleben. Er sagt:

„Die Erdenwelt empfand ich ständig irgendwie verfärbt vom Antichristen, von Satan, dem Fürsten dieser Welt. Aber ich verspürte ständig mein H e i m a t r e c h t beim Throne Gottes. Ich verspürte m e i n R e c h t, nach mancherlei Verkennung und Betrübnis bei J e s u s a u s z u r u h e n.

Schon auf Erden genießen die Erlösten dieses wunderbare Geschenk."

Meditation

Wer ist erlöst?

Um a l l e Menschen zu erlösen, d. h. den Schuldschein der Menschheit zu zerreißen und ihnen den Weg zum Vater frei zu machen, ist Jesus Christus auf die Welt gekommen.

Aber Er läßt dem Menschen selbst die Entscheidung, aus freiem Herzen, auf Seine Liebe zu antworten, d. h. Ihn, den Gekreuzigten und Auferstandenen, als seinen Herrn anzunehmen – oder nicht.

Der Seher sagt:
„Menschen, die sich der Gnade der Erlösung öffnen konnten, haben schon auf Erden die V e r b i n d u n g z u G o t t gefunden und bewegen sich in dieser Richtung.
Bei jeder anderen Richtung würden sie sofort etwas vermissen, was sie beunruhigt. Auch diese Unruhe ist ein besonderes Geschenk und kommt von Gott. Gott möchte Seine Kinder, die er mit soviel Gnade ausgestattet hat, nicht mehr verlieren".

Aus der Heiligen Schrift:
„Kommet alle zu mir, die ihr mühselig und beladen seid! Ich will euch Ruhe verschaffen! (Mt 11,28).

Gebet

O Herr, hilf uns, täglich für das wunderbare Geschenk der Erlösung zu danken!

Bewahre uns davor, daß auch wir, die wir uns für Dich entschieden haben, gedankenlos auf das Super-Konsum-Angebot – besonders der Medien – hereinfallen und so Gefahr laufen, allmählich keine Zeit mehr für Dich zu haben, – ja „von Dir losgezerrt" zu werden!

Hilf uns, daß wir die leise Stimme des Schutzgeistes nicht überhören, der uns einlädt, wie Pater Pio b e i D i r a u s z u r u h e n und uns mit neuer Kraft erfüllen zu lassen, damit wir den Sinn des Lebens nicht aus den Augen verlieren:
Dir voll Sehnsucht und Erwartung entgegengehen, d. h. immer b e r e i t sein, wie im Gleichnis die fünf klugen Jungfrauen, die für soviel Öl gesorgt hatten, daß ihre Lampen nicht ausgingen (Mt 25, 1-11).

Du hast dieses Feuer der Sehnsucht in unsere Herzen gelegt!
Und sollten wir uns das Unglück zugezogen haben, daß von der hellen Flamme der liebenden Sehnsucht nach Dir nur ein kleiner Funke übrig geblieben ist, verdeckt von der Asche des Alltags, ... dann gib uns die Gnade, Dich anzuflehen, ihn durch das Feuer Deiner Liebe wieder neu zu entfachen! Das erbitten wir auch von Herzen für alle Brüder und Schwestern. Du sehnst Dich ja danach, daß „das Feuer, das Du auf die Erde geworfen hast, in allen Menschen brenne" (Lk 12,49).

So laß uns täglich neu und voll Vertrauen flehen:
        „Komm, Geist des Feuers, und erfülle uns ganz!"

Gib uns so brennende Herzen, daß Du uns als Werkzeuge gebrauchen kannst; denn Du willst bis zum Ende der Welt FINSTERNISSE IN LICHT VERWANDELN.

## Heilsgewißheit – auch für mich?
### Botschaft vom 2.8.1975

„Viele Menschen wissen stellenweise die Worte Gottes anzuwenden. Ja, sie wissen in neuerer Zeit manches aus der Bibel. Aber eines wissen sie nicht, nämlich, ob sie in den Himmel kommen.

Sie bekennen, daß sich bei ihnen täglich ein Sehnen nach Frieden steigert. Auch würden sie manches darum geben, wenn sie eine feste Gewißheit hätten, daß sie heilsgewiß sein dürften.

Ihnen sei gesagt, daß sie den höchsten Gast bereits auf Erden oft genug empfingen und in ihr Haus aufgenommen haben. Sie sollen fortan nicht mehr zweifeln; denn dieser Gott, den sie in ihr Herz und in ihr Leben einziehen ließen, wird sie auch ins ewige Leben einziehen lassen; und der sie aufnimmt, hat stets gewußt, daß Er es mit Sündern zu tun hat."

### Kommentar des Sehers

Pater Pio spricht da im Vorhof. Er sieht, wie das Antlitz mancher da vor ihm anders ist als im Anfang. Sie sind näher gerückt zu Gott, und der mächtige, große Gott ist ihr Freund geworden. Sie spüren es und wollen noch immer näher zu Ihm, immer näher. Sie spüren, wie er allmächtig über ihnen wirkt. Das ist ein großes, überirdisches Geschehen, dieses Sehnen der Harrenden, dieses Winken und Jubeln der Engel.

Frage an den Seher:
„Gibt es Unterschiede zwischen den Wesen da oben?"

Der Seher sagt:
„Die Bestimmung, die jedem einzelnen gegeben wird, ist prinzipiell sein Führen und Geführtwerden. Der Unterschied in den einzelnen Wegen und Stufen liegt in dem Erlösungszustand der einzelnen Wesen; und wer durch Leiden auf Erden schon vorweg gesühnt hat, hat drüben schon einen Empfang in Jubel und Freude".

### Gebet

O Herr, wir preisen Dich, daß Du uns durch diese Botschaft zeigst, was uns sicher ins himmlische Jerusalem führt: Nicht an unseren Sünden zu verzweifeln, sondern uns immer mehr nach Deiner stets größeren, vergebenden Liebe zu sehnen.

### Als sie Christus in ihrer Nähe ahnten...

Der Seher sah in den himmlichen Vorhöfen zwei Gruppen von Wesen: Die einen 'bußfertig', bereit zur Buße, die anderen nicht. Die Bußfertigen standen, knieten oder lagen vor Pater Pio; es waren auch Schwarze und Asiaten unter ihnen. Der Seher wunderte sich, denn bei der zweiten Gruppe waren mehr weiße als dunkelhäutige. Diese konnten sich noch nicht von dem lösen, wovon sie sich lösen mußten. Die Bußfertigen waren sehr ruhig und gefaßt, die anderen unruhig. Einigen merkte man ihren Dünkel an. Sie wollten nicht hören, wenn der Geist sie ansprach, sie waren sogar wie erschrocken, wenn ihr Geist sie ansprach und anblickte. Dann suchten sie, mit anderen zu sprechen, und wollten von dem Geist nichts wissen.

Botschaft vom 26.6.1976

„Jene sind nun entsündigt (gemeint sind die Bußfertigen, Anm. d. Hrsg.). Ihr flehentliches Gebet hörtest du. Nichts hielten sie zurück, als sie Christus in ihrer Nähe ahnten. Sie weihten Ihm Leib, Seele und Geist und baten Ihn, fortan ihre Weihe anzunehmen und wollten folgen, wie es auch der Gottesführung belieben würde.

Ausgeschüttet ist nun ihr Herz. Sie wurden still und nahmen eine besondere Luft wahr. Es ist die Luft des Himmels".

(Der Seher sah, wie alle, die gekniet hatten, aufstanden, und sie schienen sehr ergriffen. Es sah so aus, als sei eine besondere Freude bei ihnen eingezogen.)

„Engel schlugen in einem jeden von ihnen ihr Lager auf. Und eine ungeheure Macht strömten sie aus, sodaß sie gar die Kraft hätten, ein Kriegsheer zu Boden zu werfen. Und diese himmlischen Heerscharen wirkten in ihnen.
Preise die Engel als dienstbare Geister auch für jene, an welchen noch keine fertige Arbeit gelingen konnte. Von ihrer gelinden Gegenwart wollten sie kaum jemals gespürt haben.
Ja, viele auf Erden werden an der völligen Errettung noch immer gehindert. Es ist ihre eigene Zurückhaltung (sie schwanken hin und her zwischen gläubigen Anwandlungen und den großen und kleinen Verlockungen der Sinne, W.K.) und ihr Sich-Verschönern-Wollen; und sie kommen mit ihrem richtigen Leben nicht ans Licht".

## Kommentar des Sehers

„Ein Gespür, wie es hier die Geretteten für die 'Nähe Christi' haben, gibt es auch schon in diesem Leben. Wenn die Abendmessen im Münster hier (Bonn) sind, bei denen die heilige Kommunion in beiderlei Gestalten ausgeteilt wird, sehe ich immer einen jungen Mann, der von dieser besonderen Nähe Christi erfaßt ist. Er ist immer da und fällt sofort auf die Knie, und ich weiß es jedes Mal, daß dieser junge Mensch ergriffen ist von der Nähe Christi, wie hier die Harrenden vor Pater Pio".

## Gebet

O Herr, die Faszination Deiner Nähe trieb diese Bußfertigen drüben
dazu, Dir rückhaltlos Leib, Seele und Geist zu weihen. Was wäre ihnen
erspart geblieben, hätten sie es schon auf Erden getan.
Gib uns doch die Gnade, dies hier schon tun zu können!
Ja, wir begreifen es immer mehr: Nur wenn wir Dir so das Steuer
unseres Lebens übergeben, können wir das „Leben in Fülle", das Du
uns zugedacht hast, schon hier erhalten. Ja mehr noch:
Nur so können wir die von Dir ersehnte Antwort auf Deine
unergründliche Liebe am Kreuz geben.
Vor allen Schwankungen, vor allem, was uns davon ablenken will,
bewahre uns! Gib uns Mut und Phantasie, da Widerstand zu leisten!
Laß uns hineinwachsen in das Gespür für die „gelinde Gegenwart"
Deiner „dienstbaren Geister"!
Dasselbe erbitten wir auch für jene armen Seelen in der Läuterung,
die noch nicht bereit sind, diese helfenden Hände anzunehmen.

## Vom Schauen zum Glauben

Pater Pio lenkt unseren Blick noch auf ein anderes Beispiel von Menschen, die durch die Strahlkraft der Nähe des Erlösers angezogen und verwandelt wurden.

### Botschaft vom 12.4.1977

„Was du geschaut, ist ein Kreis erlöster Juden. Sie kamen durch Schauen zum Glauben. Sie wollen Gottes Knechte im Dienen sein.

Es sind Gläubige aus dem Alten Bunde. Von Ferne sahen sie den Meister und grüßten ihn, und auch sie nannten den Meister ihren Gott. Und nun freuen sich diese Glaubensmänner und -frauen mit uns in der Herrlichkeit".

### Bibelstelle

*„... sie alle werden mich erkennen, klein und groß"* (Hebr 8,11).

### Gebet

Dank sei Dir,
Herr,
daß auch die Kinder Israels
eines Tages
Dich
als den verheißenen Messias
erkennen werden!

## Die Gemeinschaft der Heiligen – wieviele Dimensionen hat sie?

Der Seher sagt: „Wie dankbar können wir sein, daß uns schon hier auf Erden gegönnt ist, uns in die heiligen Geheimnisse des Jenseits einleben zu dürfen."

### Selig, wer das Licht weiterleiten kann...

Botschaft vom 11.08.1973

**„Selig, wer die Gewißheit hat, daß seine Seele gerettet ist und daß der Kontakt mit dem Ewigkeitslicht restlos hergestellt ist, um es alsdann auch weiterleiten zu können zur Erde oder zu solchen, die nicht weiterzukommen vermögen".**

### Meditation

Staunend erkennen wir: Die im Licht sind, brennen darauf, all denen zu Hilfe zu eilen, die darum bitten. Liebe will sich verströmen, und sie wird seliger, wenn sie schenken kann, ja, sie will ihre Seligkeit nicht für sich behalten, sie will „Rosen auf die Erde regnen" lassen, wie die Kleine heilige Therese es sagt.

Aber auch den flehentlichen Hilferufen derer, die drüben noch im Dunkel verharren, können und wollen sie sich nicht verschließen.

### Kommentar des Sehers

Welche Hindernisse liegen auf dem Weg zur Erlösung?

Erlöstsein heißt: Allen irdischen Ballast abgetan haben und selig sein. Die Erlösten hängen nicht mehr an ihrem Eigenwillen.Wie oft ist doch da bei einer gewissen Veranlagung regelrecht eine Wand zu durchbrechen, und das gelingt nicht von heute auf morgen.
Im menschlichen Leben ist es doch oft so, daß einer aus Sorge um sein eigenes Weiterkommen und Erlöstwerden den anderen neben und unter sich übersieht.

Ein Gesinnungswandel ist drüben unvergleichlich schwieriger, völlig anders geartet. Das bloße Erlöstsein-Wollen hat drüben nichts zu sagen. Um diese Art Eigenwillen abzulegen, muß man nach seinem Hinscheiden einen irdisch bezogenen Bußweg gehen und hat lange Zeit überhaupt kein Gespür für die Forderungen des Himmelreiches.

Wer aber bei seinem Hinscheiden gleich den Weg ins himmlische Jerusalem gehen kann, erlebt alles ganz anders. Das können wir hier unten überhaupt nicht begreifen und nicht begreiflich machen. Wir können diese Wonne, das Heil, das Glück, die Befreiung, die Zufriedenheit gar nicht fassen.

### ...zu denen, die nicht weiterzukommen vermögen

Vision vom 28.10.1972

Der Seher sah Pater Pio ausnahmsweise so, wie er zu Lebzeiten war, mit bedeckten Handflächen und Füßen.

Frage an den Seher:
„Wissen Sie, womit das zusammenhängt?

Der Seher antwortet:
„Dies ist ein Hinweis darauf, daß sich sein stellvertretendes Sühneleiden auswirkt. Aufgrund dessen kann er den zu erlösenden Seelen, besonders bei den hartnäckigen Sündern, helfen, die sich nur mit höherem Beistand von gewissen irdischen Leidenschaften, Ansichten oder liebgewordenen Besitztümern freimachen können.
Bei solchen Gelegenheiten legt er auch die Hände auf.

Bei einem verschuldeten Ehepaar z.B. legt er die eine Hand auf das Haupt der Frau, die andere auf das Haupt des Mannes. Sie bleiben solange liegen, bis sie e i n e s gewandelten Sinnes werden."

Ein anderes Mal sieht der Seher (Vision vom 11.8.1973) eine Schar, die vor Pater Pio steht, mit dem Blick auf ihn gewandt. Er sagt: „Das sind die in den Vorhöfen; sie sind noch lange nicht in ihrem eigentlichen Gewand. Erst dann, wenn er sich ihnen zuwendet und die Hände über sie ausbreitet, verwandeln sich allmählich ihre Gewänder in Helligkeit".

Aber auch denen, die Gott schon näher gerückt und zu seinen Freunden geworden sind, wird die Segenskraft seiner Hände zuteil: (Vision vom 2.8.75).

Pater Pio bleibt dann nur die Aufgabe, durch die Handauflegung die Erlösung zu besiegeln, worauf sie in Scharen ins himmlische Jerusalem einziehen.

## Gebet

O Herr, Du hattest Deinen Jüngern die Vollmacht übertragen, durch Handauflegung Deine heilenden, verwandelnden Kräfte in die Hilfsbedürftigen hineinströmen zu lassen. Staunend erfahren wir nun, daß es im Weiterleben nach dem Tode ähnlich geschieht durch Deine auserwählten Werkzeuge wie Pater Pio.

## ... zu denen, die noch verschlossenen Herzens sind

### Botschaft vom 06.07.1974

„Vor mir diese Reihe Wesen sind noch verschlossenen Herzens. Auf Erden hatte Gott gar oft versucht, ihre Herzen zu reinigen. Glücklich auf Erden, wer diesen Reinigungsversuchen des Heilands nicht ausweicht! Zwar bringt jenes Gereinigtwerden dem Menschen auf Erden oft Traurigkeit im Nachdenken über die Vergangenheit. Aber nachher kommen himmlische Freude und Dankbarkeit gegen Gott, – im Verständnis Gottes sind Wirken und Schauen e i n Begriff".

### Kommentar des Sehers

„Räumlich gedacht, müßte man sagen: Das war noch viel weiter zurück als der Vorhof. Da sind auch noch keine Stufen. Da sind die Wesen, die noch nicht 'auf dem Wege sind', aber das Erlösungswerk muß sich an ihnen vollziehen. Mehr kann man darüber nicht sagen; denn 'sie sind noch verschlossenen Herzens'. Das betrifft die Art von Menschen, die zu gern sagten: 'Nein, ich w i l l nicht! Warum auch? Es geht doch auch anders'. Die 'Reinigungsversuche Gottes auf Erden' sind unterschiedlicher Art: Demütigungen, Unverständnis, Härten, Leiden seelischer und leiblicher Natur.

Auch die Beichte gehört dazu; vor allem aber die Ergebung in den Willen Gottes. Die meisten Menschen weichen dem Anspruch Gottes aus in irgendeine Ablenkung, irgendeinen kleinen Genuß, ein Vergnügen hinein und wundern sich dann, wenn Gott sie immer seltener anspricht und sie sich selber überläßt."

Gespräch mit dem Herrn

Warum sagt Pater Pio hier: „Die n o c h verschlossenen Herzens sind",
o Herr? Sind das die Gelähmten, die aus eigener Kraft nicht
weiterkommen können? – Wo sind die Träger ...?

In dieser Botschaft gibst Du uns eine heiße Spur: Wenn Wirken und Schauen vor Dir eins sind, dann ist jedes liebende Schauen auf Dich eine Tat, die sich auswirkt im ganzen Kosmos. Sind dann nicht beschauliche Menschen ganz besonders aktive, wenn ihr Auge völlig offen steht im Blick auf Dich? Durch Edith Stein hast Du uns eine Antwort gegeben: „Gebet ist die höchste Leistung des menschlichen Geistes".

So laß uns, Herr, alle Kräfte sammeln und uns beim Gebet von nichts zerstreuen lassen, um ganz nah bei Dir zu sein, alle dahinein nehmend, die es brauchen, besonders die 'noch verschlossenen Herzens sind'.

An anderer Stelle antwortet der Seher seinerseits auf die Frage:

Wie können wir den Unerlösten und Wartenden helfen?

Er antwortet mit einem wertvollen Hinweis: „Diese Hilfe gehört mit zu unserer Berufung. Sie liegt im Opfer und Kreuztragen. Dieses Kreuztragen des gläubigen Menschen wird von Gott verwendet und kann sogar uns gänzlich Unbekannten helfen, die unsere Sprache nicht sprechen. Sie müssen 'gezogen' werden, uns wird dann ein Kreuz in irgendeiner Form auf die Schulter gelegt. Wir wissen nicht warum, aber es hat seinen Zweck und dient einem anderen. So hat das Kreuztragen anderer auch bei uns schon oft seinen Zweck erfüllt und uns vorangebracht.

So wissen wir nur und müssen es glauben: Wenn der Herr uns ein Kreuz schickt, gleich welches, dann verbindet er einen Zweck damit und wartet darauf, daß wir uns nicht verweigern, sondern unser Ja sagen für andere.

## Gebet

Wir danken Dir, Herr, für die andere Dimension der Hilfeleistung der
Gemeinschaft Deiner Heiligen: Für all die Hilfe, die von der Erde aus zu
den Unerlösten, von der streitenden zur leidenden Kirche strömen darf.
Welch großen Trost für alle Leidenden auf Erden bringt dieser Hinweis:
Kein Opfer, kein angenommenes Kreuz bleibt ohne Auswirkung.
Daß Du unser Kreuztragen zur Rettung anderer verwenden willst, hilft
uns, es immer neu anzunehmen. Danke für all die Leiden anderer,
die Du zu unserem Heil hast werden lassen!

# Die Hölle – es gibt sie

Botschaft vom 3.11.1973

„Ich habe Dir die Goldene Stadt gezeigt und füge eine Warnung bei, die Du den Gleichgültigen und Sorglosen zu erkennen geben sollst. Gar manche glauben, das Heil der Seele aufschieben zu können. Laß sie erkennen, in welcher Gefahr sie sich befinden; denn recht gewaltig sind die Gegensätze, die der Geist Gottes herausstellen läßt.

Wer des Lebens Last überwindet, wird die Herrlichkeit Gottes erben, und allen ungläubigen Lügnern gibt Er Hinweis auf brennenden Schwefel. Einen Mittelweg gibt es nicht: Entweder die Herrlichkeit erben oder in Nacht versinken.

Am Rande des Schwefelpfuhls werden sich viele selbst verfluchen und verwünschen, weil sie in Jesu Nachfolge nicht eintreten wollten. In der Hölle sind nicht nur Mörder und Ehebrecher, sondern auch die Gottesleugner.

Wer immer von neuem seine Kleider und sein Inneres reinigt, hat auch Recht am Lebensbaum und durch die Perlentore zur Goldenen Stadt zu gehen."

Botschaft vom 21.12.1974

„Schau, diese Gruppen galten im Erdenleben als Verbrecher. Eine Anzahl davon sind diese Ehebrecher. Und sie sündigten ungeheuer gegen das keimende Leben.
Schau, wie einer den anderen abstellt, als sei er ihnen unbekannt, obschon sie im irdischen Leben Hand in Hand standen. Sie wollen nun nicht eine Zusammengehörigkeit, und es ist ihr Urteil, in ewigen Gluten zu verharren. Dort plagt einer den anderen."

Bibelstellen:

*„Werft den nichtsnutzigen Diener hinaus in die äußerste Finsternis! Dort wird er heulen und mit den Zähnen knirschen ...*
*Weg von mir, ihr Verfluchten, in das ewige Feuer, das für den Teufel und seine Engel bestimmt ist!"* (Mt 25, 30. 41).

„Den Zustand der endgültigen S e l b s t a u s s c h l i e ß u n g aus der Gemeinschaft mit Gott und den Seligen nennt man Hölle" (Katechismus der katholischen Kirche).

„Die Wirklichkeit der Hölle widerspricht nicht der Liebe Gottes. Sie ist ja gerade deren Ablehnung."
„Ob aber ein Mensch im Angesicht Gottes in der Verstockung und Ablehnung ausharren kann, und ob ihm da n o c h eine letzte Entscheidung möglich ist, wir wissen es nicht" (Katholische Glaubensinformation 1).

## Meditation

Es drängt uns wohl, die Frage zu stellen:
Ist denen überhaupt noch zu helfen, die die Gnade nicht annehmen w o l - l e n ?

Der Seher sah, daß Edith Stein, ähnlich wie z.B. die Kleine heilige Therese, drüben flehend und sühnend für die eintritt, „die nicht weiterzukommen vermögen".

Schon zu Lebzeiten hatte Edith Stein über die Möglichkeit nachgedacht, daß Menschen in ihrer Freiheit, verblendet und geplagt durch den Versucher, die Gnade Gottes nicht annehmen wollen.
Und sie fragte sich, wie es Gott dennoch gelingen könne, „alle an sich zu ziehen".

In dem Bestreben, das Verhältnis von G n a d e und F r e i h e i t zu verstehen, vollzieht sie folgende Denkschritte (2), die wohl auch in diesem Zusammenhang aufschlußreich sind:

------

1 Ferdinand Krenzer, Morgen wird man wieder glauben (Limburg 1995) 348.
2 Sie sind entnommen den von Rom im Rahmen ihrer Seligsprechung geprüften Werken: Edith Steins Werke VI, Welt und Person, Dr. L. Gelber, Hrsg. (Freiburg 1962) S. 158f.

Es gibt „die prinzipielle Möglichkeit eines Sich-Ausschließens von der Erlösung und dem Reiche der Gnade".

„Faktisch" jedoch „kann es unendlich unwahrscheinlich werden" durch das Wirken der "vorbereitenden Gnade".

„Sie kann sich in die Seelen einschleichen und sich mehr und mehr darin ausbreiten. Je größer der Raum ist, den sie so ... einnimmt, desto unwahrscheinlicher wird es, daß die Seele sich ihr verschließt".

Im Laufe dieser von Gott bewirkten Verwandlung wird "eine mögliche eigene gegen den Einfluß der Gnade gezielte Aktivität" zu einer stets "größeren Anspannung". Und „je mehr Boden die Gnade dem, was vor ihr die Seele erfüllte, abgewinnt, desto mehr entzieht sie den gegen sie gerichteten Akten... . Für dieses Verdrängen gibt es keine prinzipiellen Grenzen. Wenn alle dem Geist des Lichtes entgegenstehenden Impulse aus der Seele verdrängt sind, dann ist eine freie Entscheidung gegen Ihn unendlich unwahrscheinlich geworden.

Dann rechtfertigt ... der Glaube an die Schrankenlosigkeit der göttlichen Liebe und Gnade auch die Hoffnung auf eine Universalität der Erlösung. ... Die menschliche Freiheit kann von der göttlichen n i c h t  g e b r o c h e n  und  n i c h t  a u s g e s c h a l t e t , wohl aber  g l e i c h s a m  ü b e r l i s t e t  werden." (meint sie hier Gottes erfinderische Liebe? (2)

Ähnlich drückt es Rahner aus:
„Gott kann, wenn Er es in Seiner souveränen Freiheit und in Seiner allmächtigen Liebe will, den Menschen in seiner Freiheit bewegen, sich Ihm positiv zuzuwenden" (3).

Eine praktische Ergänzung dieses Gedankenganges wird uns durch die folgenden Botschaften und die Schau des Sehers gegeben.

--------

3 Vorgrimler, Geschichte der Hölle (Freiburg 1994) S. 337.

# Verdienste der Märtyrer – wie weit strahlen sie aus?...

## Botschaft vom 21.12.1974

**„Meine Begegnung mit Elia ließ mich wissen, daß etwas paradiesisches Licht in die Tiefen sickert, wenn Feiern der Herrlichkeit stattfinden".**

## Kommentar des Sehers

„Es ist so, als stünde hinter dem 'p a r a d i e s i s c h e n   L i c h t' ein Zug der Barmherzigkeit Gottes. Für viele, ja fast alle, in den „unteren Regionen" wird etwas Gnadenhaftes spürbar, und sie greifen danach. Um es sich vorzustellen: Es ist wie wenn bei uns nach langen finsteren Regentagen auf einmal wieder die Sonne scheint (1).

Die 'F e i e r n' sind zu verstehen bei besondern Anlässen, wenn z.B. Märtyrergestalten in das himmlische Jerusalem einziehen. Solch ein Einzug ist immer eine ganz besondere Feier für die Erlösten, und solche Märtyrer gibt es ja immer wieder, auch heute in allen Ländern der Erde, gleich welcher Art ihr offenes oder stilles Martyrium ist.

Das können sogar Soldaten aus Stalingrad sein. Diese haben durch ihr furchtbares Leiden auch durchbohrte Hände und Füße bekommen – das weiß ich schon lange.

Die glorreiche Schar der Stalingrad-Märtyrer ist eine große, große Reihe von Heiligen, die eine ausgesprochene Leidensmystik durchgestanden haben.

--------------

1 Dieses findet im Gedankengut der Kirchenväter Bestätigung:
   Ähnlich geht der lateinische Kirchenvater Augustinus von der Möglichkeit einer zeitweiligen Linderung der Höllenqualen (wahrscheinlich sonntäglich) aus.
   Johannes Chrysostomus, einer der vier großen morgenländischen Kirchenlehrer, nimmt an, daß die guten Werke der Hinterbliebenen eine Erleichterung dieser Qualen bewirken (vgl. J. Finkenzeller, Art. 'Hölle', in: Lexikon der katholischen Dogmatik, W. Beinert, Hrsg. (Freiburg 1988, 2. Auflage) Seite 270).

Einige waren verzweifelt. Andere bekehrten sich, nahmen ihr Leiden an und fingen dann an zu l e b e n. Sie hungerten und verdursteten und hielten sich dennoch an Gott. Wie waren sie tapfer! Die Stalinorgel mähte und mähte und tötete sie nicht direkt. Von Läusen und Ratten angefressen, starben sie ab, Stück für Stück. Sie legten sie auf Haufen, eine Reihe nach der anderen und gossen Benzin darüber. Etliche lebten noch, nur steif gefroren, und sie starben mit den anderen. Das sind drüben die Märtyrer, Richter und Helfer von heute.

## Meditation

Erschüttert vernehmen wir, wie weit die Hilfe der triumphierenden Kirche sich auswirkt: Die Heimholung der Märtyrer strahlt Licht bis in die tiefsten Tiefen:
**Wie weit kann die Wirkung solcher Lichteinstrahlung gehen?**

Dafür gibt Pater Pio in der folgenden Botschaft einen aufschlußreichen und überraschenden Hinweis:

## „BEI GOTT IST KEIN DING UNMÖGLICH"
(Lk 1,37)

### Botschaft vom 21.12.1974

„Schaue, wie jene, die du gesehen in langem, langem Harren, wie sie zunächst noch nicht dem Licht nachgehen können, weil sie es einfach nicht ertragen. Sie empfinden es als Schmerz, ein Zeichen, daß noch Restschuld sie umgibt.
Ewige Verdammnis ist mir fremd (mir hier i n d e n V o r h ö f e n, Anm. d. Sehers). Aus den schwarzen Netzen sind gar viele herausgekrochen. Zwar war ihnen von ewiger Verdammnis gesagt.
... Es war wohl der göttliche Kern ihres Geistes" (der sie gerettet hat, Anm. d. Hrsgs.).

## Meditation

... „der göttliche Kern ihres Geistes"...

„Erinnert diese – für unsere Ohren sehr ungewöhnlich klingende – Botschaft nicht wiederum ganz stark an jenes Gleichnis Jesu, in dem er uns einen reichen Mann vorstellt, der in der Hölle besorgt ist um das Wohl seiner Brüder - und verhindern möchte, daß auch sie an diesen Ort der Qualen kommen? (Lk 16,19).

Da steigt wohl in jedem zwangsläufig die Frage auf:

**Wie ist so eine liebevolle Regung in der Hölle zu erklären? (1)**
**Sollte es auch dort eine „Entwicklungsmöglichkeit nach oben" geben?**

Der Seher erhellt die Hintergründe dieses seltsamen Phänomens. Er sagt:
**„Gott läßt sie selbst d o r t nicht im Stich:**

Der persönliche Schutzgeist hat den Auftrag, den Einzelnen von Zeit zu Zeit anzusprechen.

So wird es jedem Einzelnen in die Hand gegeben, ob er sich aus den Klauen Satans lösen will oder nicht. Aber dessen Kraft ist ungeheuer stark, und eine Wende für den einen oder anderen scheint ungeheuer schwer.

Doch die Kraft des persönlichen Schutzgeistes mit dem göttlichen Funken im Menschen kann es auf die Dauer fertig bringen, den Einzelnen zu bändigen. Es kommt ganz darauf an, wie sich der Einzelne zu diesen Ansprachen stellt.

Aber grundsätzlich gilt: Jedes Wesen ist wandelbar, vor allem, wenn es erkennt, daß eine Reihe von Begebenheiten ganz anders liegen, als sie im Irdischen angenommen hatten.

Der Schutzgeist filtert sie bis ins Feinste und Kleinste, – und wenn sie von dem winzigen Kern der Göttlichkeit ihres Geistes durchdrungen sind und einwilligen, für das zu büßen, was sie getan haben, dann sind sie gerettet. Jahre spielen dabei keine Rolle."

-------

1 Vgl. Hinführung, S. 17. Dr. van Dam sagt: "Sollte Jesus in Seinen Gleichnissen Einzelheiten einfügen, die der Realität widersprechen?"

## Und wenn es nicht gelingt?

**Wenn sie dennoch nicht die Kraft aufbringen, sich aus den Klauen des Bösen zu lösen?**

Auch für diesen schlimmsten Fall hat die Liebe Gottes, die dem verlorenen Schaf nachgeht, bis sie es g e f u n d e n hat (Lk 15,4) eine rettende Hilfe ersonnen:
Dem Seher wurde es geschenkt, die Früchte der stellvertretenden Sühne zu schauen, wie sie Edith Stein leistet, die ihre Seligkeit damit verbringt, sogar für jene einzutreten, die im Zustand der Hölle wie gelähmt am Boden liegen und sich bisher für die Zuwendung ihres Engels nicht öffnen konnten (1).

Sicher ist sie nicht die einzige, die sich zu solchem Dienst an den Ärmsten der Armen anbietet.

Es gibt im Lauf der Kirchengeschichte außer Paulus (Röm 9, 1-3) noch andere große Heilige, die sich aus vollkommener Liebe mit Verdammten identifizierten, um sie zu retten, z. B. Theresia von Avila, Johannes vom Kreuz, Therese von Lisieux, Juliane von Norvich und andere Mystikerinnen (2).

Also glaubten diese Heiligen, Gott sei über den Tod hinaus bereit, uns Seine Barmherzigkeit zu erweisen?

Natürlich brennt in uns die Frage: „Bringt der heilige Geist diese Erkenntnis auch durch Theologen des 20. Jahrhunderts zum Ausdruck?

### Was sagt die Heilige Schrift ?

Gehen wir zuerst mit Hans Urs von Balthasar zu den Quellen. Er legt klar, daß sie zwei verschiedene Reihen von Aussagen enthalten:

-------

1 Er nannte als erschütterndes Beispiel: Stalin, der durch viel Gebet und Opfer seiner Tochter Swetlana bereits auf dem Wege zur Wahrheit die ersten Schritte tut.
2 Nach Vorgrimler a.a.O. S. 345.

Neben der Androhung des ewigen Verlorengehens (z. B. Mt 5,22; 7,13; 13,41f.49f; 25, 30. 41) finden wir viele Hinweise darauf, daß Gott a l l e retten kann und will (Röm 5,12-21; 11,32; Tit 2,11; Kol 2,20; Eph 1,10; 2 Pe 3,9; Joh 12,32; Hebr 9,27 f).

Hans Urs von Balthasar läßt seine Überlegungen (3) in dem Gedanken von Pieper gipfeln, daß allein die ü b e r n a t ü r l i c h e  H o f f n u n g diese Antithese von der göttlichen Gerechtigkeit und der göttlichen Barmherzigkeit aufheben kann. Er sagt:
„Gewißheit läßt sich nicht gewinnen, aber Hoffnung läßt sich begründen", nämlich vor allem mit der in Jesus erwiesenen unbegrenzten Liebe Gottes, der – weil Er alle an sich ziehen möchte – mitleidet, wenn der Mensch den Zustand der endgültigen Selbstausschließung aus der Gemeinschaft mit Ihm und den Seligen wählt.

So betet Pater Pio:

„Mein Jesus, rette alle!<br>
Ich opfere mich für alle.<br>
Gib mir Kraft!<br>
Nimm dieses Herz und erfülle es mit Deiner Liebe<br>
und dann befiehl mir, was Du willst"<br>
(von seinen Mitbrüdern veröffentlicht).

Und wir beten im Rosenkranz:

O mein Jesus,<br>
verzeih uns unsere Sünden,<br>
bewahre uns vor dem Feuer der Hölle,<br>
führe alle Seelen in den Himmel,<br>
besonders jene,<br>
die Deiner Barmherzigkeit am meisten bedürfen.

--------

3 Hans Urs von Balthasar, Was dürfen wir hoffen (Einsiedeln 1989) 24.
Der konkrete Ausdruck dieser Hoffnung ist das Gebet für die Rettung a l l e r Menschen (gemäß 1 Tim 2,1), und Balthasar meint, Paulus hätte dies nicht von den Christen verlangen können, wenn sie nicht die Hoffnung haben dürften, daß ihre so weit gespannten Gebete sinnvoll sind und erhört werden können.

Wie begründet diese Hoffnung ist, läßt uns auch jene außergewöhnliche Botschaft Pater Pios **„bei Gott ist kein Ding unmöglich"** erkennen.

Ebenso kann wohl folgendes Wort des Sehers aus seiner Schau uns in Staunen versetzen:
**„Die Zeit, welche die zu ewiger Verdammnis Verurteilten in den tiefsten Tiefen verbringen, dauert bei etlichen an die Hunderte von Jahren, und sie g l a u b e n, es sei eine Ewigkeit".**

Zugleich erinnert uns dieses Seherwort an die Bilder, die Jesus braucht, um den Menschen auf den unendlichen Ernst und die Tragweite seiner Entscheidung hinzuweisen, auf die Konsequenzen seines Tuns – damit er umkehre – und so zum ewigen Leben finde.
Er spricht vom ewigen Feuer (vgl. Mt 3,12; 25,41), von der ewigen Pein (vgl. Mt 25,46), von Finsternis (vgl. Mt 8,12 u.a.), von Heulen und Zähneknirschen (vgl. Mt 13,42.50).

Wir kommen schon weiter, wenn wir uns der Frage stellen:
**Wie kann der Seher im Blick auf das Leben nach dem Tode Zeitbegriffe gebrauchen?**

Aufschluß gibt uns eine Erkenntnis, die schon der Kirchenlehrer Thomas von Aquin zum Ausdruck bringt:
Er sieht „einen klaren Gegensatz zwischen der Ewigkeit bei Gott im Himmel und der sogenannten Ewigkeit der Hölle".
Er sagt: „In der Hölle gibt es keine wahre Ewigkeit, sondern eher Zeit"(1).

„Die katholische Glaubensinformation" sagt, „daß Ewigkeit nicht 'ewige Dauer' bedeutet"; denn: „Ewigkeit kommt alleine Gott zu" (2).

---

1 S. Th. I, 10, 3 ad 2: „In inferno non est vera aeternitas, sed magis tempus".
2 Ferdinand Krenzer, a.a.O. 344.

Hier wird offenbar, wie die beiden gegensätzlichen Aussagen der Bibel
– **über die Ewigkeit der Hölle** –
– **und über den Willen Gottes, alle zu retten** –

sich existentiell als wahr erweisen, und ein Lichstrahl fällt auf das geheimnisvolle Zusammwirken von Gottes Gerechtigkeit und Barmherzigkeit, der nichts unmöglich ist (1).

Die Kundgaben offenbaren einerseits, daß die Härte der sogenannten ewigen Verdammnis nicht aufgehoben ist, da die Verdammten diesen Zustand durch die Intensität und Dauer der Qualen als e w i g empfinden.

Und andererseits enthüllen sie, wie es Gott dennoch gelingt, Seinen verlorenen Schafen sogar bis in die Hölle nachzugehen durch Seine Boten, um ihnen **Rettung** zu **ermöglichen**.

**Wir erkennen durch diese Botschaft, wie wichtig es ist, auch und gerade für solche zu beten, „die Seiner Barmherzigkeit am meisten bedürfen".**

Gehen wir weiter der brennenden Frage nach:
**Wie denkt man im Lehramt der Kirche des 20. Jahrhunderts über diese Problematik?**

Der Vorsitzende der Katholischen Glaubenskongregation, Kardinal Ratzinger, hatte bereits 1960 eine Aussage gewagt, durch die „ein für die katholische Kirche durchaus neuer Gedanke" zu einer auch kirchenamtlich tolerierten Geltung gekommen ist:

An dem früheren Konsens dogmatischer Handbücher, daß mit dem Tod die Zeit des göttlichen Erbarmens zu Ende sei, wird nicht mehr festgehalten (2).

------

1 Die Eschatologie in der Glaubenswahrheit (Würzburg 1965) 223, zit. nach Balthasar, 106.
2 Nach Vorgrimler, a.a.O. 335.

Was sagt Josef Ratzinger im Lexikon für Theologie und Kirche über die Bedeutung des Dogmas von der Hölle für die Verkündigung?

„Es läßt uns einerseits den bedingungslosen Respekt Gottes vor der Freiheitsentscheidung wissen: Gott bietet Seine Liebe an, drängt sie aber nicht auf. Es zeigt andererseits den irreversiblen Charakter der menschlichen Geschichtlichkeit, deren Gesamtentscheidung Endgültigkeitswert hat". (2)

Beides aber muß stets zusammgehalten werden mit der Botschaft von Gottes Barmherzigkeit und Gnadenmacht in JESUS CHRISTUS."

Auch Karl Rahner hat sich mehrfach über das Thema Hölle geäußert. In seinem Todesjahr warnt er unter anderem vor einem „leichtfertigen Optimismus im Blick auf die ungeheuerlichen Ereignisse der Weltgeschichte mit ihrer Verworfenheit, mit ihrem wahnwitzigen Egoismus, mit ihrer Grausamkeit". (2)
Er sagt: „Der Mensch steht in der absoluten Möglichkeit, Gott endgültig zu verlieren, obwohl dieser Gott Ziel und Erfüllung seines Wesens wäre".
Aber im Blick auf das Kreuz Christi und auf die „universale Hoffnung" bei Paulus fühlt auch er sich zu folgenden Hoffnungsaussagen berechtigt:

„Gott erlaubt mir, weil ich für mich hoffe, auch für alle anderen zu hoffen. Ich kann eigentlich nur deshalb in einer radikalen Weise für mich hoffen, weil ich die Möglichkeit und die heilige Pflicht in mir verspüre, für alle anderen zu hoffen". (2)

Diese Heilshoffnung für alle Menschen, die sich vor allem mit der in Jesus erwiesenen unbegrenzten Liebe Gottes begründen läßt, wagten auch noch andere große Denker und Vorbilder zu äußern. Baltharsar nennt außer Ratzinger und Rahner noch folgende: Kierkegaard, Marcel, G. Fessard, H. de Lubac, P Claudel, Ch. Peguy, A. Bloy, R. Guardini, Kardinal Lustiger, H. Verweyen und Edith Stein. (3)

------

2 ebd.
3 nach Vorgrimler a.a.O. 345

Gespräch mit dem Herrn

In dieser Botschaft
läßt Du die zentrale Aussage
über das Geheimnis der Erlösung aufleuchten.

Deine Liebe ist auch vorgedrungen bis in die tiefste Verlorenheit der
Hölle!

In den Zustand der totalen Gottverlassenheit
und absoluten Ferne von Liebe
hast Du das Licht der Hoffung gebracht!

DU HAST DEN FLUCH GOTTES
AUF DICH GENOMMEN; ERLITTEN UND ZERBROCHEN.

Herr,
hilf uns, immer tiefer
die umfassende Bedeutung des Erlösungswerkes zu begreifen,
das allen Menschen aller Zeiten und aller Orte gilt!
Hilf uns verstehen,
daß Hölle nur da ist,
wo sich ein Mensch Deiner Liebe verweigert.

Diese Botschaft stärkt uns in der Hoffnung,
daß dies auf Dauer nicht möglich ist!

Dank sei Dir,
Herr,
für die vielen Gnadenströme,
die diesem göttlichen Kern immer neu
zum Durchbruch verhelfen wollen
und für all die Menschen, die sich in großer Liebe
durch Gebet und Opfer einsetzen,
Seelen zu retten.

# III . WIE FINDE ICH DEN WEG, DIE WAHRHEIT UND DAS LEBEN?

## Wo liegt die heiße Spur zum Start?

### Botschaft vom 15.05.1976

„Carissime! Im tiefen Innern verspürt der Gläubige oft ein Heimweh nach Gott, so sein Glaube echt ist und nicht zweifelnd.
Und das ist ein Sehnen, das Gott in jeden Menschen gelegt hat. Aber viele decken die Sehnsucht der Seele zu und leben einfach in den Tag hinein.
Viele auch stürzen sich in die Wissenschaft. Sie suchen nach einer anderen Wahrheit, aber finden nicht, was sie eigentlich suchen.
Und wie viele suchen in der Natur ihre Erfüllung! Allein darin ist sie auch nicht auszuschöpfen. Wohl betrachten die meisten die Schöpfung, aber den Schöpfer nicht.

So sollte doch ein jeder bedenken, dauerhaft Verwurzelung im Glauben zu suchen, aus oft wankender Ungewißheit in die Gewißheit zu streben. So weißt Du gewiß, wie der gläubige Mensch unter der Siegesmacht des Geistes Gottes steht und der Zweifler nicht."

## Kommentar des Sehers

Ja, gar „viele decken die Sehnsucht der Seele zu und leben in den Tag hinein". Oder sie suchen eine Ersatzreligion. Wenn einer sich ehrlich fragen würde: Wünschest du dir wirklich die Nähe zu Gott, dann würde Gott irgendwie antworten.
Es gibt eine Menge Menschen, die aus nichtigen Gründen aus der Kirche austreten. Aber der Schutzgeist, der hinter ihnen steht, läßt sie nicht in Ruhe. Die Macht, die er ausübt, verläßt sie nicht. Es ist der persönliche Geist, der einem jeden zugeordnet ist, ob er daran glaubt oder nicht. Und er wirkt ...
Begeht der Mensch in seinem Eigenwillen und seiner Widersetzlichkeit einen Fehler nach dem anderen und gäbe sich schließlich selber auf - von Gott wäre er nicht abgeschrieben. Es kommen Stunden, wo er nach aller Hast und Unruhe in sich selber still wird und **verlangt, zu Gott zu kommen.** Wenn alle Stricke reißen, läßt Gott Schicksalsschläge zu, vor allem in Krank-

heit und in Not, Mittel in der Hand, die still und nachdenklich machen. Besser wäre es natürlich, es nicht darauf ankommen zu lassen, aber oft ist das der letzte Ausweg.

## Meditation

Zum Schluß dieser Botschaft gibt Pater Pio noch einen wichtigen Hinweis. Will er damit der Psychotherapie, die in den meisten Fällen ohne Gott auszukommen versucht, einen wegweisenden Impuls geben? Er sagt:

**„So ist jedes Forschen vergebens, wenn nicht die Erkenntnis hervorleuchtet, daß eines jeden Menschen Seele nur Ruhe in Gott will".**

Dieser Erkenntnis des Paters entsprechen die Erfahrungen des Schweizer Professors für psychosomatische Medizin an der Zürcher Universität, Balthasar Staehelin. In seiner psychotherapeutischen Praxis kam er zu dem Ergebnis, daß die Wurzeln der Angst im Verlust des Urvertrauens auf Gott liegen. Ausgehend von dieser Erkenntnis will er „dem modernen Menschen helfen, wieder in Beziehung zu kommen zur bergenden Liebe, die uns in Christus gegeben ist". So konnte er die „Psychosomatische Basistherapie" entwickeln, durch die er den Patienten "Schritt für Schritt für die Liebesbeziehung mit Gott öffnet" (1).

Dazu ein Beispiel aus seiner Praxis:
Eine „45jährige Hausfrau, die 20 Jahre an Depressionen" mit zahlreichen Begleiterscheinungen (wie z. B. Schlafstörungen etc.) litt, "begab sich in eine mehrjährige Psychoanalyse".
Der Analytiker. "der im Freudschen Sinn das metaphysische, religiöse Sehnen und Suchen nicht als Ausdruck einer existentiell entscheidenden, biologisch und psychisch verankerten Begebenheit verstand, unterließ es deshalb, diesen wesentlichen Faktor in das psychotherapeutische Geschehen einzubauen.

Im Gegenteil, die Sehnsucht nach metaphysischer, religiöser Verwurzelung wurde hier – getreu nach Freud – immer nur als das neurotische und infantile Verlangen einer noch Unmündigen nach einem Vaterschutz gedeutet.

-------

1 Balthasar Staehelin, Josef Schmucker von Koch, Heilwerden von Grund auf (Freiburg 1990) 87f und Buchrückseite.

Das führte zu keiner Besserung... . Auch die von einem überaus fähigen klinischen Psychiater gleichzeitig durchgeführten Therapien mit intensiven antidepressiven Medikamenten, Schlafkuren (...etc.) halfen nichts". Erst ein Ernstnehmen ihres "metaphysischen Sehnens" führte im Rahmen der c h r i s t o z e n t r i s c h e n Basistherapie Professor Staehelins zur tatsächlichen Heilung, die jedem auffiel, der ihr begegnete und sie aus ihrer früheren Zeit her kannte (1).

Solch metaphysisches Sehnen, das in jedem Menschen verborgen ist, nennt Pater Pio: „Sehnsucht der Seele nach Ruhe in Gott".


Bibelstelle

*„Gott, Du mein Gott, Dich suche ich, meine Seele dürstet nach Dir.*
*Nach Dir schmachtet mein Leib wie dürres,*
*lechzendes Land ohne Wasser"*
(Ps 63,2; vgl. auch Ps 73,25f).


Gespräch mit dem Herrn

Herr,
aus jedes Menschen Herz
dringt der Schrei nach dem Sinn des Lebens,
eine „heiße Spur",
die uns hilft,
Dich zu finden ...,
ein Fünkchen,
das unbewußt hindrängt zu seinem Ursprung.

Gib,
daß wir uns selbst
in unserem Heimweh nach Dir
ernst nehmen
und es nicht verdrängen
oder durch Ablenkungen zuschütten.

Hilf uns,
dieser Sehnsucht immer mehr zu trauen;
sie führt uns den Weg
durch das Dunkel der Zweifel
zur Warheit, zum Glauben, zur Liebe,
ja, bis ins himmlische Jerusalem, zu Dir.

Dank sei Dir
für dieses sensible Organ,
das uns den geheimnisvollen Impuls gibt,
Dich zu suchen!

# WIE KANN DIESE „RUHE IN GOTT" GEFUNDEN WERDEN ?

Pater Pio sagt es uns am 30.10.1976:

**„Zum Stillewerden braucht ... der Mensch eine große Macht. Es ist die Macht des Heiligen Geistes".**

Durch dieses Wort weist er uns darauf hin, daß ohne diese göttliche Urkraft, den Schöpfergeist, der Mensch nicht zu sich selber finden wird und nichts Gutes geschehen kann. Dies bekräftigt Pater Pio durch seine T a t e n. Sie zeigen uns zugleich, w i e es uns gelingt, uns jener g ö t t l i c h e n K r a f t zu öffnen, um sie für die Forschung fruchtbar werden zu lassen:

Im Bereich der Medizin hat er es so verwirklicht: Er gab ihr außer der Idee und Finanzierung seines Krankenhauses – des größten Süditaliens – eine ganz entscheidende H i l f e an die Hand: Durch die Gründung von G e b e t s g r u p p e n , die stellvertretend für die K r a n k e n beten, daß sie zum Glauben finden und dadurch an Leib und Seele geheilt werden, und für die Ä r z t e , daß sie die richtige Diagnose und optimale Therapie finden.

Auf diese Weise gibt er allen ein beredtes Zeugnis für die Kraft des Heiligen Geistes, die von den Fragen gepackt werden:

Ist das Gebet tatsächlich ein M a c h t ?
Kann man wirklich glauben, daß das Gebet eine Verbindung mit der göttlichen Kraft ist?
Oder ist dies alles nur eine menschliche Gedankenvorstellung, eine Illusion?

Ein atheistischer Naturwissenschaftler von Ruf, Dr. Stowell, machte bei der Erforschung der Wellenlänge und Stärke der Gehirnstrahlen eine Entdeckung, die sein Leben total veränderte. Daher lohnt es sich, ihn selbst hier zu Worte kommen zu lassen. Er berichtet:

„Ich war ein zynischer Atheist, der glaubte, daß Gott nichts anderes sei als eine Gedankenvorstellung der Menschen. An ein lebendiges göttliches Wesen, das uns alle liebt und das über uns Macht besitzt, vermochte ich nicht zu glauben. Eines Tages arbeitete ich in dem großen pathologischen Laboratorium einer Klinik. Ich war mit der Aufgabe beschäftigt, die Wellenlänge und die Stärke der menschlichen Gehirnstrahlen zu messen. So einigte ich mich mit meinem Mitarbeiter auf ein heikles Experiment. Wir wollten untersuchen, was bei dem Übergang aus dem Leben in den Tod innerhalb des menschlichen Gehirns vor sich geht.

Zu diesem Zweck hatten wir eine Frau gewählt, die an todbringendem Gehirnkrebs litt. Die Frau war geistig und seelisch völlig normal. Allgemein auffallend trat ihre liebenswürdige Heiterkeit zutage. Doch körperlich stand es umso schlimmer mit ihr. Wir wußten, daß sie im Sterben lag, und sie wußte es auch. Wir hatten davon Kenntnis bekommen, daß es sich um eine Frau handle, die im Glauben an den persönlichen Erlöser Jesus Christus gelebt hatte.

Kurz vor ihrem Tode stellten wir einen hochempfindlichen Aufnahmeapparat in ihr Zimmer. Dieses Gerät sollte uns anzeigen, was sich in ihrem Gehirn während der letzten Minuten abspielen würde. Über dem Bett brachten wir zusätzlich ein winziges Mikrofon an, damit wir hören konnten, was sie spräche, falls sie überhaupt noch ein Lebenszeichen von sich geben würde.

Inzwischen begaben wir uns in den angrenzenden Nebenraum. Wir zählten fünf nüchterne Wissenschaftlicher, von denen ich wohl der nüchternste und verhärtetste war. Abwartend und voll innerer Spannung standen wir vor unseren Instrumenten. Der Zeiger stand auf Null und konnte bis 500 Grad nach rechts in positiver Wertung, und 500 Grand nach links in negativer Wertung ausschlagen.
Eine Zeit vorher hatten wir unter Zuhilfenahme des gleichen Apparates die Sendung einer Rundfunkstation gemessen, deren Programm mit einer Stärke von 50 Kilowatt in den Äther strahlte. Es handelte sich dabei um eine Botschaft, die rund um den Erdball getragen werden sollte. Bei diesem Versuch stellten wir einen Wert von 9 Grad positiver Messung fest.
Der letzte Augenblick der Kranken schien herbeigekommen. Plötzlich hörten wir, wie sie zu beten und Gott zu preisen begann. Sie bat Gott, all den Menschen zu vergeben, die ihr in ihrem Leben Unrecht getan hatten. Dann verlieh sie ihrem festen Glauben an Gott Ausdruck mit den Worten: 'Ich weiß, daß Du die einzige zuverlässige Kraftquelle aller Deiner Geschöpfe bist und bleiben wirst'. Sie dankte ihm für seine Kraft, mit der Er sie ein Leben lang getragen hatte, und für die Gewißheit, Jesu Eigentum sein zu dürfen. Sie bekundete Ihm, daß ihre Liebe zu Ihm trotz allem Leid nicht wankend geworden sei. Und im Hinblick auf die Vergebung ihrer

Sünden durch das Blut Jesu klang aus ihren Worten eine unbeschreibliche Wonne. Sie brach schließlich in Freude darüber aus, daß sie bald ihren Erlöser werde schauen dürfen.

Erschüttert standen wir um unser Gerät. Längst hatten wir vergessen, was wir eigentlich untersuchen wollten. Einer schaute den anderen an, ohne daß wir uns unserer Tränen schämten. Ich war derart gepackt von dem Gehörten, daß ich weinen mußte wie seit meiner Kindheit nicht mehr. Plötzlich, während die Frau noch weiterbetete, hörten wir einen klickenden Ton an unseren Instrumenten. Als wir hinüberblickten, sahen wir den Zeiger bei 500 Grad positiv anschlagen und immer wieder gegen die Abgrenzung wippen.

Unsere Gedanken jagten sich. Jetzt hatten wir durch technische Messungen erstmals eine ungeheuerliche Entdeckung gemacht: Das Gehirn einer sterbenden Frau, die mit Gott in Verbindung stand, entwickelte eine Kraft, die 55mal stärker war als jene weltweite Ausstrahlung der Rundfunkbotschaft.

Um unsere Beobachtungen weiterzuführen, einigten wir uns wenig später auf einen neuen Versuch. Nachdem wir unsere Geräte aufgebaut hatten, baten wir eine Schwester, einen anderen Kranken in irgendeiner Form zu reizen. Der Mann reagierte darauf mit Schimpfen und Fluchen. Ja, nicht genug, er mißbrauchte sogar den Namen Gottes auf lästerliche Art. Wie waren wir bewegt, als wir feststellen mußten, daß sich der Zeiger auf 500 Grad negativ befand und am Abgrenzungspfahl aufgeschlagen war. Damit standen wir am Ziel unserer Entdeckung (1). Es war uns gelungen, die negative Kraft des Widerwirkers auf wissenschaftlichem Wege einwandfrei zu beweisen.

------

1 Bei einer Wellenlänge des Gehirns fand Dr. Stowell gewaltige Unterschiede. Die Wellenlängen sind genauso individuell wie die Fingerabdrücke. Daraus folgert der Gelehrte, daß ebenso eine Registratur über die menschlichen Gedanken und Pläne in den Annalen Gottes existiert wie bei den Polizeibehörden eine Registratur über die Fingerabdrücke.

In jenem Augenblick begann meine atheistische Weltanschauung zusammenzubrechen. Dann stand ich vor dem Angesichte des allwissenden Gottes. Die Lächerlichkeit meines Unglaubens wurde mir klar. Weil ich ehrlich gegen mich selbst bleiben wollte, konnte ich mich der auf mich eindringenden Wahrheit nicht verschließen. So wurde ich ein glücklicher Jünger Jesu, der an Jesus Christus als seinen persönlichen Heiland glauben lernte" (1).

Dieser wissenschaftliche Bericht gibt eine überraschend klare Antwort auf die oben gestellten Fragen im Blick auf die Kraft des Gebetes. Der Nobelpreisträger Alexis Carrel nannte es „die machtvollste Form der Energie, eine Kraft, so wirklich wie die Schwerkraft der Erde" (2).

Auf diesem Hintergrund finden wir neuen Zugang zu dem Wort der Philosophin Edith Stein:
„Das Gebet ist die höchste Leistung des menschlichen Geistes".


Gespräch mit dem Herrn

Dank sei Dir,
Herr,
für das Licht,
das Du
in unser Tasten und Suchen sendest!
Dank sei Dir
für das Erkennen der Kraft,
mit der Du uns im Gebet erfüllst,
wenn es voll Vertrauen und Liebe ist.


-------

1 Rosina Zipperle, Zum Lichtgrund der Seele (Verlag Via Nova 1994) Seite 190-192.
2 A.a.O., Seite 190.

Wie der Herr uns ausgerüstet hat, Ihn zu finden, daran erinnert uns Seine Vatergüte in der folgenden Botschaft:

## Durch Verstand und Herz

Botschaft vom 29.6.1973

„Jeder muß seinen eigenen Weg zu Gott finden; dabei muß der eigene V e r s t a n d und das H e r z seine Mitwirkung tun.
So wird im glaubenden Menschen J e s u s spürbar."

Botschaft vom 9.1.1971

„Die Fähigkeit, Gott zu erkennen, wird jedem Menschen in den Schoß gelegt (auch den noch nicht missionierten Naturvölkern, Anm. d. Sehers). Diese Erkenntnis besteht in der Tiefe des Gemütes, woraus Heiligkeit, Heilighaltung und Treue zu Gott erwächst."

Bibelstellen:

*„Denn Sein unsichtbares Wesen, Seine ewige Macht
und Göttlichkeit sind seit Erschaffung der Welt
an Seinen Werken durch die Vernunft zu erkennen."*
(Röm 1,20)

*„Brannte nicht unser Herz als er mit uns sprach."*
(Lk 24,32)

*„Als sie das hörten, traf es sie mitten ins Herz."*
(Apg 2,37)

*„Gott sandte den G e i s t in unsere Herzen, der da ruft 'ABBA, Vater'".*
(Gal 4,6)

Gebet

Dank sei Dir,
o Herr,
daß Du uns zeigst,
wie und wo wir Dir begegnen können:

## Schau auf die Werke des Herrn

Botschaft vom 30.12.1972

„Weil es euch nottut, will ich, daß euch immer wieder neu Herzensfriede werde.
Und ich sage euch heute: Auf die Werke des Herrn schauen (das ist die Betrachtung der Schöpfung und Erlösung, Anm. d. Sehers) macht zufrieden und dankbar."

Gebet

O Herr,
auf der Suche nach Wahrheit
offenbarst Du Dich in zweifacher Weise:
Öffne unser Herz weit,
Deine große Macht und Herrlichkeit zu schauen
in der Schöpfung
und Deine noch größere Liebe
in der Erlösung (1),
die uns im Licht des Evangeliums erstrahlt.

Bibelstelle:

*„Wie schön ist es, dem Herrn zu danken,*
*Deinem Namen, Du Höchster, zu singen...*
*denn Du hast mich durch Deine Taten froh gemacht!*
*Herr, ich will jubeln über die Werke Deiner Hände!*
*Wie groß sind Deine Werke, o Herr,*
*wie tief Deine Gedanken!*
*Herr, Du bist der Höchste, Du bleibst auf ewig!"*
(Ps 92, 1.4.7)

---

1 Zur Betrachtung des Erlösungswerkes, die Pater Pio zweimal täglich empfiehlt (morgens und abends), lies seine "Meditation über die göttliche Agonie", auszugsweise widergegeben in der Meditation zur Botschaft "Welche Fragen werden uns im Jenseits gestellt?"

## Selig, die in der Natur noch zu lesen vermögen...

Botschaft vom 22.01.1972

„Selig, die in der Natur noch zu lesen vermögen und den Hauch göttlichen Lebens wahrnehmen! Gottes Predigten sind ganz leise; denn der Ewige liebt es, keinen Lärm zu machen.

Immer mehr gibt es Fragende, wo denn das Göttliche eigentlich zu finden sei, man begegnet ihm ja nicht; Gott sei lange nicht mehr vorhanden.

In der Welt ist nichts Göttliches zu finden, und alles Leben ist nichts anderes als ein Ereignis aus Kraft und Stoff. Wie arm ist doch die Welt nach meinem Weggang geworden! Wie leer an Licht, das doch der Menschen Inneres sein sollte!"

Gebet

O Herr,
öffne unsere Augen,
daß wir in der Schönheit und Pracht der Natur
die Spuren Deiner Herrlichkeit
erkennen,
erfahren
und Dir danken
für alles, was Deine erfinderische Liebe ersonnen hat,
um uns zu erfreuen!
Aber auch für unseren menschlichen Verstand
Unergründliches gibt Deine Natur uns auf.
Wir glauben fest,
daß Du uns irgendwann auf alles,
was uns bewegt,
antworten wirst,
weil Du ein liebender Vater bist.
Danke,
daß Du schon längst damit begonnen hast
in Deiner Offenbarung!

Bibelstelle:

*„Die Himmel rühmen die Herrlichkeit Gottes,*
*vom Werk Seiner Hände kündet das Firmament.*
*- Ein Tag sagt es dem andern,*
*eine Nacht tut es der anderen kund,*
*ohne Worte und ohne Reden, unhörbar bleibt ihre Stimme,*
*doch ihre Botschaft geht in die ganze Welt hinaus,*
*ihre Kunde geht bis zu den Enden der Erde".*
(Ps 19, 1-5, vgl. auch Ps 104)

## Alles ist aus Liebe geworden

Botschaft vom 29.3.1976

„Ewig ist allein nur die Dreieinigkeit - darum von Ewigkeit zu Ewigkeit. So betrachte folgendes: Die Ewigkeit vor Erschaffung der Menschen. - Dann betrachte die Erschaffung der Erde, alsdann die Geschichte der Menschheit: Eine neue Erde, einen neuen Himmel und die Ewigkeit. -

Und dieser dreieinige Gott tritt uns in Macht und Liebe entgegen. Er ist Quelle und Ursprung von allem.
Der weise Gott sah auch den Sündenfall voraus, lange, bevor er Menschen erschuf, und plante auch ihre Errettung.
Und der Geist Gottes, welcher in der Ewigkeit besonders tätig sein wird, hat eigene Macht und Herrlichkeit.

Noch immer wird die Menschheit merken, wie Gott seine Pläne durchführt; und noch oft wird die Menschheit staunen vor jedem Tagesinhalt eines Menschen, welchen Er Tag und Nacht überwacht; und jeder Mensch sollte darüber nachdenken.

Ja, sogar die Erschaffung der Erde ist mit kurzen Worten nicht zu sagen. Ich kann nur das nicht wiederzugebende wunderbare Lied, das ich über den Sternen hörte, erwähnen, vom Erdenvolk nicht zu hören. Es gehört zur Urschöpfung, weil die Erde der schönste Planet im Weltall, mit Sicherheit auch der herrlichste Planet war, über welchen alle Morgensterne jubelten. Und die Engel Gottes jauchzten - also ein Meisterwerk der Ur-Schöpfung, an dessen Zerfall Satan half und solche, welche durch Auflehnung selber herrschen wollten."

## Gespräch mit dem Herrn

O Herr des Himmels und der Erde! Unsere schwachen Worte reichen nicht aus, Deine unendliche Größe und Güte geziemend zu loben und zu preisen. Und unsere Ohren sind noch zu schwach, die Sphärenklänge der Galaxien und das Lied der Engelchöre zu hören.
So ist es nicht verwunderlich, daß sich hier ausnahmsweise Pater Pios Sprache ins Hymnische hebt.

Dank sei Dir, Herr, daß Du uns immer mehr die Augen öffnen möchtest für den schönsten Planeten, den wir bewohnen dürfen!

Und gib die Kraft und das Verantwortungsgefühl, ihn vor Zerstörung zu bewahren, soweit wir es vermögen.

Bibelstellen

*„Lobe den Herrn, meine Seele!*
*Herr, mein Gott, wie groß bist Du!*
*Du bist mit Hoheit und Pracht bekleidet.*
*Du hüllst Dich in Licht wie in ein Kleid,*
*Du spannst den Himmel aus wie ein Zelt".*
(Ps 104, 1-2)

*„Gepriesen sei der Gott und Vater unseres Herrn Jesus Christus:*
*Er hat uns mit allem Segen Seines Geistes gesegnet*
*durch unsere Gemeinschaft mit Christus im Himmel.*
*Denn in Ihm hat Er uns erwählt vor der Erschaffung der Welt,*
*damit wir heilig und untadelig leben vor Gott;*
*Er hat uns aus Liebe im voraus dazu bestimmt,*
*Seine Söhne zu werden durch Jesus Christus*
*und nach Seinem gnädigen Willen zu Ihm zu gelangen,*
*zum Lob Seiner herrlichen Gnade.*

*Er hat sie uns geschenkt in seinem geliebten Sohn;*
*durch Sein Blut haben wir die Erlösung,*
*die Vergebung der Sünden nach dem Reichtum Seiner Gnade.*
*Durch sie hat Er uns mit aller Weisheit und Einsicht reich beschenkt*
*und hat uns das Geheimnis Seines Willens kundgetan,*
*wie Er es gnädig im voraus bestimmt hat:*
*Er hat beschlossen, die Fülle der Zeiten heraufzuführen,*
*in Christus alles zu vereinen, alles, was im Himmel und auf Erden ist.*

*Durch Ihn sind wir auch als Erben vorherbestimmt und eingesetzt,*
*nach dem Plan dessen, der alles so verwirklicht,*
*wie Er es in Seinem Willen beschließt;*

Wir sind zum Lob Seiner Herrlichkeit bestimmt,
die wir schon früher auf Christus gehofft haben.

Durch Ihn habt ihr auch das Wort der Wahrheit gehört, das Wort von
eurer Rettung;
Durch Ihn habt ihr das Siegel des verheißenen Heiligen Geistes empfangen, als ihr den Glauben annahmt. Der Geist ist der erste Anteil des
Erbes,
das wir erhalten sollen,
der Erlösung,
durch die wir Gottes Eigentum werden,
zum Lob Seiner Herrlichkeit"
(Eph 1, 3-14).

„Wir haben Seine Liebe erkannt und an sie geglaubt."

Botschaft vom 6.3.1971

„Wenn Du in Not sein solltest, bedenke die Not, welche der Herr durchgemacht hat, um die Menschheit zu erlösen – und sogleich erstrahlt im Lichte Deine Not. Beschäftige Dich in Deiner Betrübnis damit, wie unser Herr verspottet wurde und gelästert! Dann sieh mit mir ein, daß alles, was durchgemacht werden soll, doch gering ist zu alledem!

Ich setzte täglich neu an, um Jesus in seiner Liebe und ganzen Demut zu erfassen.
Und so wurde ich mit meinen Tagen besser fertig und besann mich auf die Freude nach diesem Leben; denn alle werden alsdann im Jenseits mehr sein, als sie ahnen. Besitzlos ist dort der Reichtum aller Weltmenschen. Das durfte ich auch recht oft erfahren. Mein Gott entschädigte mich reichlich."

Gebet

Herr,
das Mysterium des Kreuzes
ist unfaßbar.
In Deiner Sehnsucht, uns zu retten,
hast Du Dich erniedrigt,
hast die von Ewigkeit her
in sich ruhende Herrlichkeit beim Vater verlassen,
bist hinabgestiegen
in die absolute Heimatlosigkeit
der Gottverlassenheit
am Holz des Kreuzes.
So hast Du uns den äußersten Weg der Liebe gezeigt
– und tust es täglich weiter -
bis ans Ende der Zeiten
durch die heilige Eucharistie.
Bewahre uns vor dem eigentlichen Atheismus (1),
der darin besteht,
nicht an Deine große Liebe zu glauben!

---

1 Nach Therese von Lisieux.

## Was mache ich mit meinen Zweifeln?

Botschaft vom 15.9.1973

„Es ist nicht recht zu denken, der gläubige Mensch könne keine Zweifel haben. Zweifel können sogar Früchte lebendigen Glaubens in sich tragen und beherbergen, weil der Laue sich überhaupt keine Fragen in Glaubenssachen stellt.
Glaubenszweifel soll niemand längere Zeit mit sich herumtragen, sondern sie in geeignetem Kreis besprechen.
Wer glaubt, zeigt, daß er Liebe zu Gott in sich verspürt".

### Kommentar des Sehers

„Mit dem Suchen kommen auch die **Zweifel**, mit der Unkenntnis das Zurechtbiegen. Das Nachgehen von Zweifeln kann sich so breit machen, daß einer allein nicht damit fertig werden kann. Da ist es gut, wenn einer im kleinen Kreise seine Zweifel o f f e n b a r t; der G e d a n k e n a u s - t a u s c h ist die beste Hilfe. Er muß sich aber auch helfen lassen und darf sich nicht im ständigen Widersprechen gefallen wollen und verhärten.

Zu beachten ist, daß es eine Art von Glauben gibt, der sich in dem Maße von Gott abwendet, als er sich vom Nächsten und von der Gemeinschaft der Glaubenden abkehrt.
Ich meine, wer in dem lebendigen Wollen lebt, sich an die Bibel zu halten, der hat die wahre Liebe zu Gott und wird auch recht geführt. Nimmt er z.B. an der hl. Messe teil, dann tritt er unmittelbar in Gottes Nähe; und wer dann sagt: Jesus ist nicht Gott, steht nicht in der rechten Meinung vor Gott. Wenn ich an der Bibel festhalte, muß ich auch an die Auferstehung glauben, und damit ist die Gottheit Jesu gegeben. Sage ich: Er war nur ein Prophet – dann war er eben auch sterblich wie die Propheten und konnte nicht auferstehen.

Jeder Glaubenstreue weiß um die Gottheit Jesu – er könnte sich sonst nicht glaubenstreu nennen. Jesus ist eben nicht einer, wie z.B. Elijas. Er ist von Gott zu uns gesandt, und was Er uns an Botschaften gab, gilt der ganzen Menschheit, auch uns."

Gebet

Heiliger Geist, durchstrahle mich mit Deinem Licht,
wenn die Nebel des Zweifels mich einhüllen!
Sollte uns je dasselbe passieren wie einem Deiner Heiligen,
Charles de Foucauld, der in seiner Jugend den Glauben verloren hatte,
so erinnere uns an sein erfolgreiches Gebet, das er täglich sprach:
Herr, wenn es Dich gibt, so laß mich Dich finden!

Bibelstelle:

*„Wie glücklich ist, wer Freude findet an den Weisungen des Herrn,
wer Tag und Nacht in Seinem Gesetz liest und darüber  n a c h d e n k t"*
(Ps 1,2)

## Was ersehnt Gott für die Menschen?

### Botschaft vom 22.9.1973

„Habe Hoffnung; denn auch ich war in der Welt oft ratlos, und Gott wußte stets einen Ausweg. Und was dunkel war, wurde hell, und meine Wege wurden immer lichter.

Belohnt wurde mein Glaube; aber bedenke, Gott führt eigenartige Wege. Ich verglich sie mit jenen Stufen zu Stufen, von denen Du weißt; Und Gottes Sehnsucht ist es, Dich immer mehr von Ihm abhängig zu machen bei Tiefenwegen und bei Höhenblicken – und weite Ausblicke gibt Er Dir. Man könnte es Sieg und Niederlage heißen.

Auch mir bereitete man stärksten Zusammenbruch, aber dann folgten höchste Höhepunkte.

Ich gebe Euch den Rat wie eine Verheißung: Ihr werdet Großes und Größeres erleben, so Ihr R u h e in Euch bewahrt, die von Gott kommt."

### Kommentar des Sehers

„Pater Pio kam, um mir Hoffnung zu machen. Es ist ausgeschlossen, meinte er, daß einer sich immer und in allen Situationen zu helfen weiß. Der Mensch lebt doch immer in einem einzigen Schwanken und Balancieren, mal hell und mal dunkel.

Pater Pio vergleicht die eigenartigen Wege Gottes mit den **Stufen zu Stufen**, die ich kenne. Das ist die Jenseitstreppe, der Stufenweg, den die meisten aus uns länger oder kürzer am Ende ihres Lebens gehen müssen. Er beginnt schon hier auf Erden und kann sogar vorweggenommen werden, je nachdem wir uns der Führung Gottes überlassen, so daß wir ihn gleichsam hinaufeilen bis zu den Vorhöfen des Himmels.

### Bibelstellen

*„Ohne mich könnt ihr nichts tun"* (Joh 15,5).

*„Alles vermag ich in dem, der mich stärkt"* (Phil 4,13).

*„Bleibt in mir, dann bleibe ich in euch"* (Joh 15,4).

## Meditation

Das hier Gemeinte greift Pater Pio noch einmal mit folgenden Worten auf:
**„Sprosse um Sprosse kracht unter euren Füßen, wenn ihr versucht, aus eigener Kraft aus allen Schwierigkeiten herauszukommen.
Gott allein v e r ä n d e r t ".**

## Gespräch mit dem Herrn

O Herr, Deine Kraft möchte durch uns fließen wie die des Weinstocks
durch die Rebe, und Du ersehnst , daß wir Dir dies erlauben,
daß wir Dich darum bitten. Danke, daß gerade in unserer
Schwachheit Deine Gnade zur Vollendung kommt.
Immer wieder stärkt mich der Gedanke an Petrus, der,
solange er den Blick fest auf Dich gerichtet hatte,
sogar über das Wasser gehen konnte. Gib uns die Kraft,
daß wir immer Deine helfende Hand erkennen und ergreifen.
Du sehnst Dich danach, daß wir Dir vertrauen wie dem
besten F r e u n d; denn Du hast uns das Unfaßbare eröffnet:
*„Nicht mehr Knechte nenne ich euch, sondern Freunde"* (Joh 15,15).

## Meditation

Welch beseligendes Glück der Herr uns damit bereitet, bringt van Dam mit
folgendem L i e d (1) von Frankie Lane in erschütternder Weise zum Ausdruck:

„Mein Freund ist der König der Könige.
Und dennoch mein Freund.
Er geht an meiner Seite.
Mein Freund regiert die Erde und die Sonne,
und ist dennoch mein Freund,
Er nimmt sich die Zeit, mich zu leiten.
Mein Freund nimmt meine Hand,
gerade dann, wenn alles vergeblich scheint.
Er macht deutlich, daß Er sein wird
in Freude und Schmerz: Mein Freund!
Mein Freund sagt mir: Das Leben ist ein Weg.
Und obwohl dieser Weg in einer Krümmung endet,
sagt mir mein Freund:

Dann gibt es einen Weg, weiter als dieser Weg, ohne Ende.
Eines Tages, wenn ich den frohen Weg beschreite,
der hinter der Krümmung liegt,
wer wird dort sein, um mich willkommen zu heißen? -

Mein Freund!"

---

1 W. Cornelius van Dam, 125.

## Die Macht der Stille

Botschaft vom 30.10.1976

„Ich möchte Euch zurufen: Stehet auf und empfindet die Rettung des Herrn; denn die Rettung erwirkt Euch Gott. Darum möget Ihr Euch in Gottes Hand fühlen. Und nur ein gewisses Stillesein gibt Euch das gewisse Gespür, daß Ihr f r e i seid.

Wer sich in Unruhe begibt, spielt sich sehr leicht in Satans Hände, wobei Gott in seinem Wirken gehemmt wird. Und darum bekennet ruhig, daß dieses bei Euch gar oft der Fall ist und war. Davon war auf Erden auch ich nicht frei. Aber solches kann des Menschen Innenleben schaden; und das Ziel zu Gott muß weit zurückgesteckt werden.

Zum Stillewerden braucht auch der gläubige Mensch eine große M a c h t. Es ist die Macht des Höchsten.

Bittet also den Herrn, daß er diese Macht Euch schenke! Schreibe ein jeder auf seine Fahne: Gut beten! Gut handeln! Und dieses erfleht vom Heiligen Geist, und Rettung wird Er schaffen.

Er wird statt Eurer in den Kampf ziehen; und Stillesein-Können und -Dürfen schafft große F r e u d e . Und es gibt ein Glück des G e b o r g e n - s e i n s bei schweren und schwersten Angriffen. Es ist dabei notwendig ein Stillesein in den Angriffen, die Tränen kosten und Euch viel Leid aufs Herz legten".

### Kommentar des Sehers

„**Unruhe** kommt immer von unten her; und da sind böse Mächte, die ein Interesse daran haben, uns zu schaden, damit wir **unser Ziel zu Gott weit zurückstecken** müssen. Wir kennen sie alle, diese Störenfriede. Aber muß ich denn unruhig sein, wenn die anderen gepeitscht sind durch eine Sache, deren sie nicht Herr werden? Man kann ihnen beistehen, aber es gibt auch Menschen, die es auf die Unruhe anlegen und uns bedrängen.

Das **Stillewerden**, von dem hier die Rede ist, ist schon fast Gnade zu nennen; denn erst dann ergibt sich die Möglichkeit zur Sammlung und Innerlichkeit: Alles hinter sich lassen, was einen bedrängt. Und dann erst kann der persönliche Geist wirken, und Gott wird vernommen.

Es gibt bei jedem **schwere und schwerste Angriffe, die Tränen kosten und Leid aufs Herz legen** - der Mönch (1) hat es selber zeitlebens erfahren - und wir sagen gern: So geht es nicht weiter! Aber wenn wir still werden, erschließt sich doch nach und nach all das, was uns bedrückte.

Ich weiß aus Erfahrung, daß der Mensch, der noch weinen kann, dadurch vieles herunterspült. Und wer es nicht mehr kann, weiß doch um den Schrei seines Herzens; und sein Herzensschrei bleibt nicht ungehört vor Gott, zumal dann nicht, wenn er sich unmittelbar an Gott wendet. Und Gott hört schneller auf den, der ein wehes Herz hat, und geht nicht an ihm vorbei. Da greift Jesus ein, der diese Herzensnot selber erfahren hat, und hilft dem, der in seiner Not aufschreit. Wir leiden ja nur nach, was er uns vorgelitten hat."

Bibelstellen

*„ Wo der Geist des Herrn ist, da ist Freiheit"* (2 Kor 3,17).

*„Ich, der Herr, stehe Dir zur Seite und rüste Dich aus. Ich mache Dich zum Friedensbringer für mein Volk und zu einem Licht für alle Völker"* (Jes 42,6).

Gespräch mit dem Herrn

O Herr, oft zogst Du Dich zurück in die Stille und Einsamkeit, in das Zwiegespräch mit dem Vater. So laß auch uns in Stille bei Dir verweilen, um Deine unergründliche Rettungstat zu empfinden!

Erst im Einssein mit Dir finden wir uns selbst, werden wir wahrhaft frei. Da sind wir ganz geöffnet für Dein Wirken. Da rüstest Du uns aus für den Kampf gegen alles Böse.

**W i e rüstet der Herr uns aus für diesen Kampf?**

Auf diese Frage geben die folgenden Kapitel Antwort.

-------
1 Pater Pio ist hier gemeint.

# WIE KANN ICH MICH IM KAMPF GEGEN DUNKLE MÄCHTE UND GEWALTEN BEHAUPTEN?

# IV. WIE KANN ICH MICH IM KAMPF GEGEN DUNKLE MÄCHTE UND GEWALTEN BEHAUPTEN?

## Legt die Waffenrüstung Gottes an!

### Botschaft vom 18.10.1976

„Carissime! Sei meines Wortes gewiß über den, der auf Erden zu leben hat! Gott will alles über den sündigen Menschen vollbringen, weil die Menschheit vom Schöpfer ausging, der sie in das Gewand des Fleisches kleidete; und damit übergab Er sie auch aller S c h w a c h h e i t, gepaart mit Menschheitssünden und auf daß der Mensch als Sünder dagegen ankämpfe. Denn wenn er ein reines Wesen wäre, brauchte er es nicht.

Also soll der Mensch der Erde eine R ü s t u n g anlegen für den rechten Erdenkampf gegen alles Böse. Und dieses taten gar manche, aber sie blieben nicht Herr ihrer Rüstung. Der Schöpfer kennt eines jeden Schwäche, die ihn sündigen läßt; und es sind gar oft solche, die anderen vorstehen, sie belehren und führen."

### Kommentar des Sehers

Daß wir allzumal Sünder sind, wissen wir; aber wie wir uns dagegen rüsten sollen, wissen wir oft nicht. Zum Rüstzeug gehört Stabilität in der Glaubenstiefe. Wer sich darum bemüht, ist auch in der Lage, Ungläubigen Antwort zu geben.
Wie kommt es aber, daß so wenige Herr ihrer Rüstung bleiben?
Es hängt vom Willen des Menschen ab. Hat einer überhaupt den Willen, fest zu stehen, dann gelingt es ihm auch, stabil zu bleiben.
Besondere Berufungen werden auch besonders geprüft: 'Wem viel gegeben ist, von dem wird auch viel gefordert', und das betrifft die Erkenntnis.

### Bibelstellen:

*„Die Nacht ist vorgerückt, der Tag hat sich geneigt. Laßt uns die Werke der Finsternis ablegen und anlegen die Waffen des Lichts." (Röm 13,12)*

*„Ich benutze in meinem Kampf keine menschlichen Waffen, sondern die*

mächtigen Waffen Gottes. Mit ihnen zerstöre ich feindliche Befestigungen: Ich widerlege falsche Argumente und reiße den Hochmut nieder, der sich gegen die Erkenntnis Gottes auflehnt. Jeden Anschlag auf die Wahrheit nehme ich gefangen und unterstelle ihn dem Befehl Christi." (2 Kor 10,4f)

„Werdet stark im Herrn und in der Kraft seiner Stärke. Legt die Waffen-rüstung Gottes an, auf daß ihr standhalten könnt gegen die Ränke des Teufels. Denn euer Kampf geht nicht gegen Blut und Fleisch, sondern ge-gen die Mächte, gegen die Gewalten, gegen die Weltbeherrscher dieser Finsternis, gegen die bösen Geister in den Himmelshöhen. Darum greift zur Waffenrüstung Gottes, damit ihr am bösen Tage Widerstand leisten und, wenn ihr alles überwunden habt, bestehen könnt.
So tretet denn an: Eure Hüften umgürtet mit der W a h r h e i t, angetan mit dem Panzer der G e r e c h t i g k e i t, die Füße beschuht mit der Bereit-schaft für das E v a n g e l i u m des F r i e d e n s. Zu alledem ergreift den Schild des G l a u b e n s , mit dem ihr alle feurigen Pfeile des Bösen lö-schen könnt. Nehmt auch den Helm des Heiles und das Schwert des Gei-stes, das ist das W o r t G o t t e s.
Lebt in s t ä n d i g e m G e b e t und F l e h e n" (Eph 6,10-18)


Gebet

Danke, Herr,
daß Pater Pio uns hier
– dem Ruf der Mutter Gottes folgend –
an Deine Waffen erinnert,
die uns im Kampf um unser Ziel so hilfreich sind!
Schenke uns die Gnade der Bereitschaft,
sie täglich neu „anzulegen"
(wie Du sie uns durch Paulus nahegebracht hast!).

Herr,
gib uns einen starken „Schild des Glaubens",
an dem die Pfeile des Bösen verlöschen!

Locke uns,
Heiliger Geist,
immer tiefer in den Glauben einzudringen,
so daß wir von Deiner Liebe Zeugnis geben können!

Laß uns die Verantwortung spüren,
einander im Kampf zu stärken
durch Gebet,
besonders dieVerkünder des Glaubens,
weil die Kämpfer in vorderster Front
besonders vom Feind angegriffen werden!

## Die Heilige Schrift – „das Schwert des Geistes"

Botschaft vom 8.3.1971

„Carissime! – So du liesest im Worte Gottes (Hl. Schrift, Anm. d. Sehers),
so lies diese Worte betend; ja – wenn eben möglich – sogar kniend.
Nimm das, was du unterstreichst, neu ins Herz auf".

Für den ersten Teil dieser Botschaft, Pater Pios Worte über den Umgang mit
der heiligen Schrift, sei verwiesen auf seine bereits im Kapitel „WIE FIN-
DE ICH DEN WEG, DIE WAHRHEIT UND DAS LEBEN" wiedergegebene Botschaft „Ohne die Offenbarung kommst du nicht weiter".
Hier fügen wir darüber hinaus zur sinnvollen Ergänzung eine Botschaft ein,
die der Seher von Edith Stein bekommen hat. Auch sie will uns die Augen
öffnen für den unersetzlichen Wert der heiligen Schrift.

Edith Stein mahnt, den Feind mit dem Wort Gottes zu schlagen.


Botschaft Edith Steins vom 23.2.1974

„Leset Gottes Wort zu eurer Reinigung und nehmet wahr die Ermahnun-
gen, die euch entgegenschallen! Leset auch Gottes Wort zu eurer Ermun-
terung! Gott will euch täglich in Seinem Wort begegnen; und das Wort
Gottes kann oft eure Verteidigungswaffe sein.
Ihr habt euch dem Feind der Seele abgewandt, aber dennoch erhebt er
Anspruch auf euch, und seine Störversuche sind groß. Denn auf keinen
Fall will er, daß ihr die ungetrübte Gemeinschaft mit dem Herrn genießt.
Er will nicht, daß ihr die lieblichen Töne der oberen Welt ohne Störung
aufnehmt. Er versucht, sich in eure Gefühle einzuschalten, um euch
mutlos zu machen. Er funkt in euren Verstand hinein, damit ihr am Wor-
te Gottes zweifelt und nicht zu Gottes Führung Ja sagt.

Begegnet ihm also mit dem Worte Gottes! Diese Waffe scheut er".


Botschaft Pater Pios vom 28.7.1973

„Begegnen wirst du solchen, die am Worte Gottes Kritik üben, obschon

sie nie die Bibel lesen. Sie bringen Aussprüche, die nicht in der Heiligen Schrift stehen.
Beweise du ihnen, daß hier heilige Männer Gottes geredet haben, vom Geiste Gottes inspiriert! Du hast die Vollmacht, mit dem rechten Wort, das in dich fließt, zu reden".

## Der Seher antwortet auf Fragen

Frage: „Diese Botschaft von Edith Stein weist uns dringlich auf den Feind hin, den Widersacher alles Guten. Was würden Sie ihm sagen?"

Der Seher sagt: „Genau das, was früher manch einer der guten, frommen Priester gesagt hätte: „Weiche, Satan!" (Mt 4,10)

Frage: „Wie ist es mit dem Exorzismus? Wäre der angebracht?"

Der Seher sagt: „Wenn wir die Kraft haben, ihn auszusprechen, ja! Der Widersacher fürchtet ihn.
Die beste Waffe gegen ihn ist aber jedem in die Hand gegeben, und das ist das K r e u z z e i c h e n. Damit bringen wir ihn sofort weg und hinter uns. Ein Kreuzzeichen, mit Andacht gemacht, ist das Beste, was wir tun können. Das wendet alles Dämonische ab".

## Bibelstellen

„Nicht vom Brot allein lebt der Mensch, sondern von jedem Wort, das aus dem Munde Gottes kommt" (Mt 4,4).

„Der Glaube kommt vom Hören, das Hören aber durch das Wort Christi" (Röm 10,17).

„Nehmt
... das Schwert des Geistes, das ist das Wort Gottes" (Eph 6,17).

## Gebet

O Herr, Du selbst hast den Satan in der Wüste mit der Waffe der Heiligen
Schrift besiegt. Gib, daß wir durch tägliches Lesen in Deinem Worte
mit ihm so vertraut werden, daß auch wir den Widersacher in der
Versuchung mit dem passenden Wort in die Flucht schlagen können!

Hilf uns, daß wir uns für häufig wiederkehrende Versuchungen
erprobte Schriftstellen einprägen, wie es ein Mönchsvater
seinen Schülern rät! (1)

---

1 Es handelt sich um den „wohl bedeutendsten Schriftsteller des Ostens",
Evagrius Ponticus († 399), der auch durch Cassian das westliche Mönch-
tum in hohem Maße beeinflußt hat:

Bei Verlassenheitsängsten und Gefühlen der Niedergeschlagenheit
empfiehlt er, den Vorstellungen, die der Gegner uns eingibt, die Worte
aus dem Buch Deuteronomium „entgegenzuschleudern": „Ein barmher-
ziger Gott ist der Herr, dein Gott. Er wird dich nicht aufgeben und verder-
ben" (Dt 4,31).

In gleicher Weise lehrt er, den Kampf gegen die Versuchung zur Völle-
rei aufzunehmen mit dem Psalmwort: „Der Herr ist mein Hirt, nichts wird
mir fehlen" (Ps 23,1).

Wappnet euch im voraus mit Gebet

Sich von Gott finden lassen

Botschaft vom 21.10.1972

„Viel zu wenig machen die Menschen vom Gebet Gebrauch, obschon sie
darin vor dem Herrn ihr Herz ausschütten könnten. Und der Lohn wäre,
daß der Herr es neu mit Ruhe und Freude erfüllt; denn in Nöten ist Er
Retter. Und Er richtet jene auf, die im Leid stehen, und weiß Rettung aus
Dingen, die Tag und Nacht oft keine Ruhe lassen.

Schickt Gott schwere Wege, so soll ein jeder wissen und danach forschen, was Er durch schwere Wege dem Menschen sagen will. Sie ber-
gen stets etwas Besonderes in sich: Immer hat der Betende Zutritt zu Gott.
Und das sollte er immer wissen.

Durch manche Kämpfe und Nöte muß jeder Mensch, der auf der Erde
lebt, gehen. Nicht bei j e d e m  sehen Kämpfe und Nöte gleich aus. Aber
ohne diese kommt niemand durchs Leben. Und wer diese Welt gläubig
durchlebt, hört auch oft den Ruf des Herrn und erfährt ganz besonders
oft, wie Er sich offenbart.

Wohl darf er nicht irdisch gesinnt sein. Das hieße: Gegen Gott sein und
sich am Abend niederlegen, ohne über sein Seelenheil nachzudenken
und ohne mit Beten von Gott sich finden zu lassen.
Dieses Gefundenwerden gleicht einer Wiedergeburt".

Meditation

Durch die Psalmen wissen wir, was Menschen immer dann erfahren haben, wenn sie dem Herrn ihr Herz ausschütteten, ja ihre Not vor Ihm her-
ausschrieen:
Er hat ihnen zugehört, sie getröstet und geheilt.

*„Du hast meine Not gesehen und erkannt, wie verzweifelt ich war".* (Ps 30,4)

*„Ich stand schon mit einem Fuß im Grab, doch Du hast mir das Leben neu
geschenkt"* (Ps 30,3).

*„Ich wandte mich an den Herrn, und Er antwortete mir; Er befreite mich von allen meinen Ängsten."* (Ps 34,5)

*„Herr, Du hast mich erhört! Ich will meinen Brüdern von Dir erzählen. ... Kein Elender ist dem Herrn zu gering; mein Geschrei war Ihm nicht lästig"* (Ps 22,23.25)

### Gespräch mit dem Herrn

Dank sei Dir, Herr, daß es Dir nicht lästig ist, wenn wir Dir die großen und kleinen Nöte anvertrauen!

Denn der Psalmist singt voll Freude:
*„Voll Güte und Erbarmen ist der Herr, voll grenzenloser Liebe und Geduld."* (Ps 103,8)

Laß uns doch nie die Chance verpassen, voll Dank mit Dir den Tag zu durchdenken!

Du willst, ja Du ersehnst, daß wir Dir alle Fehltritte des Tages bringen, damit das heilende Licht Deines Erbarmens uns „neu mit Ruhe und Freude erfüllen" kann.

Bewahre uns vor der Versuchung, die kostbare Zeit damit zu verschwenden, über unsere Sorgen nachzugrübeln! Denn Du lädst uns ein:

*„Kommet zu mir, die ihr mühselig und beladen seid. Ich will euch Ruhe verschaffen"* (Mt 11,28).

*„Werfet alle Sorgen auf den Herrn"* (Ps 54,23).

Erst dann kann ich ganz und gar einschwingen in das Nachtgebet der Kirche:
> *„In Frieden leg ich mich nieder und schlafe ein;*
> *denn Du allein, Herr, läßt mich sorglos ruhen."*

# Wie hat Christus gebetet?

Botschaft vom 17.1.1977

„Christus betete mit zum Himmel erhobenen Händen, wie es schon viele tausende Jahre vorher geschehen war.

Der Menschheit ist diese Urerfahrung nicht bekannt genug.
Menschen können mit erhobenen Händen göttliche Kräfte von oben schöpfen und kommen ihren Gebetsanliegen sofort viel näher."

## Meditation

Diese Gebetshaltung Christi erinnert uns an den entscheidenden Dienst des Mose, der uns lehrt, gerade in höchster Not nicht auf eigene Kräfte zu bauen, sondern allein auf die Gnade Gottes: Nur solange er mit erhobenen Händen betete, siegte sein Volk gegen die Übermacht der Amalekiter. Daher mußten seine Arme, als er ermüdete, von zwei Glaubensbrüdern gestützt werden (Ex 17,8-13).

Schon am 31.3.1973 hatte Pater Pio uns diese rettende Gebetshaltung empfohlen:
„Wenn euch etwas anfallen sollte, so betet mit zum Himmel erhobenen Händen!

Betet mit zum Himmel erhobenen Händen, damit metaphysische (übernatürliche) Erfahrungen zu euch kommen, die ihr nicht Wunderschau nennen sollt, da es nur eine Antwort auf eure Glaubenserwartung ist, die euch wahrnehmen läßt!

Wenn euch darum etwas angeht, was euch das Ende nahebringen will, schöpfet Kräfte von oben".

## Meditation

Pater Pio drückt hier aus, mit welcher inneren Haltung wir die Hände erheben sollen: Wie die kleine Therese unterstreicht er die G l a u b e n s - e r w a r t u n g, die das Maß unseres Empfangens ist: Die erhobenen

Hände wollen zum Ausdruck bringen, wie sehr der betende Mensch sich danach sehnt, dem Herrn zu begegnen, seiner Herrlichkeit und seiner großen Barmherzigkeit.

Den Widerschein von solch übernatürlicher Erfahrung sahen die Israeliten auf dem Antlitz des Mose, als er Gott von Angesicht zu Angesicht begegnet war.

So laßt uns mit dem Psalmisten beten:

*„Mein Leben lang will ich Dir danken*
*und Dir meine Hände im Gebet entgegenstrecken".* (Ps 63,5)

*„Betend strecke ich Dir die Hände entgegen*
*und warte sehnsüchtig auf deine Hilfe,*
*wie ein ausgedürrtes Land auf Regen wartet".* (Ps 143,6)

Und mit Paulus:

*„Ich will, daß die Männer überall beim Gebet ihre Hände in Reinheit*
*erheben, frei von Zorn und Streit".* (1 Tim 2,8)

*„Höre mich, wenn ich zu Dir rufe,*
*wenn ich zu Dir um Hilfe schreie,*
*Dir betend meine Hände entgegenstrecke".* (Ps 28,2)

Gespräch mit dem Herrn

O Herr, Du hast uns durch Dein Vorbild diese Gebetshaltung selber vor Augen gestellt. Hilf uns, daß auch wir bis in die Körperhaltung ganz zu Gebet werden, damit Du Leib, Seele und Geist durchströmen, erfüllen und verwandeln kannst!

Wie die Zeichnungen der Oranten in den Katakomben bezeugen, sind die ersten Christen Dir auch in dieser Gebetshaltung treu nachgefolgt.

Auch Franziskus, dem Du in wunderbarer Weise schenktest, ganz Dein Abbild zu werden, fühlte in Augenblicken des Einklangs mit Dir, wie sich seine Hände im Gebet wie von selbst erhoben.

So laß auch uns dem Ruf dieser Botschaft folgen, und mach uns mehr und mehr bewußt, was im Erheben von Augen und Händen zum Ausdruck kommt: Unsere Sehnsucht, Dein Antlitz zu schauen und uns von Deiner Liebe, Deiner Gnade und Deiner Barmherzigkeit erwärmen zu lassen.

# „Wachet und betet!"

Botschaft vom 18.10.1976

„'Wachet und betet!' So heißt es in der Menschheit. Aber statt dessen schlafen sie ohne Gott weiter und reiben sich allmorgentlich die Augen und verwundern sich nicht über einen weiteren neuen Tag, der ihnen aus L i e b e geschenkt ist.

Aber oft steht ihr Schöpfer vor ihnen und fordert unzählige Male ihre Seele heraus, (d.h. mit jeder guten Anregung. Und wie oft versagen wir uns und Ihm diese kleinen und kleinsten Gelegenheiten zum Gutsein und wundern uns dann, wenn wir nicht weiter kommen, W.K.).

Als der Herr Jünger berief, kam es über sie (d.h. die Begeisterung zum Guten). Aber wenn sie nicht in der Welt mit Eifer an sich geschafft hatten, (d.h.,wenn sie nicht fest blieben und zu leicht erlahmten, weil sie sich jeder A b l e n k u n g überließen, W.K.), reichte der Schöpfer nicht das große Gnadenlicht."

## Meditation

Pater Pios liebevolle Sorge gilt hier allen, die nicht den Blick für den unschätzbaren Wert des Lebens haben, die es verpassen, nach seinem Sinn zu fragen,
– allen, die einen neuen Tag nicht als ein Geschenk sehen und schon gar nicht als eine Chance, dem Schöpfer zu begegnen in seinen unzähligen guten **Anregungen,**
      – durch die „innere Stimme",
      – durch Worte anderer Menschen
      – oder durch Ereignissse,
die für unser Weiterkommen von so großer Bedeutung sind.

Pater Pio will uns die Augen dafür öffnen, daß wir nicht weiterkommen, daß wir den Aufstieg zum Licht, der schon hier auf Erden beginnt, (Fußnote: vgl. Jenseitsbotschaft „Stufen ins Licht") verpassen, wenn wir nicht flexibel bleiben für solche Anregungen des Schöpfers. Auch an anderer Stelle weist er auf die absolute Notwendigkeit hin, auf Seine Impulse zu achten:
**„Der Mensch muß, solange er auf Erden wandelt , immer wieder auf die innere Stimme hören"** (68)

Aus dieser gefährlichen Gedankenlosigkeit will der Pater uns wecken, indem er uns an das Wort des Herrn erinnert:

*„ Wachet und betet!"* (Mt 26,41*)*

Von welch großer Bedeutung ihm das Anliegen dieser Botschaft ist, wird noch deutlicher in einer anderen Botschaft. Dort weist er auf die mit so großer Verantwortung beladene Freiheit hin:

**„Entweder die Herrlichkeit erben oder in Nacht versinken." (1)**

Die große Bedeutung dieser Aussage kann nicht genug bedacht werden. Sie will deutlich machen:

„Wer nicht voranschreitet, fällt zurück"

### „Mit Eifer an sich schaffen"...

Welch verheerende Folgen es für uns haben kann, wenn wir dies nicht bedenken, führt Pater Pio hier in erschütternd realistischer Weise an einem Beispiel vor Augen: Er weist hin auf Menschen, die im Dienst des Herrn erlahmten, ihre „erste Liebe" verloren und so das hohe Ziel verfehlten, das ihnen vom Schöpfer zugedacht war.

Diese Botschaft lädt jeden dazu ein, zurückzudenken an seine erste Begeisterung zum Guten (Niemand ist gut als Gott allein [Lk 18,19]).

– an seine tiefste Begegnung mit Ihm
– ja an „die erste Liebe"

Vielleicht könnten wir da wie die ersten Emmausjünger sagen:
*„ Brannte nicht unser Herz ... als Er mit uns sprach"* (Lk 24,32) ...

Ein Priester regte in einem Bibelgespräch dazu an, in diesem Sinne persönliche Zeugnisse zu geben – und bekannte selber:
„Er hat mich verwundet ...es blutet ...Er ist immer da ... ganz sanft ...
Er wird Wege finden, mich ganz an sich zu ziehen."

-------
1 Siehe Jenseitsbotschaft „Hölle – es gibt sie"

Im BLick auf eine solche Gottesbegegnung können wir nachvollziehen, was er während einer Predigt gesagt hat: „Gottesdienst ist mehr als ein Hobby, das man auch schon mal lassen kann".

Wie schmerzlich dem Herrn ein Erlahmen der Liebe ist, wissen wir aus dem bekannten Bibelwort:

*„Ich kenne deine Werke, deine Mühe und dein Ausharren ...*
*Du hast ausgeharrt und um meines Namens willen Schweres*
*ertragen und bist nicht müde geworden.*
*... Ich werfe dir aber vor, daß du deine erste Liebe verlassen hast.*
*Bedenke, aus welcher Höhe du gefallen bist. Kehr zurück zu*
*deinen ersten Werken! Wenn du nicht umkehrst, werde ich kommen*
*und deinen Leuchter von seiner Stelle wegrücken"*          (Offb 2,1ff).


Offenbar will Er den Leuchter umstoßen, um uns wachzurütteln für unser ewiges Heil.
Ein Liebesakt, weil Er es nicht erträgt, daß wir auf halbem Wege stehen bleiben.
Ein erschütternder Weckruf seiner Sehnsucht, uns zum Feuer Seiner Liebe zurückzuholen.
Er öffnet uns die Augen für den Anfang dieser Botschaft, für die Chance, am nächsten Morgen schon das täglich neue Angebot seiner Liebe zu ergreifen.

Was wurde vielen Jüngern zum Verhängnis?

Die Botschaft gibt uns einen Hinweis. Hier wird deutlich, was der Herr in dem Gleichnis vom Sämann mit den Vögeln des Himmels meinte, die den Samen, der auf den Weg fiel, aufpickten. Es sind die vielen
A b l e n k u n g e n ,
die uns die kostbare Zeit und Kraft rauben wollen, damit wir den Blick auf den Herrn verlieren und das Wichtigste verpassen, das den Sinn unseres Lebens ausmacht:
Täglich zu wachsen in der dienenden Liebe zu Gott und den Menschen (entsprechend den vom Schöpfer geschenkten „Talenten") und auf diese Weise – wie Pater Pio sagt: „Ganz für Christus da zu sein".
In den Jenseitsbotschaften sagt Pater Pio:
„In denen, die vor mir sind, steigerte sich täglich die Sehnsucht<br>nach Gott ..."

## Auf dem Weg zur Wachsamkeit ...

So legt uns Pater Pio für alles, was wir tun, folgendes ans Herz:
„Wappnet euch im voraus durch Gebet!"

Als ihm jemand sagte, daß er gerade beim Beten durch unwichtige Gedanken abgelenkt werde, gab er zur Antwort:
„Hast du immer noch nicht begriffen, daß wir, solange wir
leben, in Versuchungen geraten? Das Leben ist ein Kampf;
es ist sinnlos, sich Illusionen hinzugeben." (1)

Er selber wußte nur zu gut, wie gern der Feind uns gerade beim Beten stört,
aber er wußte auch, was da zu tun ist:
Er hat es uns an anderer Stelle bereits anvertraut: Vor jedem Gespräch mit
dem Herrn bat er den Heiligen Geist, die Mutter Gottes und seinen Schutzengel um ihre mächtige Hilfe (2)

Er erklärt:
„ ... Der Feind schläft nicht. Seien wir deshalb auf der Hut
durch Wachsamkeit und Gebet!
Mit ersterer sichten wir ihn, in letzterem haben wir die Waffe,
um uns zu verteidigen"(3).

Dadurch erinnert er an die Worte der heiligen Schrift:
„Seid nüchtern und wachsam! Euer Widersacher, der Teufel,
geht wie ein brüllender Löwe umher und sucht, wen er verschlingen
kann. Leistet ihm Widerstand in der Kraft des Glaubens!" (1 Petr 5,8)

„Wachet und betet allezeit, damit ihr allem, was geschehen wird,
entrinnen und vor den Menschensohn hintreten könnt"! (Lk 21,36, vgl.
auch 18,1)

------

1 LM 62.
2 vgl. „Welche Fragen werden uns im Jenseits gestellt?"
3 LM, 255.

„Bleibt wach; denn ihr wißt nicht, wann der Menschensohn kommen wird!
Er soll euch, wenn er plötzlich kommt, nicht schlafend antreffen." (Mk 13,35)
Diese Botschaft regt uns an, zu fragen:

**Wie können wir „mit Eifer an uns schaffen?"**

In den folgenden Botschaften zeigt Pater Pio uns den wichtigsten Weg , der dahin führt.
Jedoch zuvor wollen wir das Nachdenken über diese Botschaft in einem Gespräch mit dem Herrn zusammenfassen und vertiefen.


Gespräch mit dem Herrn

Dank sei Dir, Herr! Bevor Du Dich dem unerhörten Mysterium
der Liebe und des Leidens unterzogen hast, legtest Du Deinen
Jüngern dieses notwendige Kampfmittel ans Herz:

*„ Wachet und betet, damit ihr nicht in Versuchung fallet".*
(Mt 26,41)


So erinnere uns, Heiliger Geist, daß wir uns dadurch
„im voraus wappnen" vor allem, was wir tun!

Rege uns an, wachsam zu sein wie der Wächter auf dem Turm,
der von weitem schon den Feind erspäht!

Schenke uns die Unterscheidung der Geister, damit wir ihn
sofort erkennen an seinen beliebtesten Kampfmitteln, mit denen
er sich einschleicht, um unsere Wachsamkeit zu beeinträchtigen:
an den Ablenkungen und an der Trägheit:

Öffne uns weit für Deine „Waffen des Lichtes", dem Wachen und Beten,
damit wir siegreich den alltäglich anstehenden geistlichen Kampf
bestehen und bereit werden, Deinen guten Anregungen zu folgen!

# „Anbetung ist die Krone aller Gebete"

so beginnt die Botschaft vom 28.02.1974.

## Meditation

Seit Urzeiten vollzogen Menschen das, was zutiefst der Kern alles Religiösen ist: Sie fielen nieder und beteten an.
Durch dieses demütige Sich-vor-Gott-Neigen erkannten sie Ihn an als den unendlich vollkommenen Schöpfer und allmächtigen Herrscher über alles Geschaffene, ja über das ganze Universum.

Von den Beispielen, die das Neue Testament uns vor Augen stellt, seien hier folgende genannt:
Während der Himmelfahrt des Herrn „warfen sich die Jünger anbetend vor Ihm nieder und kehrten voll Freude nach Jerusalem zurück" (Lk 24,52).
Sogar von den Heiden hatten wir dies gehört: Die drei Weisen aus dem Morgenland kamen, „fielen nieder und huldigten ihm" (Mt 2,11)

Doch der Herr wollte in Seiner grenzenlosen Liebe den Menschen aller Zeiten dieses Glück der Anbetung in besonderer Weise zugänglich machen. So hatte Er eine über die Maßen liebevolle Idee: Er entschloß sich, in derselben Demut, in der Er statt eines Königspalastes den armen Stall von Betlehem erwählte, für uns herabzusteigen in die kleine Hostie.
So wie Er, der die Welt erschaffen hat, sich in die Hände dieser Welt ausliefern wollte, so wollte Er sich uns in dieser winzigen Scheibe Brot ausliefern ...

**„Seine Liebe und ganze Demut zu erfassen"** versuchte Pater Pio täglich neu (06.03.1971).
So wurde die Anbetung ein Ort tiefster Begegnung mit Ihm. In dieser Botschaft will er sie uns neu entdecken lassen.

Beeindruckende Zeugnisse können uns dabei helfen.
Vielleicht haben wir alle sie schon ähnlich erlebt wie Pater Anselm Grün OSB aus Münsterschwarzach.

Er sagt:
„Anbetung ist die Erfahrung von Geborgenheit, von Heimat.
Wenn wir vor dem Geheimnis Gottes niederfallen, sind wir

wirklich angekommen. Dann sind wir ruhig in unserer Seele.
Dann spüren wir, daß unsere tiefe Sehnsucht erfüllt ist,
daß wir endlich gefunden haben, wovor wir niederfallen können ...

Wenn alles in die Begegnung mit Gott hineingehalten wird,
dann wird alles in uns lebendig, alles wird verwandelt.
Wenn wir uns von Seiner Gegenwart ganz erfüllen lassen, dann
verblassen die Sorgen und Probleme; denn wir fühlen uns
geborgen, daheim". (Anselm GRÜN, Gebet als Begegnung)

Der Schriftsteller Alfons Sarrach läßt uns an einer Erfahrung teilnehmen, die
ihm in der Anbetung zuteil wurde; Es war in Medjugorje, kurz vor der heiligen Kommunion:
    „Ich war im Gebet versunken. Da wurde mir das wohl tiefste Erlebnis
    meines Lebens zuteil.
    Eine große Sehnsucht ergriff mich bis in die Wurzeln des inneren Wesens, die Sehnsucht nach ewiger Anbetung. Gott in Ewigkeit anbeten
    zu dürfen, das wäre – so fühlte ich – die größte aller Gnaden.
    Wie durch einen Schleier schaute die Seele das beglückende göttliche
    Licht. Vielleicht ein Vorgeschmack zukünftiger Seligkeit, kaum zu ertragen! Die Augen des Körpers und der Seele weinten... 'Also ist Anbetung
    Liebe', sang es in mir, 'nichts als Liebe'! (1)"

So tief hinein führen uns die Worte des Einsiedlers Charles de Foucauld,
der von der Anbetung lebte:
    „Ich blicke auf Gott, weil ich Ihn liebe. Gott blickt auf mich,
                            weil Er mich liebt".

Ein Priester sagte es einmal so:
    „Anbetung ist: Das Ineinandertauchen der Augen".

Ganz einfach war die Antwort eines alten Mannes, der gefragt wurde, was
er so stundenlang vor dem Allerheiligsten bete:
    „Ich lege meine Seele in die Sonne".

So wächst in der Anbetung die Liebe zu Ihm. „Und wer den liebt, der die
Liebe ist, der liebt die, die Er liebt" (Klaus Hemmerle)... und trägt sie alle zu
IHM hin.

--------

1 Alfons Sarrach, Der Aufbruch von Medjugorje (Jestetten 1984) 104.

Das erinnert an Mose, der stellvertretend für sein Volk mit erhobenen Händen betete (Ex 17,10). So wird die Anbetung auch zu einer sozialen Tat.

Bruder Karl, der Hirte der Gemeinschaft der Seligpreisungen in Warstein, gab Einblick in eine der wichtigsten Formen des Dienstes seiner Gemeinschaft für die Welt: Die täglich ununterbroche Anbetungskette (24 Stunden lang), in der sie einander ablösen. Er sagte wiederholt mit strahlenden Augen:
„Eucharistische Anbetung ist das Schönste, was es gibt …".

Edith Stein sagt es in einem Gebet:
„Du senkst voll Liebe Deinen Blick in meinen und neigst Dein Ohr zu meinen leisen Worten und füllst mit Frieden tief das Herz".

Je mehr wir so tief in der Anbetung die Wahrheit erkannt haben, daß Gott die Liebe ist, desto mehr erfüllt sich die Sehnsucht des Herrn, die uns in Seinen Worten entgegenleuchtet:
*„Es kommt die Stunde, und sie ist schon da, in der die wahren Anbeter den Vater im Geist und in der Wahrheit anbeten. Solche Anbeter sucht der Vater"* (Joh 4,23).

Was wollen diese Worte uns sagen?

Guardini erklärt uns, warum die tiefe Anbetung ein Akt der Wahrheit ist:

„Anbetung ist die Antwort des H e r z e n s , die auf das Geschaffensein kommt. Doch man hat sie weithin verlernt, ja vergessen. Der Gottesgedanke ist armselig geworden, deshalb ruft er nicht mehr die Anbetung hervor…
Wir können den Tag nicht richtiger beginnen, als wenn wir uns am Morgen sammeln, und so still und tief drinnen, als wir vermögen, den Gedanken denken: Du, Gott, bist wirklich… bist hier… nein, bist überhaupt - ich aber bin vor Dir … bin durch Dich …

Da wird sich ganz von selbst unser Inneres neigen, in einer Weise, die Wahrheit ist und Freiheit und Adel" (1).

-------
1 Romano Guardini, Der Anfang aller Dinge (Würzburg 2 1965) 25

„Davon, ob in unserem Leben die Anbetung ist, hängt irgendwie alles ab. So oft wir anbeten, geschieht etwas; in uns selbst und um uns her. Die Dinge werden richtig. Wir kommen in die Wahrheit. Der Blick schärft sich. So manches, was uns bedrückte, löst sich. Wir unterscheiden besser zwischen Wichtig und Unwichtig, zwischen Zweck und Mittel, Ziel und Weg. Wir sehen klarer, was gut und was böse ist." (2)

Der Konvertit, Pater Michael Marsch, OP, Priester und Psychotherapeut, nennt die Euraristische Anbetung „ein grundlegendes Element christlichen Lebens, das ihm vorher gefehlt hatte", und er stellt fest: „Sie löste bei mir selbst und auch bei den Patienten gordische Knoten, die keine Psychotherapie zu lösen vermochte".

„ ... auf die Dauer ging für mich von der Eucharistischen Anbetung die Erfahrung der Zärtlichkeit Gottes aus"(3).

Dr. med. Wolfhart Margies (Internist) sagt (wie viele andere):

## „In der Anbetung werden wir g e h e i l t ".

Mutter Teresa, die Missionarin der Nächstenliebe, wurde von einem Seelsorger gefragt, was sie als grundlegende Wegweisung für Christen mitgeben könnte.Sie sagte:
„Jeden Tag eine Stunde Anbetung, und alles andere ergibt sich von selbst".

**Wie aber können wir in die Anbetung, „die Krone aller Gebete", finden?**

Gespräch mit dem Herrn

Welch Geheimnis! Wir verstummen vor Deiner Allmacht und Zärtlichkeit, o Herr! Was hat Dich bewogen, dieses Wunder der Liebe zu wirken? So tief neigst Du Dich herab, weil Du uns nahe sein willst in der kleinen Scheibe Brot, unserer Zuflucht, bis Du wiederkommst in Herrlichkeit! Je mehr wir Deine unfaßbare Größe und Heiligkeit anbeten und verehren, desto mehr erkennen wir unsere Armut, unsere Fehler, unser Unvermögen, Dir angemessen zu begegnen.

-------
2 Ders., Die Anbetung
3 Michael Marsch, Gottes Wege. Heilung durch den Glauben (Köln 1994) 78.

Haben wir noch die Ehrfurcht des Mose, der seine Schuhe auszog,
wenn er Deinen heiligen Boden betrat? Haben wir sogar das Knien
verlernt? Warum gibt es schon einige Kirchen ohne Kniebänke?
Aber all unser Versagen hast Du vorausgeschaut.
Du sandtest uns den größten aller Helfer, den Heiligen Geist,
der uns tief in die Anbetung führt, wenn wir uns Ihm ganz öffnen.
In solchem Vertrauen bitten wir Ihn:
Laß in uns wachsen das Brennen Deiner Liebe, die uns drängt,
mit Lobpreis und Dank zu beginnen,
– mit dem Lobpreis Deiner Herrlichkeit in der Schöpfung
und der Erlösung
– mit dem Dank für all Deine Geschenke,
besonders für die Vergebung –:
Ja, sogar für das Leid, weil Du daraus einen Segen machen willst,
wenn wir es ganz in Deine Hände legen!

O Herr, Du selbst lädst uns ein, zu Dir zu kommen und voll Vertrauen
mit Dir zu sprechen wie mit dem besten Freund, vor dem wir alles
ausbreiten können, was uns bedrängt.
Du hast ja gesagt:
„Kommet alle zu mir, die ihr mühselig und beladen seid.
Ich will euch Ruhe verschaffen".

Wenn wir trotz vieler Widerstände diesem Ruf gefolgt sind,
durften wir erfahren, wie Deine liebende
und heilende Gegenwart unser Herz erwärmt.
Ganz behutsam führst Du uns ein in das Geheimnis Deiner göttlichen
Liebe und läßt uns erahnen, daß Du sie in uns ganz tief hineingelegt
hast – wie einen Quell, der nie ganz versiegen kann ...

So verwandelst Du unsere Augen, damit wir
– die Konflikte in einem anderen Licht sehen und unsere verletzten
Gefühle von Dir in Frage stellen lassen.

Ja, in Deiner Gegenwart werden wir neue Menschen ...

– Ähnlich wie es der Frau am Jakobsbrunnen erging,
als Du Dich ihr zu erkennen gabst.
– Und wie es der rechte Schächer am Kreuz erfuhr,
der durch Deine Nähe die Gnade der Reue und des Vertrauens bekam.
– Und wie es die Büßerin Maria Magdalena erlebte, die –
überwältigt von Deiner liebevollen Ausstrahlung –
ein ganz anderer Mensch wurde, sodaß sie mit allen Fasern
ihres Herzens Dir nachfolgte – bis zum leeren Grab.
Wie überrascht war sie, als Du ihr plötzlich gegenüber standst!
Und wie tief erfüllt von liebender Anbetung war das eine Wort,
das sie nur stammelnd und staunend hervorbrachte, „Rabbuni" (Meister)!

Lauschen wir nun dem „schlichten Gebet" des Priors von Taizé, Roger
Schutz, dessen Worte tiefer Erfahrung uns allen wohl aus der Seele sprechen:

„Geist des Auferstandenen Christus.
Du weißt, wie wenig menschliche Sprache auszudrücken vermag,
was in unserer Tiefe geschieht.
Doch Du bist es,
der bei unserem schlichten Gebet
zu uns spricht.
Du sprichst zu uns,
und in Deiner Gegenwart
bricht das Morgenrot
eines Vertrauens an." (1)

Pater Pio sagt uns im Folgenden, wie er selbst (trotz mancher Bedrängnis,
die auf ihm lastete) den Weg fand und wer ihm dabei half.

-------

1 Roger Schutz, Aus dem Innern leben. Gebete aus Taizé.

In der Schule des großen Beters

Der erste Satz verrät uns solche Bedrängnis und eine Erkenntnis...

„Jammern vor Gott ist oft die beste Musik für den Feind der Seele,
weil er feststellt: innerlich kam die betende Seele ja doch nicht zur
R u h e .
Also war meines Erdenlebens (Gebets-)Stundenplan in Stufen:
– Bitte (um den Heiligen Geist und um den Beistand der
  Gottesmutter und des Schutzengels) (1)

– (Pflicht-)Gebet (Chorgebet und Breviergebet: Psalmen,
  Schriftlesung etc.)

– Fürbitte, (Beten in allerlei Anliegen, Flehen, ringende
  Gebetskämpfe)

– Danken und Loben."

Zu Anfang erinnert er daran, wie er selbst zeit seines Lebens das Zwiegespräch mit dem Herrn b e g o n n e n  hat:

Mit der
                              B i t t e

– zum Heiligen Geist, er möge den Verstand erleuchten und sein  Herz
  entflammen
– zur seligen Jungfrau Maria, daß sie ihn durch ihre Fürbitte auf  dem Weg
  der Nachfolge unterstütze
– zu seinem Schutzengel, er möge ihm dabei helfen, sich ganz auf  Christus auszurichten, ganz für Ihn da zu sein.

„Sich ganz auf Christus ausrichten", das bedeutete für Pater Pio auch: Treue
in der

--------

1 Vgl. Pater Pios „Meditation über die göttliche Agonie".

Pflicht-

erfüllung im Brevier- und Chorgebet. So war er stets der erste, der den Chorraum zu den gemeinsamen Gebeten betrat und der letzte, der ihn wieder verließ. Er sagte einmal, man liebe Gott, indem man seine Pflicht tut (vgl.LM 114f).

Allen, die bei dem Wort "Pflichtgebet" einen negativen Beigeschmack verspüren, sagt Pater Pio am 16.2.1974 ein einfühlsames, tröstliches Wort. Zugleich aber eröffnet er ihnen eine neue Perspektive, die das Wort "Pflicht" in ein anderes Licht taucht:

**„Nichts ist so schwer wie ein wirklich planmäßiges Gebetsleben zu führen.**

**Wer immer seinen Glaubensweg ging, atmet jedoch H i m m e l s l u f t a u c h i m A l t e r. Wer nicht auf Erden betet, ist auch kein Gott-Suchender und ist innerlich arm, obwohl der Herr ihm einen g r o ß e n R e i c h t u m bereithalten würde."**

Motivieren uns diese Worte nicht, einmal noch tiefer in seinen "Gebets-**Stundenplan"** hineinzuschauen?

Etwas von diesem R e i c h t u m , den der Herr ihm im Gebet schenkte, bringt er mit folgenden Worten zum Ausdruck:
**„Selig, wer das Licht weiterleiten kann ..."** (B.v.11.08.1973)

Er tat es in überaus reichem Maße in der persönlichen
F ü r b i t t e.

Denn je mehr der Mensch mit Gottes Geist in Berührung kommt, desto mehr will Er ihn hineinziehen in Sein barmherziges Sich-Neigen zu unseren Schwestern und Brüdern.

An anderer Stelle beschreibt Pater Pio näher, wie wir solche Fürbitte halten sollen:
**„Fleht auf sie das Werk des Heiligen Geistes herab!"** (20.7.1974)

(Wie der Heilige Geist an den Menschen arbeitet, enthüllt Pater Pio in der Botschaft vom 20.1.1973: Fehler, Schwächen und Unterlassungen deckt Er auf und will ausräumen, was hinderlich ist. Vgl. auch die Jenseits-botschaften: Sobald die Jenseitigen erkennen, was falsch war, geht es bergauf.)

Wie beeindruckend ist das Vorbild Pater Pios, dessen f l e h e n t l i c h e s Eintreten für die Bekehrung großer Sünder, die Heilung so vieler Kranker, die Rettung seiner Feinde und all die persönlich ihm aufgetragenen Anliegen ihn oft in harte **r i n g e n d e   G e b e t s k ä m p f e** führten, die seine Kräfte bis zum äußersten forderten; denn je näher wir dem Herrn mit unseren Anliegen sind, desto größer ist zugleich das Interesse der dunklen Mächte, solch enge Gemeinschaft mit Ihm zu verhindern.

Wie können wir uns einen solchen „ringenden Gebetskampf" Pater Pios vorstellen?
Folgende Botschaft (28.6.1975) gibt uns eine Ahnung davon:

> **„Ich ließ im Erdenleben auf Anraten hoher Geister alles**
> **liegen und beugte meine Knie und rief zu Gott.**
> **Alsdann geschah die Übergabe an Ihn.**
> **Ich blieb so lange auf den Knien, bis ich Gottes Nähe verspürte.**
> **Ich verspürte auch mehr und mehr meines Daseins Erneuerung.**
> **Und so vermochte ich Gott vor meinen Feinden beim Wort zu nehmen.**
> **Er gab Zeichen, die auch sie erneut in die Knie zwangen.**
> **Und meine Hilfe ist ihnen heute zuteil geworden".**

Erspüren wir etwas von dem, was in einem solchen Gebetskampf in Pater Pio vor sich ging:

Im Gebet erhält er von hohen Engeln den Rat, alles loszulassen, um sich ganz auf Gott konzentrieren zu können in der Sehnsucht, daß Er sich ihm erschließe ....

Und so betete er bis zur **G a n z h i n g a b e** an Ihn.

Handelte es sich hier um einen ähnlichen Kampf wie bei Jakob, der trotz heftiger Schmerzen in seiner ausgerenkten Hüfte nicht locker ließ, bis ihm gewährt wurde, was er wollte: der Segen Gottes, nach dem es ihn so sehr verlangte. Ja noch mehr: er durfte Gott persönlich begegnen (vgl. Gen 32,32ff).

So wurde auch Pater Pio gestärkt und belebt durch die Erfahrung der Gegenwart Gottes, die „sein Dasein mehr und mehr erneuerte".

Dies gab ihm die Kraft, „Gott beim Wort zu nehmen", d. h. fest darauf zu vertrauen, daß Er Sein Versprechen erfüllt, wenn Er sagt:

*„Um was ihr in meinem Namen bitten werdet, das werde ich tun,*
*damit der Vater im Sohne verherrlicht werde".*
(Joh 14,13)

Die Antwort Gottes auf sein großes Vertrauen war entsprechend:Er verherrlichte sich, indem Er W u n d e r z e i c h e n  wirkte, „die auch seine Feinde in die Knie zwangen".

Zu solcher **B e h a r r l i c h k e i t  in Gebetskämpfen** fordert uns Jesus selbst in folgenden Gleichnissen auf.

Er stellt uns eine Witwe vor Augen, der Unrecht geschah.
Sie belästigt den Richter schließlich so lange, bis er ihr zum
Recht verhilft (Lk 18,1-8).

Und Er versetzt uns in eine nächtliche Szene in der
Schlafkammer einer Familie.
Alle schlummern bereits tief in einem einzigen Bett.
Da klopft ein Nachbar an die Tür und bittet laut
um ein paar Brote für seine unerwarteten Gäste.
Aber der Vater weigert sich aufzustehen,
damit seine Kinder nicht wach werden.
Dennoch klopft der Nachbar beharrlich weiter,
bis er erhält, worum er gebeten hatte.

Durch solche Gleichnisse mahnt Er uns, mehr Zeit einzusetzen und durchzuhalten im Beten, ja, wie Lukas überliefert, „allzeit zu beten und nicht müde zu werden" (Lk 18,1).

Offenbar war Er zutiefst beeinduckt durch das unbeirrbare Kämpfen der kanaanäischen Frau, die Ihn bat, ihre Tochter zu heilen und sich durch nichts davon abbringen ließ.
So hörte sie ihn sagen: *„'Frau, dein Glaube ist groß. Dir geschehe nach deinem Verlangen'. Und von jener Stunde an war ihre Tochter geheilt."* (Mt 15,28).

Hier haben wir schon eine Antwort Jesu auf die Frage, die sich immer wieder neu bei uns einschleicht:
**WIE KOMMEN WIR DER ERHÖRUNG NÄHER?**

# WIE FINDEN WIR ZU SOLCHEM VERTRAUEN?

## Pater Pio führt uns zu tieferem Vertrauen

Er enthüllt uns am 28.12.1974, welche Erkenntnisse sein Vertrauen zu stärken vermochten:
„Gar oft konnte ich in Drangsal kaum glauben, daß Gott mich lieb haben könnte. Dabei sah ich vieles an mir, was mir selber nicht gefiel; aber: Ich erkannte gar bald, daß Er mir zur Verfügung stand.

**Und was Er aus den Seinen in der Herrlichkeit macht! Ja, aus dem Minderwertigen macht er das Kostbarste: Zu einem Königtum vermag Er den Erlösten zu erheben, um durch Ihn und mit Ihm in Ewigkeit zu herrschen.**

**So ist für den Glaubenden ein jeder Dienst, den er als in Gottes Geist Geführter tut, ein königlicher Dienst".**

Mitten in innerer Not öffnen sich plötzlich Pater Pio wieder neu die Augen für das unfaßbare Geschenk:
Der große, über alles erhabene Gott ist uns ständig zugewandt, – ja mehr noch: Seine Sehnsucht ist es, daß w i r uns Ihm mit all unserer Armseligkeit zuwenden.

Durch das Wort:
> **„Aus dem Minderwertigen macht Er das Kostbarste"**

will er unseren Blick darauf lenken, wie sehr Gott in Seiner Allmacht v e r w a n d e l n kann und daß Er es tun möchte, in Seiner großen Liebe, um uns in Ewigkeit zu Seinen Mitarbeitern zu machen (vgl. „Wer durchhält ..., wird mit mir auf dem Thron sitzen" (Offb 3,21).

Offenbar will Pater Pio uns etwas nahebringen, was unser Leben verändern kann. Er will uns ermutigen, daß wir uns mitten in dunklen Stunden durchringen, auf das alles überstrahlende Ziel zu schauen: Durch wenige, aber verheißungsvolle Worte deutet er es uns an anderer Stelle an:
> **„Unfaßbar ist, daß Gott für die Seinen ein solch hohes Erbteil bereithält"**

(Botschaft v. 6.11.1971)

Das erinnert an das Wort des heiligen Paulus:
*„Ich glaube, daß die Leiden der gegenwärtigen Zeit in keinem Verhältnis stehen zu der Herrlichkeit, die an uns offenbar werden soll."*
(Röm 8,18)

Durch diese Erkenntnisse wuchs in Pater Pio ein so starkes Vertrauen, daß er selbst mitten in Drangsal nicht „vor Gott jammerte", sondern Ruhe bewahrte und sich sogar zu dem befreienden "königlichen Dienst" durchringen konnte, der zum eigentlichen Sinn unseres Lebens gehört.Dahin führt die folgende Botschaft:

### Die bahnbrechende Macht des Lobpreises

Die überraschende Erfahrung, die er dabei machte, übergibt er uns am 08.09.1972 in Hinweisen, die unseren Gesichtskreis in ungeahnter Weise erweitern:

**„Auch ich habe eine Welle des Undankes,**
**(der Verständnislosigkeit) erlebt.**
**Aber ich lobte und dankte Gott umso stärker. So sage ich auch dir:**

**Lobe und danke auch du Gott für alles, was du erfahren darfst für dich**
**und die Welt! Rühme Ihn, auf daß Er dir immer mehr W e i s h e i t**
**gebe und die Kraft, diese zu empfangen.**

**Und immer sollt ihr bedenken, daß mit jedem neuen Lobpreisen**
**und Anbeten Gottes eine stets n e u e W e i h e verbunden ist.**

**Vergesset das Alte, was euch oft traurig stimmt!**
**Und sooft es euch in den Sinn kommt,**
**sagt Gott ein Lob um des T r o s t e s willen, der darauf folgt.**

**Halte dich planmäßig am Beten und vereine es mit deinem Dank.**
**Zwischen dir und Gott laß offene Fenster.**
**So dringt dein Gebet hindurch nach oben,**
**wo Jesus weilt, dem Weisheit und Macht gehören.**

**Rühmet Ihn, und Gott wird euch halten und zu euch stehen,**
**bis ihr Ihn schaut in Herrlichkeit."**

## Kommentar des Sehers

„Die Grundbedingung, wenn ich mit Gott ins Gespräch kommen will, ist das Danken, eine wahre Form der Liebe. Das Verlangen nach dankbarem Lobpreis Gottes muß ein Bedürfnis sein wie das Essen und Trinken zum täglichen Leben."

## Meditation

Diese Botschaft weist uns darauf hin, daß im Lobpreis ein K r a f t - p o t i e n t i a l verborgen ist, das es immer mehr zu entdecken gilt.

Pater Pio will uns durch seine eigene Erfahrung etwas neu entdecken lassen:
Wo der Mensch Gottes Herrlichkeit lobt und preist und rühmt und Ihm dankt für all Sein wunderbares Wirken, dort erfährt er ganz konkret Seine spürbare Hilfe.
Ein plastisches Beispiel kann uns veranschaulichen, in welch biblische Gesellschaft wir uns begeben, wenn wir dies tun.

### Wie überwältigend ist Gottes Antwort...

Als Paulus und Silas um Seines Namens willen im Kerker saßen, in Ketten gelegt, mit Wunden bedeckt, folgten sie der Eingebung, Ihm L o b l i e - d e r zu singen, weil sie gewürdigt wurden, für Ihn Verfolgung zu leiden. Was dann geschah, lassen wir Lukas mit eigenen Worten berichten:

*„Um Mitternacht beteten Paulus und Silas und sangen Lob-*
*lieder; und die Gefangenen hörten ihnen zu. Plötzlich be-*
*gann ein gewaltiges Erdbeben, so daß die Grundmauern des*
*Gefängnisses wankten. Mit einem Schlag sprangen die Türen*
*auf, und allen fielen die Fesseln ab. Als der Gefängnis-*
*wärter aufwachte und alle Türen des Gefängnisses offen*
*sah, zog er sein Schwert, um sich zu töten; denn er meinte,*
*die Gefangenen seien entflohen.*
*Da rief Paulus laut: „Tu Dir nichts an! Wir sind alle noch da'.*
*Jener rief nach Licht, stürzte hinein und fiel Paulus und*
*Silas zitternd zu Füßen. Er führte sie hinaus und sagte:*
*'Ihr Herren, was muß ich tun, um gerettet zu werden?' Sie*
*antworteten: 'Nimm Jesus als deinen Herrn an und vertraue*
*ihm, antworteten sie. 'Dann wirst du gerettet und deine*
*Angehörigen mit dir'.*

*Und sie verkündeten ihm und allen in seinem Haus das Wort
Gottes. Er nahm sie in jener Nachtstunde bei sich auf,
wusch ihre Striemen und ließ sich sogleich mit allen Angehörigen taufen. Dann führte er sie in seine Wohnung
hinauf, ließ ihnen den Tisch decken und war mit seinem
ganzen Haus voll Freude, weil er zum Glauben an Gott gekommen war"* (Apg 16,25-34)

Staunend erkennen wir hier: Gott greift in Seiner Allmacht und Liebe besonders dort ein, wo wir – auch in der schlimmsten Notlage – voll Vertrauen
Seine Herrlichkeit preisen, die all unser menschliches Erwarten übersteigt.

Das ermutigt uns auch zu glauben: Je mehr wir dies tun, desto weniger
fallen wir der Entmutigungstaktik des Bösen zum Opfer, wie wir es hier an
Pater Pio gesehen haben.

Ja, Er wird uns zur „Zuflucht, zum starken Helfer, zur Burg auf steiler Höhe",
die kein Feind mehr bezwingen kann, in dem Maße, wie wir Sein wunder-
bares Wirken in unserem Leben erkennen und rühmen.
Wie sehr der liebende Lobpreis zum Sinn unseres Lebens gehört, macht
Paulus wiederholt deutlich:
– *„Wir sollen ein lebendiger Lobpreis Seiner Herrlichkeit werden"*
  (Eph 1,14).

– *„Euer ganzes Leben soll ein einziger Dank sein"* (Kol 3,17).

– *„Dankt Gott in jeder Lebenslage. Das erwartet Gott von denen,
  die mit Jesus Christus verbunden sind"* (1 Thess 5,18).


Jedes dankbare Lobpreisen ist
### die liebende Antwort des Geschöpfes
auf die Liebe Gottes, der wir alles verdanken. Diese „Gegenliebe" des
Geschöpfes, die Gott ersehnt, bringen viele Psalmen zum Ausdruck, z.B.
Psalm 18,2:
> *„Ich liebe Dich, Herr, denn durch Dich bin ich stark!"*
> *Du mein Fels, meine Burg, mein Retter; Du mein Gott,
> meine sichere Zuflucht, mein Beschützer; mein starker Helfer,
> meine Festung auf steiler Höhe! Wenn ich zu Dir um Hilfe
> rufe, dann rettest Du mich vor den Feinden. Ich preise Dich, Herr"!*

Immer wenn der Mensch in diesem Geiste Gott lobt und ihm dankt, wird ihm Seine Macht und Sein wunderbares Wirken in unserem Leben b e - w u ß t ... und das Unfaßbare geschieht ... Auch hier gilt, was Jesus selbst uns mit den Worten sagt:

*„Wer mich liebt, ... den wird mein Vater lieben und wir*
*werden kommen und Wohnung bei ihm nehmen"* (Joh 14,23)

Pater Pio deutet in der Botschaft an, wie diese Antwort Gottes (auf die Liebe, die Ihm im Lobpreis entgegenströmt) spürbar wird:

**„Immer sollt ihr bedenken, daß mit jedem neuen Lobpreisen**
**und Anbeten Gottes eine stets n e u e W e i h e verbunden ist".**

Was geschiet, wenn ich mich für den Lobpreis öffne?
Was meint Pater Pio mit „Neue Weihe"?

Offenbar will er zum Ausdruck bringen, daß jeder, der Gott lobend und preisend anbetet, darin immer wieder eine Quelle der E r n e u e r u n g erfährt: Wir werden je neu eingeschaltet in den Stromkreis der göttlichen Liebe, eingetaucht in die heilende Schwingung des göttlichen Geistes.

Unterlassen wir es aber, Ihm das „Opfer des Lobes" zu bringen, so laufen wir Gefahr, in den Stromkreis der Gegenseite hineingezogen zu werden (z.B. wenn wir dunkle, entmutigende Gedanken nicht abweisen, sondern „pflegen", oder wenn wir in Bedrängnis uns das Vertrauen auf Gottes Nähe und Seine treue Hilfe abjagen lassen).
Ja, dann verzichten wir auf etwas Kostbares:
Je mehr ich mich für den Lobpreis öffne, desto mehr lasse ich mich von Gott berühren. So geschieht
**Verwandlung.**

Ich bekomme neue Augen. Augen der Liebe, des Vertrauens.
Das Gefühl der Ausweglosigkeit weicht neuer Hoffnung.
Der Glaube, von Gott geliebt zu sein, wächst, der Glaube an Seine Allmacht und Barmherzigkeit. Dies weitet mir das Herz und öffnet mich für meine Mitmenschen, die Hilfe brauchen. Es fördert in mir die Bereitschaft zu Versöhnung und Vergebung.
Dies alles erfahren wir wie eine Salbung mit göttlichem Licht, wie eine „Weihe":
Durch Lobpreis strömt neue Kraft, neuer Friede in mein Leben. Ich werde aufmerksamer für Gottes Wirken im Alltag. Und die Freude an Seiner täg-

lich spürbaren Hilfe gibt neue Zuversicht und trägt mich auch durch Schwierigkeiten hindurch.

Ja, in dieser Weise durch Lobpreis verwandelt, bin ich wie von einem Lichtmantel umgeben, in den die Pfeile des Bösen nicht so schnell eindringen können. Dies wird leicht verständlich, wenn wir bedenken, was Pater Pio an anderer Stelle verrät:

Durch ihn wissen wir, daß die Engel uns in dem Maße mit Zuneigung umgeben, wie wir dem Herrn gegenüber unsere Dankbarkeit und Liebe zum Ausdruck bringen.
Es ist das Licht des Heiligen Geistes, das sie weiterleiten,

### Das Licht des Trösters

Daher rät Pater Pio uns, auch dunklen Erinnerungen nicht nachzugehen, sie nicht zu uns sprechen zu lassen, sondern zu der heilenden Medizin zu greifen:
> **„Sooft es euch von neuem in den Sinn kommt (das, was traurig stimmt), sagt Gott ein Lob um des Trostes willen, der darauf folgt".**

Immer wenn wir dies tun, gießt der Tröster, der heilige Geist, Öl in unsere inneren Wunden: Er gibt uns neue, wegweisende, aufbauende Gedanken ein, die uns an all das erinnern, was der Herr selbst uns gesagt hat.

Pater Pio faßt solche Inspirationen zusammen mit dem Wort „W e i s - h e i t ". Er sagt:
> **„Rühme Ihn, auf daß er dir immer Weisheit gebe und die Kraft, diese zu empfangen."**

### Was ist Weisheit?

Aus der Sicht des Alten Testamentes ist es „die Kunst, das Leben gelingen zu machen".

Die Autoren des Buches der Weisheit gaben in diesem Sinne Ratschläge, die ihre Leser in diese Kunst einführen sollten.

Die V o l l e n d u n g solcher Weisheitslehren bringt Jesus.

Das Matthäus-Evangelium nennt Ihn „weiser als Salomo" (Mt 12,42); denn „Er richtet Seine Weisheitslehren nicht nur auf das Gelingen des irdischen Lebens, sondern auf das Heil, darauf, daß wir das Himmelreich erlangen" (Ludwig-Maria Grignion de Montfort, die Liebe zur ewigen Weisheit, zit. nach Stefano DE FIORES, Auf einer Wellenlänge mit Maria (Kevelaer 988)S.60.)

Ein Beispiel für solche Weisheit finden wir in der Botschaft, die uns helfen will, den Sinn des Leidens zu erschließen (29.09.1973):
**„Sei stets weise und erkenne es auch in Prüfungen:**
**DesMenschen Weg führt nur aufwärts durch das Leid ...".**

Und er weist uns auf die Bedeutung solcher Weisheit hin:
**„Denk daran, daß Weisheit und Macht eins sind vor dem Herrn, davon er euch gibt ..."**

Der Seher sagt: „Diese Macht haben wir immer, wenn Gott uns im Rücken steht", d.h. wenn wir in Bedrängnis uns nicht durch Gedanken und Worte in den Stromkreis der dunklen Mächte hineinziehen lassen, sondern uns durchringen zum Lobpreis der göttlichen Liebe.
Wie kann das gelingen? Pater Pios Beispiel zeigt es uns.


Gebet

O Herr, wir danken Dir für den Hinweis auf diesen „S e n k r e c h t s t a r - t e r ", durch den Du am ehesten erreichbar bist!
Denn Du wohnst in den Lobgesängen Deines Volkes (Ps 22,4). Mit der Liturgie beten wir:
„Du bedarfst nicht unseres Lobes, es ist ein Geschenk Deiner Gnade,
daß wir Dir danken.
Unser Lobpreis kann Deine Größe nicht mehren, doch uns bringt er
Segen und Heil".

Du weißt, wie wenig es uns in den Sinn kommt, auch in Not und Bedrängnis Dich zu loben zu preisen, so wie Pater Pio es tat.Und so wie Du – durch die Loblieder von Paulus und Silas bewegt – die Mauern des Gefängnisses einstürzen ließest, so gib auch uns die Kraft, fest zu vertrauen, daß Du durch unseren Lobpreis in schweren Nöten die Mauern der Angst und Bedrängnis durchbrichst und die Mächte des Bösen besiegst!

# Wichtige Voraussetzungen für vollmächtiges Gebet

Botschaft vom 7.04.7193

Da es Pater Pio ein großes Anliegen ist, daß wir die rettende Macht des Lobpreises erkennen, beleuchtet er es in der folgenden Botschaft noch einmal von einer anderen Seite. Darüber hinaus macht er uns die wichtigste Voraussetzung für vollmächtiges Beten deutlich:

„Carissime! Achte stets darauf, daß Dein und der Deinigen Beten weit mehr ist als ein Bitten! Es ist ein Schwert mit großer Schärfe, so es ohne Zweifel gesprochen. Es ist die Ausübung eines Rechtes an den helfenden Gott.

Dann ist das Gebet in der Lage, alles Leben zwischen beiden Welten zusammenzuhalten. Niemals darf diese Verbindungslinie unterbrochen werden."

## Kommentar des Sehers

Zum Bitten gehört das Loben und Danken. Und das, wofür ich Ihm zu danken habe, müßte genannt werden.

Das Wort Jesu: „Bittet und ihr werdet empfangen!" (Mt 7,7) gibt uns das Recht auf das Gebet und auf die Hilfe Gottes.
Ich muß aber in jeder Hinsicht beim Beten die Demut üben. Vgl. Lk 18,13: „Der Zöllner schlug sich an die Brust und sagte: 'Gott, hab Erbarmen mit mir, ich bin ein sündiger Mensch!'"

Der Zweifel ,ob ein Gebet ankommt oder nicht, vernichtet die Wirkung des Gebetes. Ein richtig gesprochenes Gebet kommt i m m e r an.
Wenn jemand mit allem Ernst um etwas bittet, um Schutz für jemand oder Hilfe, dann ist kein Zweifel mehr da, dann ist es ein richtiges Anklammern an den helfenden Gott.

## Meditation

Schritte zum Vertrauen in Fülle:

**Wie können wir feststellen, ob unser V e r t r a u e n groß genug ist?**

Paulus gibt uns einen Prüfstein:
*„Bittet um alles, was ihr braucht! Vergeßt dabei nicht den D a n k !"*
(Phil 4,6)

Wie aber könnte ich sofort für die Erhörung meiner Bitte **danken**, wenn ich nicht fest davon überzeugt bin,
– daß der Allmächtige mir „zur Verfügung steht",
– daß der liebende Vater „aus dem Minderwertigen das Kostbarste machen" kann,
– daß Gott die Erhörung meiner Bitte auf Seine Weise in Weisheit und vorausschauender Vaterliebe schenkt.

Jesus selbst ermuntert uns dazu mit folgenden Worten:
*„Alles, worum ihr betet und bittet, glaubt, daß ihr es schon empfangen habt, und es wird euch zuteil!"* (Mk 11,24).

Um das Wort Jesu ganz zu verwirklichen, ist es hilfreich, sich das Erbetene, z.B. eine Heilung, gleich plastisch vorzustellen (nach Agnes Sanford, Heilendes Licht).

Prof. Zapf weist darauf hin, daß die Menschen dazu berufen sind, einmal Mitarbeiter Gottes zu werden durch ihre V o r s t e l l u n g s k r a f t.

Da stellt sich die Frage: Wie läßt sich dies vereinbaren mit der Vater-unser-Bitte: „Dein Wille geschehe, wie im Himmel, so auf Erden"?

Sind wir nicht oft geneigt, uns in unseren Vorstellungen von Versuchungen leiten zu lassen, die unser Herz bewußt oder unbewußt binden wollen an Ruhm, Macht, Reichtum, Leidenschaften etc., so daß unser Gebet von solchen Anliegen bestimmt wird?

Die Bibel sagt uns schonungslos die Wahrheit:
*„Ihr habt nichts, weil ihr in der falschen Gesinnung bittet"* (Jak 4,3).

Sehr einfühlsam greift Pater Pio dieses Problem in der Botschaft vom 16.2.74 auf:

„Entmutigend ist es für den Beter, wenn das Echo aus der oberen Welt ausbleibt.
Das Ergebnis eines f a l s c h e n Betens ist recht betrüblich:
Beten und doch nicht erhört werden – weil der Beweggrund falsch war.

O sage es diesen Betrübten, damit sie keine Anklage murrend gegen Gott erheben!"

## Kommentar des Sehers

„Auch nach Gebet aus rechtem Beweggrund hat man oft nicht das Gespür, erhört worden zu sein. Und dennoch ist Erhörung geschehen! Der Mensch ist nur oft nicht in der Lage, die Erhörung zu verstehen und zu erfassen.

So berichteten z.B. Lourdesfahrer, daß nicht ihre Lähmung, wohl aber die Seele geheilt worden sei."

## Meditation

Pater Pios Einblick in die Heilsökonomie Gottes vermag unseren Blick erheblich zu weiten und mit dem Walten Gottes zu versöhnen, wenn unser Gebet nicht so erhört wird,wie wir es erhofften.

Er wußte z.B., warum in manchen Fällen das Gebet um Heilung scheinbar nicht erhört wurde. Dadurch wird uns offenbar, daß Gott für jeden das Beste plant und fügt.
Stellvertetend für solche Fälle sei hier ein Beispiel genannt (vgl. Kapitel „Sinn des Leidens"):
Ein Epileptiker wartete vergeblich darauf, daß sein Gebet um Heilung erhört würde, ... bis ihm Pater Pio eröffnete, daß es eine Gnade sei, wenn ihm die Heilung nicht gewährt würde, denn er sehe voraus, daß er die Welt zu sehr lieben und dadurch auf Abwege geraten würde, so daß seine Seele verloren ginge. Da erkannte der Mann die Größe Gottes, die sein Gebet anders erhört hatte: Er bekam die Kraft, seine Krankheit anzunehmen und tapfer zu ertragen.

Gebet

O Herr,
wie können wir
in unserer Begrenztheit wissen,
ob die **Beweggründe** unseres Betens
"falsch" oder "richtig" sind?
Du willst uns das "Leben in Fülle" (Joh 10,10).
schenken.

Hilf uns,
blindlings
Deiner weitschauenden Vaterliebe
zu vertrauen!
... so sehr,
daß wir in keinem Bittgebet
das entscheidend wichtige Wort vergessen,
das Du uns durch Dein Beispiel am Ölberg lehrtest:

*„Nicht mein Wille geschehe, sondern der Deine"* (Mt 26,39).

Oder daß wir aus demselben Geist so beten, (wie Pater Zapf es in einem wichtigen Anliegen) tat:

„Herr,
fördere es,
wenn es sein soll,
und hindere es,
wenn es nicht sein soll".

Oft schenkst Du uns  G r ö ß e r e s,
als wir erbitten;
denn Du allein erkennst
unsere tiefsten Bedürfnisse.
So heiltest Du bei dem Gelähmten
zuerst die innere Lähmung
– dann die äußere ...
Wie treffend und kurz
drückt Bischof Hemmerle diese Erkenntnis aus:

„Herr,
gib uns das,
worum wir bitten, oder m e h r !"


Im letzten Teil der Botschaft weist uns Pater Pio darauf hin, daß unser vertrauensvolles Gebet „alles Leben zwischen beiden Welten zusammenhalten" kann.

Der Seher sagt:
„Haben wir liebe Menschen drüben in der anderen Welt, dann schaffen wir durch das Gebet eine „Verbindung zwischen beiden Welten, und das Gebet, (also die Verbindung mit dem Herrn), ist die Brücke".
Neben unserer Arbeit soll unser Gedankengang immer auf Gott hin gerichtet sein, und alles, was wir tun, sollen wir in Bezug setzen auf Ihn.

Pater Pio schließt diese Botschaft mit dem bedeutungsvollen Satz:
 **„Niemals darf diese Verbindungslinie unterbrochen werden."**

Oft gab Pater Pio den Rat:
 **„Denke immer daran, daß Gott alles sieht!"**

(„Pensa sempre che Dio vede tutto!"(Inschrift auf einer Stoffrelique von Pater Pio))

## Wie aber kann es geschehen, daß diese Verbindung niemals abreißt?

Hier erinnert Pater Pio an die Worte des Herrn:
*„Bleibt in Mir, dann bleibe Ich in euch!*

*„Wie der Rebzweig aus sich keine Frucht bringen kann,
sondern nur, wenn er am Weinstock bleibt, so könnt auch
ihr keine Frucht bringen, wenn ihr nicht in mir bleibt.
Ich bin der Weinstock, ihr seid die Rebzweige. Wer in mir
bleibt und in wem ich bleibe, der bringt reiche Frucht;
denn getrennt von mir könnt ihr nichts tun".*(Joh 15,4f)

„In Ihm bleiben" ... in einer so nahen Verbindung, wie der Rebzweig sie zum Weinstock hat, um Frucht zu bringen?... **alles, was wir tun, in Bezug setzen auf Ihn"?**

## Wie läßt sich das im Alltag verwirklichen?

Diese Botschaft lockt uns auf einen Weg, der schon viele zum Leben in der ständigen Gegenwart Gottes und damit zur inneren Freiheit geführt hat.

An diesen Weg werden wir noch näher herangeführt durch die folgende Botschaft (28.12.1974):
**„Seid einig im Ansporn, des Herren Namen w u n d e r b a r zu ver-herrlichen. So werdet auch ihr erhalten goldene Schalen mit Räucherwerk, und dieses Räucherwerk sind alle die Gebete der Heiligen. Und ihr alle werdet alsdann neue Lieder gelehrt zu Harfen".**

## Wie kann dies konkret gelebt werden?

Die Kirche legt es uns heute neu ans Herz:
**„Die Anrufung des Namens Jesu
ist der einfachste Weg des ständigen Betens." (KKK 2668)**

Durch die Offenbarung des Neuen Testamentes wird uns immer tiefer bewußt, welch großes Geschenk Er uns mit seiner Preisgabe gemacht hat:
*„Es ist uns kein anderer Name unter dem Himmel gegeben,
durch den wir gerettet werden"*(Apg 4,12)

*„Gott hat … Ihm den Namen verliehen, der größer ist als
alle Namen, damit im Namen Jesu sich jedes Knie beuge im
Himmel, auf der Erde und unter der Erde und jede Zunge zur
Ehre Gottes des Vaters bekenne: Jesus Christus ist der Herr'"* (Phil 2,9ff)

Für die Endzeit ist besonders bedeutsam das Wort des Propheten Joel:
*„Wer den Namen des Herrn anruft, wird gerettet werden."* (Joel 3,5)

Unmißverständlich weist der Herr selbst uns auf die Macht in Seinem Namen hin:
*„Um was ihr in meinem Namen bitten werdet, das werde ich
tun, damit der Vater im Sohn verherrlicht werde"* (Joh 14,13)

Die Dämonen haben Angst vor dieser Macht, die uns im Namen Jesu gegeben ist (Apg 16,16-18; 19,13-16) und die Jünger wirken in ihrer Kraft Wunder (Mk 16,17).

## Wie können wir den Namen Jesu wunderbar verherrlichen?

Schauen wir auf Pater Pio! Sein Leben war eine Verherrlichung des Namens Jesu in Fülle: Noch mit seinen letzten Worten wird dies wie ein Vermächtnis deutlich:
Er lehrt uns, öfter am Tag mitten in unseren Alltäglichkeiten und Kämpfen uns Seinem Namen liebend zuzuwenden, Ihn zu preisen und über Ihn nachzusinnen, einfach wie ein Verliebter, diesen edelsten und kostbarsten aller Namen immer wieder neu wiederholend, uns an Ihm zu freuen ...!

## Was bedeutet der Name Jesu?

Jesus (hebräisch: Jeschua, bzw. Jehoschua) heißt auf Deutsch übersetzt: „Gott rettet".
*„Der Name Jesus besagt also, daß der Name Gottes in der
Person seines Sohnes zugegen ist"* (KKK 432).

Daher sagt Pater Pios Ordensvater, der heilige Franziskus, die beeindruckenden Worte:

„Sobald ihr Seinen Namen hört, müßt ihr in Ehrfurcht zur
Erde niederfallen und den Herrn anbeten" (Goettmann 29).

„Der Name Jesu ist das Herz des christlichen Betens" (KKK 435).

So werden wir beim betenden Metitieren des Namens Jesu ... angerührt von
der Heiligsten Dreifaltigkeit; denn:
Der Herr ist gekommen, uns den Namen, d. h. die Person des Vaters kund-
zutun, d. h. Sein Wesen, das Liebe ist (Joh 4,8.16), die sich darin zeigt, daß
Er Ihn, Seinen eigenen Sohn, Sein „Ein und Alles", für uns hingegeben hat
(Joh 3,16-18; 1 Joh 2,23; Joh 20,31), um uns zu retten.

Auf dieses Angerührt-Werden von der Dreifaltigkeit weisen auch Schriftstellen hin:
*„Niemand kann sagen: Jesus ist der Sohn Gottes*
*außer im Heiligen Geist" (1 Kor 12,3)*

Dies ist zugleich „der Geist seines Sohnes, den Gott in unsere Herzen gesandt hat, der da ruft: Abba, Vater!" (vgl. Röm 8,15; Gal 4,6).

Jetzt ahnen wir etwas von der Fülle nie endender Dankbarkeit, auf den
Harfen Gottes Unaussprechliches ausdrücken zu können, immer-neue Lieder lernen zu dürfen: die nie endende Beseligung, in Seiner Gegenwart zu
sein.

Die Verherrlichung Seines Namens ist also die beste Vorbereitung für uns,
wenn wir diese wunderbare Verheißung an uns erfüllt sehen wollen.

### „Niemals darf diese Verbindung unterbrochen werden"?

Wo finden wir ein Beispiel dafür?

### Das „immerwährende Jesusgebet"

Dem entspricht die besonders ehrfürchtige Haltung der orthodoxen Kirche
dem Namen Jesu gegenüber:
„Der Name Jesus ist mehr als nur ein äußeres Zeichen.
Er offenbart den Herrn und macht ihn gegenwärtig
(wie er beim gläubigen Anschauen einer Ikone ... gegenwärtig ist)".
So sagt der russische Theologe I. von Kologrivov [Goettmann 29]).

Aus dieser Erkenntnis ist das "immerwährende Jesusgebet" entstanden, das die ostkirchliche Spiritualität entscheidend geprägt hat:

*„Herr Jesus Christus, erbarme Dich meiner"*, oder:
*Herr Jesus Christus, Sohn Gottes, erbarme Dich unser"*.

Das Jesusgebet ist eine Verbindung des christusbezogenen Hymnus (Phil 2,6-11), der in dem Bekenntnis seinen Höhepunkt findet: "Jesus Christus ist der Herr" (Phil 2,11) mit der eindringlichen Bitte des Zöllners und der beiden Blinden:

„Sohn Davids, erbarme dich meiner" (Mk 10,48), bzw.:
„Hab Erbarmen mit uns, Sohn Davids!"(Mt 9,27).

Auch das „Gotteslob" bietet eine kurze Hinführung zu dieser Gebetsform (Gl 6,1).

Wer sich dieses Gebet zu eigen macht, an dem verwirklicht sich, was uns in Joh 4,15 enthüllt ist:

> „Wer bekennt, daß Jesus der Sohn Gottes ist, in dem bleibt Gott
> und er bleibt in Gott".

### Die Erfahrungen mit diesem Gebet

sind bekannt geworden durch ein Buch, das zur Weltliteratur geworden ist: „Aufrichtige Erzählungen eines russischen Pilgers" (Freiburg 9 1974).

Auf der Suche nach einer Möglichkeit, die Weisung **"Betet ohne Unterlaß!"** (1 Thess 5,17) zu verwirklichen, forschte der russische Pilger monatelang mit großer Sehnsucht nach einer geeigneten Form. Er fragte viele "Kluge und Weise", aber keiner von ihnen vermochte sein Herz zufriedenzustellen.

Eines Tages trifft einen geistlichen Lehrer, einen „Starez", der ihm auf seine Bitte antwortet:

> „Danke Gott, geliebter Bruder, daß Er dir dieses unüberwindliche
> Verlangen nach der Erkenntnis des unablässigen inneren Gebetes
> offenbarte!"

(Aufrichtige Erzählungen eines russischen Pilgers [Freiburg 9 1974]27).

Von diesem Starez erfährt er das Ersehnte:

> „Das unablässig innerliche Jesusgebet ist das ununterbrochene,
> unaufhörliche Anrufen des göttlichen Namens Jesu Christi mit den
> Lippen, mit dem Geist und mit dem Herzen, wobei man sich seine

ständige Anwesenheit vorstellt und Ihn um sein Erbarmen bittet bei jeglichem Tun, allerorts, zu jeder Zeit, sogar im Schlaf. Es findet seinen Ausdruck in folgenden Worten:
*„Herr Jesus Christus, erbarme Dich meiner!"*

Wenn sich nun einer an diese Anrufung gewöhnt, so wird er einen großen Trost erfahren und das Bedürfnis haben, immer dieses Gebet zu verrichten, derart, daß er ohne dieses Gebet gar nicht mehr leben kann ...
...Höre nun, ich will dir jetzt vorlesen, auf welche Weise man das unablässige, innere Gebet erlernen kann".

Und er liest ihm als praktische Anleitung folgende Stelle aus der „Tugendliebe", einem berühmten Lehrbuch heiliger Väter vor:
„Setz dich still und einsam hin, neige den Kopf, schließe die Augen; atme recht leicht, blicke in deiner Einbildung in dein Herz, führe den Geist, d.h. das Denken, aus dem Kopf ins Herz!
Beim Atmen sprich, leise die Lippen bewegend oder nur im Geist: „Herr Jesus Christus, erbarme Dich meiner!
Gib Dir Mühe, alle fremden Gedanken zu vertreiben. Sei nur still und habe Geduld und wiederhole diese Beschäftigung recht häufig!"
(a.a.O.,30 bzw.31)

Nach einiger Zeit des Übens nicht ohne Widerstände und Kämpfe zeigen sich bei ihm die ersten Früchte: Freude, Gelassenheit und Versöhnungsbereitschaft. Ein Reifungsprozeß setzt ein. So dringt der Pilger

### zum Kern des Christentums

vor, zu der Haltung, zu der Pater Pio uns in dieser und anderen Botschaften führen will:

– Das Annehmen Jesu als den „Steuermann meines Lebens",
– das Bewußtsein, daß ich von Seinem Erbarmen abhängig bin
– und der entschlossene Wille, im Licht Seiner Gegenwart ständig zu leben:

### Denn: „Niemals darf diese Verbindungslinie unterbrochen werden!"

## Verherrlichung des Namens Jesu in Fülle –

## Pater Pios Lebensprogramm

Da der Name Jesus die am meisten gefürchtete Waffe im Kampf gegen die dunklen Mächte ist (vgl. Apg 16,16-18; 19,13-16) begreifen wir, warum Pater Pio sein Leben lang unzählige Male täglich „die Kurzform des Evangeliums"(1): den R o s e n k r a n z betete, dessen Kern die Verehrung Seines Namens ist, – in jedem Ave neu meditiert, durch jedes Gesetz in das Licht eines anderen Mysteriums getaucht.
Auch in anderen Botschaften sind Hinweise auf den Rosenkranz spürbar, die sein Verständnis vertiefen: "Versetze dich oftmals in das Erlösungswerk (Botschaft v. Dez. 1977). Auf die Werke des Herrn schauen bringt Herzensfrieden" (Botschaft v. 30.12.1972).

So nahm er stets zu ihm Zuflucht, wenn er den Herrn in seinen schweren Kämpfen und Leiden um Standhaftigkeit bis ans Ende anrufen wollte (vgl. So war Pater Pio 69).

In jenen schweren Stunden hatte er – wie uns seine Mitbrüder berichten – erfahren, daß die Hölle schon beim Nennen des Namens Mariens erbebt. So gnadenreich hat Gott an Maria gehandelt! Wie wir aus ihren eigenen Worten wissen, will sie in ihrer von Ihm gegebenen Reinheit nichts anderes als Ihn allein verherrlichen ...

## Wie führt uns Maria zur Verherrlichung
## Seines Namens = Seines Wesens = Seiner Liebe?

Immer wieder werden wir hineingezogen in den hellen, jubelnden Lobpreis, mit dem Maria den Namen des Herrn verherrlicht:
„Hochpreiset meine Seele den Herrn und mein Geist jubelt über
Gott, meinen Retter (Jesus = Gott rettet) ... Denn Großes hat
an mir getan der Mächtige, und heilig ist Sein Name"

(Lk 1,46f.49).

-------
1 MC 42

Diese Verherrlichung Seines Namens brach aus ihr förmlich heraus, als ihre Base Elisabeth bei ihrem Besuch vom Heiligen Geist erfüllt wurde und die Worte sprach:

*„Selig, die geglaubt hat, daß Erfüllung finden wird,*
*was ihr vom Herrn gesagt wurde."* (Lk 1,45).

Schon gleich zu Beginn, bei der Verkündigung des Engels hat Maria Seinen Namen verherrlicht: Durch ihr demütiges „Ja" hat sie in Freiheit dem Willen des Vaters, der Rettung der Welt durch Gott, zugestimmt.
Nach menschlichem Ermessen hat sie dadurch viel aufs Spiel gesetzt: Ihren Bräutigam und ihre Ehre. Ihr Wagnis war nur möglich durch ihr felsenfestes Vertrauen auf Gott: Er „läßt keinen im Stich, der um Seinetwillen etwas wagt" (wie es später Theresia von Avila formuliert hat).

Maria hat alles am tiefsten miterlebt, was uns Sein Wesen, das der Name zum Ausdruck bringt, bezeugt:

„Seine Worte und Taten, Sein Schweigen und Seine Leiden,
seine Art zu sein und zu sprechen" (Katechismus 516)

... und vor allem den Tod am Kreuz, der uns alle gerettet hat.


WIE HAT SIE GELITTEN, DA SICH DAS WORT DES SIMEON ERFÜLLTE:
„Deine Seele wird ein Schwert druchdringen"(Lk 2,35)

So konnte Pater Pio nur weinend von Maria sprechen; denn durch ihren Gehorsam bis zum vertrauensvollen Aushalten unter dem Kreuz konnte der Herr sie zur neuen Eva, zur Mutter aller Menschen ... und zur Himmelskönigin machen. Wie könnte Er ihr je eine Bitte versagen? Gibt es eine bessere Mittlerin, einen besseren „Verstärker" für unser Beten als sie, die „Nächste am himmlischen Thron"?

Mit ihr, die „alles in ihrem Herzen bewahrt hat", können wir im Beten des Rosenkranzes die Stationen Seines Lebensweges meditieren, „mitleiden und -lieben (Pater Pio) und Ihn, den Auferstandenen, verherrlichen".

Der hohe Wert der Einmütigkeit der Christen im Gebet...

Wie erschließt sie sich uns?

Diese Frage brennt schon viele Jahrhunderte so vielen Menschen auf der Seele.
Aus Erfahrung wissen wir es nur zu gut: Unsere menschlichen Fähigkeiten reichen hier nicht aus. Da die Einheit ein „mächtiges Kampfmittel" ist, ist es klar, daß der 'Feind der Seele' alles versucht, um sie zu zerstören.

W a r u m ist diese Einheit eine so starke Macht?

Dies hast Du uns enthüllt durch Dein Wort:
**„WO ZWEI ODER DREI IN MEINEM NAMEN VERSAMMELT SIND,
DA BIN I C H MITTEN UNTER IHNEN"**

Die Ge g e n w a r t des Herrn ist die einzige Macht, die dem „Durcheinanderwerfer" (Diabolos) überlegen ist. Daher ist es klar, daß er alles versucht, um solche Einheit zu zerstören. Voneinander getrennt sind die Menschen leichter angreifbar. Das weiß er schon lange: Als Eva allein war, konnte er seine Absicht besser verwirklichen, weil die stärkende Gegenwart ihres ebenbildlichen Partners fehlte. Offenbar ist die Einheit eine echte „Waffe des Lichts".

Meditation

Was aber heißt „in meinem Namen" beisammen sein?

Da Sein Name Offenbarung Seines Wesens, d.h. Seiner Liebe ist, ist Er gegenwärtig, wenn wir Seinen größten Wunsch erfüllen:
*„Liebet einander, wie ich euch geliebt habe"!* (Joh 13,35).

**Wie aber gelangen wir zu s o l c h e r L i e b e , die die ersehnte Einheit schaffen und erhalten kann?**

Da gibt es nur einen Weg: Den „Beistand herbeirufen", den Heiligen Geist, den Geist der Liebe. (Jesus nennt Ihn den Herbeigerufenen [Paraklet]). Er will in unser Herz einen Strahl g ö t t l i c h e r Liebe senden, die in uns alles vertreiben kann, was nicht aus der Liebe kommt ... Ja, Er allein kann uns

helfen, den Stein der Ichsucht aus dem Wege zu räumen. Er läßt uns erkennen,was Liebe eigentlich ist:
„dem anderen gut wollen" (nach Thomas von Aquin: „alicui bene velle").

Dies ist der Weg, auf den die Mutter Gottes in Medjugorje mit den Worten hinweist:
„Ohne Gebet könnt ihr die Liebe nicht verstehen" (Vgl. Botschaft: Eine letzte Mahnung).

## Gespräch mit dem Herrn

Herr, Du weißt, wie zerissen die Welt ist, wie sogar die Ehen zerbrechen. Wie sehr muß es Dir weh tun, daß selbst in der Christenheit so viel Spaltung zu finden ist!
Du siehst, wie s c h w e r es Deinen Kindern fällt, diese Einheit zu bewahren, die Du so sehr ersehnst, daß Du vor dem Schritt zum bitteren Leiden zum Vater gebetet hast:
*„ Vater. bewahre sie in Deinem Namen, den Du mir gegeben hast,*
*damit sie eins seien wie wir"!* (Joh 17,11)

Ja, die Einheit liegt Dir so sehr am Herzen, daß Du durch Dein Kreuz nicht nur „alle Menschen mit Gott versöhnen", sondern dadurch zugleich „die Einheit aller in einem Leib wiederherstellen" wolltest.

Dank sei Dir, daß in unserer Zeit die Sehnsucht nach Ö k u m e n e mehr und mehr erwacht, und für das leuchtende Vorbild der Einmütigkeit so vieler christlicher Konfessionen, das Dein Heiliger Geist in T a i z é ermöglicht hat!

Dank sei Dir, daß sich heute überall in der Welt Menschen in Deinem Namen versammeln:
Dank für
– das zunehmende Gebet in den Familien, das Deine Mutter den Menschen in Medjugorje ans Herz gelegt hat!

Und für
– die vielgestaltigen Basisgruppen, Hauskreise und neuartigen Ordensgemeinschaften, die alle in der um sich greifenden Dunkelheit unserer Zeit durch ihr Verweilen in Deiner Gegenwart „Finsternisse in Licht verwandeln"!

## Was führt zum Frieden mit allen?

Wie wichtig Pater Pio dieses Anliegen der Einmütigkeit im Gebet ist, macht er deutlich, indem er es noch einmal aufgreift und vertieft:

Botschaft vom 9.3.1974

„Seid vorsichtig, daß in euren Herzen nicht irgendein Groll Raum gewinnt, sonst weicht der Friede Gottes, der euer Herz regieren soll. Vergebt und vergeßt, auch wenn ihr meint, im Recht zu sein, und bedenkt: Wer anfängt zu hassen, hört auf, fröhlich zu sein!

Auch mich enttäuschten Menschen dereinst, die ich sehr liebte. Und noch heute klaffen sogar beim gläubigen Menschen dieserhalb tiefe Wunden auf. Und solche Wunden wollen und wollen nicht heilen. Wieviel Weh liegt da in manchem Herzen verborgen. Oft auch entstand im Berufsleben Unrecht, wo Menschen anderen Menschen auf ihren Häupten ritten. Aber auch gläubige Menschen können dem anderen das Leben schwer machen. Auch die Gottes Wort verkünden, haben ihre großen und kleinen Fehler.
Habt also Friede, und die Freude wird in euch nicht weichen".

Meditation

Welch Herzensanliegen dem Herrn dies ist, wird klar, wenn wir sein radikales Wort auf uns wirken lassen
*„Wenn du zum Altar gehst und dir unterwegs einfällt,*
*daß du im Unfrieden mit deinem Bruder bist, laß die Gabe*
*liegen und gehe hin und versöhne dich zuerst mit deinem Bruder."*
(Mt 5,23)

(Nach der Auslegung Heinrich Spaemanns ist mit dem Bringen der Gabe zum Altar auch das Gebet gemeint.)

Was hilft uns, Frieden zu stiften, wenn Menschen uns sehr verletzt haben?

Pater Pio sagt:
„Auf die Werke des Herrn schauen, bringt Herzensfrieden"

Wie überwältigend ist ein Sonnenaufgang? Wie wunderbar werden wir gestärkt und erfrischt durch die Herrlichkeiten in der liebevoll erdachten Schöpfung Gottes. Ein strahlender Sonnenaufgang labt uns neu.

Pater Pio sagt:
**„Selig, die in der Natur noch den Hauch göttlichen Lebens wahrnehmen"!**

Es ist schon schwierig, mit den täglich uns begegnenden Menschen am Arbeitsplatz, in der Freizeit und im familiären Miteinander Frieden zu halten.
Um wieviel schwerer fällt uns dies doch feindlich gesinnten Menschen gegenüber!
Je älter und reifer wir werden, desto mehr bekommen wir ein Gespür dafür, daß Frieden eine Wirklichkeit ist, die n u r von G o t t kommen kann.
Schauen wir auf die Wunder, die der Herr wirkte, als er über die Erde ging. Da leuchtet uns Seine Allmacht und Liebe entgegen, damals und heute!

So wie Seine Majestät den stürmischen Wogen des Sees Gennesaret gebot, so glättet Er auch heute noch die Wogen der Bitterkeit, Angst und Unversöhnlichkeit, wenn wir uns vertrauensvoll an Ihn wenden.

Denn Er ist der große F r i e d e n s s t i f t e r.

Schauen wir auf das Werk der Erlösung: Durch Sein kostbares Blut hat Er für uns den Frieden erkauft. Überall, wo Frieden und Versöhnung herrschen, kann es nur in Seiner Kraft geschehen sein. Denn Er hat versprochen:
*„Frieden hinterlasse ich euch, meinen Frieden gebe ich euch. Nicht wie die Welt ihn gibt, gebe ich ihn euch. Euer Herz lasse sich nicht beunruhigen und verzage nicht!"*
(Joh 14,27).

... Es ist ein Friede, der alles Begreifen übersteigt, denn er gehört zu den Früchten, die uns nur Sein göttlicher Geist schenken kann (Gal 5,22)
Sein ganzes Wesen: Seine Worte und Taten, alles, was von Ihm ausstrahlt, schafft Frieden in denen, die sich Ihm öffnen, sodaß sie ihn weiterströmen lassen können, auch dahin, wo Menschen ihn nicht zu erhoffen wagen,
– ja, nach Seinem Vorbild selbst zu feindlich gesinnten Menschen.

Für seine Peiniger hat er noch am Holz des Kreuzes gebetet:
*„ Vater, vergib ihnen; denn sie wissen nicht, was sie tun!"*
(Lk 23,34).

Stephanus hatte die Gnade, Ihm darin ähnlich zu werden, als er sterbend das Schwierigste tun konnte: Er betete für seine Peiniger:
„Herr, rechne es ihnen nicht als Sünde an!" (Apg 7,60).

**Wie können auch wir Seine friedenstiftende Kraft in uns aufnehmen, wenn starke Antipathien gegen gewisse Feinde uns quälen?**

Vielleicht so:

Gespräch mit dem Herrn

Herr, Du sehnst Dich danach, in uns den Willen zum Frieden
immer mehr erwecken zu können, gerade da, wo wir
nicht weiter wissen. So laß uns – wie Pater Pio –
täglich neu Deine Liebe zu allen Menschen zu erfassen
versuchen, auch zu denen, die uns verletzt haben!

Wie aber werden wir es schaffen, uns ganz hineinzuversetzen
in Deine Liebe zu ihnen? Auch für sie hast Du
Dein Leben am Kreuz dahingegeben. Also möchtest Du,
daß auch wir sie lieben.
Aber wie schwer fällt uns dies!

Du weißt um diese Not! So läßt Du uns nicht allein.
Dank sei Dir, daß Du den Tröster sendest,
– der uns immer wieder die Kraft gibt zum vertrauensvollen Beten
– der uns erinnert an die starke Macht der Demut, die den Stolz besiegt,
weil sie die eigenen Schwächen erkennt.
– der uns eingibt, uns in die Lage des andern hineinzuversetzen, in die
Wunden der Vergangenheit,
– der uns auf die Heilkraft des Segnens aufmerksam macht,
– der uns Geduld und Freundlichkeit verleiht,
– ja, der uns im Gebet die göttliche Kraft der Liebe zuströmen läßt,
die allein allen Haß und Groll aufsaugen kann, und uns befähigt,
zu v e r g e b e n , so daß wir im „Vater unser" sagen können:

„Vergib uns unsere Schuld, wie auch
wir vergeben unseren Schuldigern."
Dank sei Dir Herr, daß Du uns Mut machst,
es aus Deiner Kraft doch noch zu schaffen.
Du bist immer bereit zu helfen, und
bei Dir ist kein Ding unmöglich.
Dank für die Hilfe Deiner begnadeten Sühneseelen,
die im Verborgenen – die Finternisse der Friedlosigkeit
in Licht verwandeln ...

„Mutter Teresas Leben, das jeden Morgen um vier mit einer Stunde eucharistischer Anbetung beginnt, ist e i n Beispiel dafür, daß Frieden stiften im Sinne des Evangeliums nichts anderes heißen kann als leiden mit Jesus zur Erlösung der Welt" (1).

Schauen wir nun in den folgenden Kapiteln mit Pater Pio auf die unvergleichbaren Wunderwerke der göttlichen Liebe, die uns mit so tiefem Frieden erfüllen, daß es uns drängt, ihn weiterzugeben.

------

1 Michael Marsch: Die Seligpreisungen Jesu (Freiburg 1992) S.55.

# DIE HEILIGE EUCHARISTIE – DAS „SAKRAMENT DER LIEBE"

# Die heilige Eucharistie - das "Sakrament der Liebe"

## Wie finde ich tiefste Geborgenheit?

Botschaft vom 08.03.1971

„Carissime! Wenn du deine Erneuerung feierst mit dem Manna aus dem Himmel, dann ist Jesus dein Element geworden, und du empfiehlst Ihm Segnungen. Und du wirst dich fernerhin in Ihm wohlfühlen, und das Glück des Geborgenseins wird sich mehren".

### Meditation

Der Herr hat uns durch Pater Pio ein klärendes Wort geschenkt für den Fall, daß Zweifel uns bedrängen.Wie sehr kann es unseren Glauben stärken, da Er ihm durch außergwöhnliche Gaben offenkundig Einblick in die Wahrheit gegeben hat, die unserem Blick verborgen ist: Er sagte zu Lebzeiten:
„Oh, wie werden sich die Menschen einmal wundern, daß der Heiland, der sich so unscheinbar in der hl. Hostie verbirgt, derselbe Heiland ist, der einst auf den Wolken des Himmels mit großer Macht und Herrlichkeit kommen wird, um die Lebendigen und die Toten! zu richten"(1).

### Gespräch mit dem Herrn

O Herr, die unermeßliche Herrlichkeit Deiner Majestät
verbirgt sich in der Unauffälligkeit der Scheibe Brot.
Laß uns diesem Geheimnis Deiner Gegenwart
in der hl. Hostie immer näher kommen!
Du, der Herr des Himmels und der Erde,
sehnst Dich danach, bei uns zu sein ... –
wir können es kaum begreifen ...
Aber Du selbst enthüllst es uns mit klaren Worten,
die Du am Vorabend Deines Leidens im Abendmahlssaal
zu den Jüngern sagtest:
*„Mit größter Sehnsucht habe ich danach verlangt, dies Ostermahl mit Euch zu essen"* (Lk 22).

------

1 H. Weichselbraun, Hrsg., Pater Pio hat geholfen (St. Andrä-Wördern 1983) 48).

Und Du hast uns offenbart: *„Ich bin das Brot des Lebens. Wer zu mir kommt, wird nicht mehr hungern und, wer an mich glaubt, wird nicht mehr durstig sein"* (Joh 6,35).

Du sagst es zu uns allen, die wir einen unersättlichen Hunger nach Leben haben, der uns vom Schöpfer mitgegeben wurde, einen Hunger, der – im Grunde genommen – ein Hunger nach dem Leben in Fülle bei Gott ist.

Und für diesen Hunger, den keine Freude der Welt stillen kann, bist Du, o Herr, zu uns gekommen als das „Brot des Lebens", um uns das Leben in Fülle zu geben.

Schon im alten Testament sagt uns der Herr:
*„Meine Wonne ist es, bei den Menschenkindern zu sein"*(Spr. 8).


-- -- -- -- --


Meditation

Wie tief ist dies der Kleinen hl. Therese ins Herz gedrungen! So tief, daß sie spürte, wie traurig Er sein mußte, immer wenn die Menschen, wie es die Kirchengeschichte offenbart, so s e l t e n seiner unsagbar liebevollen Einladung folgten.

Aber der Herr hat uns die königliche Freiheit gegeben, sich ihm zu nahen oder fern zu bleiben.
So war ihr erstes Motiv, zur Kommunion zu gehen: Ihm eine F r e u d e zu machen. Sie glaubte nicht, daß ER den Menschen nötig hätte, aber sie wußte: Seine Liebe möchte sich verströmen, glücklich machen, uns die Chance zu einer echten Erneuerung geben.
Daher wurde sie schließlich zur bedeutendsten Wegbereiterin erneuerter eucharistischer Frömmigkeit.

Papst Pius X. hatte bereits die Voraussetzung dafür geschaffen, daß die Menschen dem Herrn viel öfter und schon von Kindesbeinen an diese Freude machen können. Um den Ängstlichen den Weg dahin zu bahnen, versucht Therese, das größte Hindernis hinwegzuräumen: Sie konnte den

Vielen helfen, die sich wegen ihrer Fehler und Schwächen für unwürdig
hielten, zum Tisch des Herrn zu gehen:

Sie vermittelt ihnen die b e f r e i e n d e  E r k e n n t n i s , daß sie im
Grunde zu klein von Gott denken und Seiner Liebe zu wenig zutrauen.
Anschaulich bekräftigt sie das durch ein Bild:
Ein Kind, das gefallen ist und sich beschmutzt hat, läuft nicht von der
Mutter weg, sondern zu ihr hin, um ihr die schmutzigen Händchen hinzu-
halten, – im Wissen, daß die Mutter alles in Ordnung bringt.
So erweist sie uns allen den heilsamen Dienst in all unseren S c h w ä -
c h e n  nur einen Anstoß zu s t ä r k e r e m  V e r t r a u e n  zu sehen. Ja,
Therese hatte die Gnade, zur höchsten Weisheit durchzustoßen:
Sie hat die Wahrheit des Wortes erfahren: „Wenn Ihr nicht werdet wie die
Kinder, könnt Ihr nicht in das Himmelreich eingehen" (Mt 18,3) So hat sie
das Geschenk der Eucharistie immer in kindlicher Unbefangenheit bis zu
ihrem Lebensende angenommen. Im Rückblick auf ihre Erstkommunion
schreibt sie: „Schon seit langem hatten Jesus und die arme kleine Theresia sich angeschaut und verstanden".

Ja, wir können uns wie einst Deine Jünger in
Deiner Gegenwart wohlfühlen.
Deine erfinderische Liebe, die alle menschlichen Begriffe übersteigt,
wollte sogar, daß wir – wie sie –
Dich leibhaftig in uns aufnehmen können,
um eins mit Dir und  n e u  a u s  D i r  zu werden.

Wir dürfen in Dir ausruhen ...
und empfinden Deinen milden Einfluß mehr und mehr!
Und so veränderst Du uns ...: Du befreist uns allmählich
von unserer Selbstverhaftung: von allem Stolz!
von Ängsten – mangelndem Vertrauen
und vom erstarrten Eigenwillen,
der es verlernt hat, sich selbst in Frage zu stellen!

Wir selbst können uns nicht das Herz von Stein ausreißen.
In diesem Sakrament
willst  D U  uns ein Herz aus Fleisch und neue Augen geben!
Die Glut Deines Herzens will hineinstrahlen
in alle Bereiche unseres Lebens,
um alles hinwegzubrennen, was der Liebe entgegensteht,

um uns zu verwandeln,
– ja bis wir immer mehr i n  L i e b e  umgewandelt sind
... und so erst richtig zum "Leben in Fülle" kommen,
das Du uns versprochen hast.

Auf diese Weise setzt Du durch die ständige Neuwerdung,
die Du in der Eucharistie anbietest,
das Werk der Erlösung fort.
Hier begegnen wir nicht nur Dir, dem Hingeopferten,
sondern auch dem Auferstandenen,
der nicht mehr sterben kann.
Du gibst uns Deinen glorreichen Leib zur Nahrung,
der uns schon ein Stück Himmel schenkt.


**Wenn du deine Erneuerung feierst....**
**......mit dem Manna aus dem Himmel ...**

Schon damals – im Alten Bunde – war das *Manna* ein Zeichen Seiner fürsorglichen Vaterliebe: „Weiß wie Koreandersamen und süß wie Honigkuchen" wartete es vierzig Jahre lang täglich neu auf jeden einzelnen Seines geliebten Volkes, – Stärkung auf dem beschwerlichen Weg durch die Wüste!

Wie  e r f i n d e r i s c h  ist Seine Liebe!

Meditieren wir Sein menschliches Leben, so spüren wir immer wieder, wieviel Mitgefühl und Zuneigung Er den Menschen entgegenbrachte.
Die Kinder nahm Er in den Arm und legte ihnen die Hände auf (Mk 10,16).
Er nahm teil an der Hochzeit zu Kana und freute sich an der Überraschung der Hochzeitsgäste über den köstlichen Wein, den er ihnen schenkte (Joh 2,1 ff).
Er erzählte das Gleichnis vom liebenden Vater, der den verlorenen Sohn umarmt, ihm einen Ring an den Finger steckt und ein Fest der Freude ausruft.

Aber am herrlichsten offenbart er uns seine erfinderische Liebe im Abendmahlssaal. Dort wurde deutlich, wie konkret Sein Versprechen: *„Ich bleibe bei Euch alle Tage bis ans Ende der Welt"* gemeint war:

*„Wer mein Fleisch ißt und mein Blut trinkt, der bleibt in mir*
*und ich in ihm" (Joh 6).*

„Diese Worte zählen zu dem Ungeheuerlichsten, was je von Menschenmund gesprochen wurde" (Reinhold Schneider)!

Pater Pio war es durch seine gottbegnadete Einsicht in die Wahrheit möglich, täglich neu in der Feier des heiligen Meßopfers auf plastische Weise sichtbar zu machen, wie ernst die unerhörten Worte Jesu gemeint waren.
Seine erklärenden Worte „Die Liebe Gottes hat keine Ruhe, bis sie sich ganz hingegeben hat", lassen uns einen noch tieferen Blick in das unbegreifliche Geheimnis der hl. Eucharistie tun.
Weil Pater Pio sich täglich neu in dieses Geheimnis vertieft hat, konnte Gott ihm auf Seine Weise antworten. Pater Pio berichtet: 'Immer wenn ich im Besitz jenes höchsten Gutes (der Eucharistie) bin, nimmt die Fülle des Glücks solche Ausmaße an, daß ich nahe daran bin, Jesus zu sagen: 'Genug, denn ich kann es fast nicht mehr aushalten'" (I,217).

Erfuhr das Volk damals Seine Zuneigung und Liebe durch die Gabe des Manna, so dürfen wir nun Ihn, den Geber s e l b e r, den Urheber allen Seins, in uns aufnehmen und durch Ihn wieder unsere Kräfte erneuern lassen auf dem Weg zum Vaterhaus.

Er, der vorher so ferne Gott, ist uns so nahe gekommen: Er will bei uns sein ... uns zeigen, wieviel Ihm an uns liegt, wieviel wir Ihm wert sind, – soviel, daß Er selbst uns stärken will in allen Prüfungen und Kämpfen dieses Lebens.
Wenn wir Seine Nähe suchen, einfach um bei Ihm zu verweilen, stille zu werden und seiner Stimme zu lauschen, dann trifft zu, was Pater Pio in die folgenden Worte faßt:
**„... dann ist Jesus Dein Element geworden".**

Wer den Herrn empfängt, der fühlt sich – eingetaucht in das Meer Seiner Liebe, Seines Erbarmens – so wohl, wie ein Fisch im Wasser, seinem Lebenselement, – oder wie ein Vogel in der Luft, die ihn trägt.

## Gebet

... Ja, es stimmt, o Herr:
Nirgends sind wir so "in unserem Element"
wie in diesem Einswerden mit Dir.
Wo fänden wir sonst einen so wunderbaren,
freundschaftlichen Austausch des Herzens?
Du schenkst uns das Gefühl unvergleichlicher Geborgenheit:
Angenommen, verstanden, geliebt,
ja noch mehr: von den Lichtstrahlen Deines Herzens,
von Deinem göttlichen Leben durchflutet zu sein.


## „... und du empfiehlst Ihm Segnungen"


O Herr,
die Anbetung Deiner Liebe
zieht uns hinein in Dein Dich-Neigen
zu den Armen und Bedrängten:
Die Liebe lebt vom Schenken, davon allein.

## Das Geheimnis der Verwandlung

### Meditation

Herr, laß uns Menschen, die Du uns in den Weg gestellt hast, tief in unser Herz aufnehmen und mit diesem so angefüllten Herzen ganz nahe bei Dir sein:
Wer Dir im Einssein mit Dir „Segnungen empfiehlt", der dient Dir bei der
V e r w a n d l u n g  d e r  W e l t.

In der Eucharistie weitest Du unseren Blick und hilfst uns, das Kreisen um das kleine Ich aufzugeben, damit wir so für Deine Liebe transparent werden, daß sie durch unser Herz hindurchfließen und  auf die anderen a u s s t r a h l e n  kann.

In dem Maße, in dem durch die Anbetung des Herrn unsere Liebe zu Ihm wächst, wächst auch die Liebe in der ganzen Welt; denn unser Lieben oder Hassen beeinflußt den ganzen Kosmos. Daß dieser Dienst an der Verwandlung der Welt sich auch über weite Entfernungen auswirkt, wissen wir nicht nur von Pater Pio, sondern auch von vielen anderen Autoren (z. B.: Charles de Foucauld, Ruth Pfau, Gandhi) und heute zum Teil auch von solchen, die das „Positive Denken" behandeln..

Gandhi sagt:
„Ob ich gut oder schlecht bin, das wirkt sich aus in der Welt".

Begreifen können wir es nie:
„Wenn die Flamme der Christusliebe in uns brennt,
wirkt sie sich auf die Welt aus" (Fritz Arnold).

Das Einswerden mit Christus stärkt die Einheit der Menschen untereinander. Könnte es sein, daß ich sogar zu einem Hemmnis werde für die Einheit und für die Weiterentwicklung der Menschheit überhaupt, wenn ich Sein Angebot nicht nütze ..., sagt doch der Herr selbst: „Wer nicht mit mir sammelt, der zerstreut ..." (Mt 12,30).

Pater Pio erinnert uns daran, daß es nur entweder Wachstum oder Rückschritt gibt, mit seinen Worten:
**„Entweder die Herrlichkeit erben oder in Nacht versinken"**
(Botschaft v. 03.11.1973).

.

So bitten wir den Herrn:

Hilf uns dabei,
uns mit ganzer Kraft danach zu sehnen,
daß D u  Dich uns immer mehr erschließt:

Laß uns alles,
was uns davon ablenken will,
loslassen und dabei daran denken:
"Du legst uns größere Freude ins Herz,
als andere haben bei Korn und Wein in Fülle" (Ps 4,8).

Hilf uns,
daß wir immer neu anschauen,
wie Du Dich in Deiner Liebe
uns in der Eucharistie
ganz auslieferst.

## DIE HEILENDE KRAFT DER VERSÖHNUNG

### Wodurch sehe ich meinen weiteren Weg klarer?

Botschaft vom 29.09.1973

„Der Herr ist reich an Vergebung, und gar viele brauchen eine völlige Entlastung, und diese Entlastung macht glücklich, stimmt dankbar und gilt für immer. Als Entlasteter siehst Du auch Deinen weiteren Weg klarer".

Für die Zweifler, die vom Weg des Glaubens abgekommen sind, sagt Pater Pio am 22.12.1973:
**„Zweiflern, die Dich umgeben, sage, daß sie häufiger ihre Sünden abladen vor dem Golgotha-Kreuz: Also sind sie alsdann vergessen, auch solche, die jahrelang zurückliegen"!**

### Meditation

Als der Herr über die Erde ging, hat er vielen Menschen, die zu ihm kamen, Entlastung und Heilung durch Vergebung geschenkt. Er tut es auch heute. Immer wieder weiß Er Wege, uns nachzugehen als der Gute Hirte, als der Arzt unserer Seelen, der durch Seine Werkzeuge Sein Heilswerk fortsetzen will.

So gibt Er uns in dieser Botschaft einen Hinweis, der neue Horizonte eröffnet, wenn man „festgefahren" ist und nicht mehr weiß, wie es weitergehen soll:
**„Als Entlasteter siehst Du Deinen weiteren Weg klarer!"**

Was bedeutet das?
Was verbirgt sich dahinter?

Ein Beispiel kann uns plastisch vor Augen stellen, was diese Botschaft sagen will. Sie lenkte meinen Blick auf einen   Menschen, der vom verschwenderischen, haltlosen Lebemann zu einem Heiligen wurde: Durch welches Ereignis er die Gnade des Glaubens geschenkt bekam und wie dies für eine ganz andere Zukunft die Weichen stellte, soll hier kurz skizziert werden:

Alles, was das Leben angenehm zu machen scheint, stand ihm zu Gebote:
Reichtum, Ruhm, Liebschaften, Erfolg – er bekam die Goldmedaille für seine geographischen Forschungen in der Sahara. Dies öffnete ihm die Türe für eine glänzende Karriere. Er genoß das Leben in vollen Zügen und dennoch fühlte er bei alledem eine für ihn unerklärliche innere Leere ...
Auf seine Jugend zurückblickend, sagte er später, damals habe er "ganz aus Ichsucht, Gottlosigkeit und aus dem Verlangen nach dem Bösen bestanden" (Briefe an Madame Bondy, 1969, S. 33, zit. nach Walter Nigg, Buch der Büßer (Olten 1970) S. 195).
Als Forscher in der Sahara erlebte er staunend die Frömmigkeit der Muslime, die fünf mal am Tage ihren Gebetsteppich ausbreiteten und sich vor dem Höchsten verneigten. Er wurde sehr nachdenklich ... und befaßte sich zum ersten Mal wieder mit der Möglichkeit einer Existenz Gottes. Irgendetwas drängte ihn, immer wieder ein sonderbares Gebet zu sprechen:
    „Mein Gott, wenn es Dich gibt, laß mich Dich erkennen" (ebd.
In die Heimat zurückgekehrt, gestand er seiner Cousine Marie:
    „Es ist ein Glück für Dich, daß Du Glauben hast;
    ich suche das Licht und finde es nicht" (1).

In ihrem Haus lernte er Abbé Huvelin kennen, einen Priester von bescheidener Zurückhaltung und tiefer seelsorglicher Menschenkenntnis, den er trotz seiner Glaubenszweifel sehr bewunderte.

### Eines Morgens geschah etwas Unerwartetes ...

Von einem seltsamen Verlangen getrieben, ging Foucauld sehr früh in die Kirche, die er trotz allem Suchen gemieden hatte. Er findet den Priester im Beichtstuhl und bittet ihn, mit ihm über religiöse Probleme zu diskutieren. Der Abbé hatte schon öfter die Erfahrung gemacht, daß lange Diskussionen die Gnade des Glaubens kaum erwirken können und daß es immer darauf ankommt, ohne viele überflüssige Worte den ersten Schritt zu tun (2).

-------
1 Michel Carrouges, Charles de Foucauld (Freiburg 1958) S.109
2 Paulus sagt: „Mein Wort und meine Verkündigung geschah nicht in wissenden Weisheitsworten, sondern im Erweis von Geist und Kraft, damit Euer Glaube nicht auf Menschenweisheit beruhe, sondern auf Gottes Kraft" (1 Kor 2,4f).

So sagte er dem überraschten Foucauld:

„Knien Sie nieder und bekennen Sie Ihre Sünden!"

Rasch entgegnet Foucauld, dazu sei er gar nicht gekommen; er wolle lieber diskutieren.

Aber der Priester wiederholte seine Worte und riskierte damit, daß Foucauld sich verabschieden würde.

Doch Foucauld tut es nicht! Er spürt plötzlich den Impuls niederzuknien, und kurz entschlossen bekennt er die Sünden seines gottlosen Lebens.

Nach der Lossprechung und Kommunion war er wie verwandelt: Erleichtert teilte er dem Geistlichen mit, daß seine Zweifel verschwunden seien und er daher keine Diskussion mehr brauche.

### „Als Entlasteter sah er seinen weiteren Weg klarer"

Die unwiderstehliche Kraft des göttlichen Geistes war durch das Sakrament der Versöhnung über ihn gekommen  und hatte einen neuen Menschen aus ihm gemacht: Hatte er zuvor kaum für möglich gehalten, jemals diesen Glauben wiederfinden zu können, so konnte er nun nicht verstehen, wie er so lange ohne ihn hatte leben können.

Offenbar bedurfte es der Gnadenkraft dieses Sakramentes, um seine Augen und Ohren für Gott und Seinen Plan mit ihm zu öffnen.

Sein ganzer weiterer Weg stand im Lichte jener tiefgreifenden Verwandlung: Rückblickend auf seine Jugend sagt er: "... meine religiöse Berufung entschied sich zu derselben Stunde, in der ich meinen Glauben wiederfand". (1)

Aus dieser lebensverändernden Erfahrung, die er nur seinem freiwilligen Gehorsam zu verdanken hatte, erkannte er nun auch, welch grundlegende Bedeutung solcher Gehorsam für jeden echten Fortschritt auf dem Wege zu Gott hat.

So wählte er diesen Priester zu seinem Seelenführer, ging jede Woche zur Beichte und wollte von nun an nicht mehr auf die heilende Kraft des Sakramentes verzichten.

-------
1 Carrouges, 113.

## Und dies trug erstaunliche Früchte:

Er spürte den starken Drang, mit ganzer Konsequenz Christus nachzufolgen. So gab er sein gesamtes Vermögen den Armen. Seitdem er das verborgene Leben Jesu in Nazaret entdeckt hatte, wollte er, statt durch eine große Karriere in der Öffentlichkeit Aufsehen zu erregen, dieses verborgene Dasein des Gebetes, der Buße und der Armut mit Ihm teilen.

Zuerst zog es ihn in einen Schweigeorden. Dann folgte er dem Ruf Gottes, Priester zu werden und den Ärmsten der Armen, den gefährlichen Tuareg, Vater zu sein. Sie suchten ihn in seiner Einsiedelei auf und verehrten ihn als einen außergewöhnlichen Menschen.
Die Kraft für diesen schweren Weg holte er sich ständig im Zusammensein mit dem Herrn, in der Anbetung vor dem Allerheiligsten.

Weltweit bekannt wurde er als Gründer der „Kleinen Brüder und Schwestern", einer Gemeinschaft, die dreißig Jahre nach seinem Tode zum Leben erwachte. In fast allen Erdteilen verwirklichen sie nach seiner Regel das Evangelium, die herbe alltägliche Arbeit der Mitmenschen (z.B. in Fabriken) teilend und wie ihr Gründer – aus der Kraft der Anbetung – „Finsternisse in Licht verwandelnd".


Gebet

Dank sei Dir, Herr,
daß Du uns durch dieses „Leben in Fülle"
das Geheimnis der Verwandlungskraft
Deines heiligen Bußsakramentes
in seiner ganzen Tiefe
offenbarst!

# Vernachlässigen wir etwas Entscheidendes?

## Botschaft vom 20.09.1976

„Sage es allen, daß sie von ihrer Sündenvergebung zu wenig empfinden und kaum sich darüber freuen, falls sie überhaupt Sündenvergebung suchen, wie es der Heilsplan Gottes will!
Er, der Reine, der Fleckenlose, hat einen jeden erkauft, der seine Sünden und Zweifel abgelegt hat.
In Gottes Erlösungswerk soll ein jeder ruhen. Es ist eine innere Ruhe, die nicht Scheinglück besitzt, das manche zur Schau tragen."

Am 24.02.1977 spricht Pater Pio noch deutlicher:
„Dem Menschen nützt es nichts, wenn er seine Sünden  v e r g e s s e n  will.
Bei Gott sind sie noch nicht vergessen, auch die jahrelang zurückliegenden.

Es gibt da wirklich einen Weg: das ist das Sündenbekenntnis vor Seinem Diener in der Welt, der dafür bestimmt ist.
Dann kann die Seele aufatmen. Aus dem Herzen kommt tiefer Lobpreis, der nach oben zeigt, weil eine gültige Tat geschah."

## Meditation

Die Fragen, die in dieser Botschaft mitschwingen, sind offenbar diese:
– Warum hat der Mensch von heute die große Bedeutung der Beichte aus den Augen verloren?
– Wird sie mit Recht als veraltet, ja überholt angesehen?
– Sind wir über die therapeutische Wirkung des Sakramentes der Versöhnung genügend informiert?

Angesichtes dieser Situation, die uns die Botschaften neu bewußt machen wollen, kann die Erfahrung einer weltweit bekannten Therapeutin in überraschend konkreter Weise hilfreich sein. Sie entspricht dem Anliegen Pater Pios, der Neuerschließung unserer vernachlässigten Schätze. In ihrem Buch „Healing Light" – „Heilendes Licht", das vor einigen Jahren bereits in sieben Sprachen übersetzt war, schildert Agnes Sanfort, wie sie dazu kam,
**eine Entdeckung von ungeahnter Bedeutung**
zu machen. In ihrem Dienst an Kranken hatte sie erkannt, daß zwar unser

Denken und Tun vom Willen gesteuert werden kann, nicht aber unsere Gefühle (z.B. Antipathie, Aggression, Haß. Wie gefährlich können sich solche negativen Emotionen auswirken!)

Auf der Suche nach einer Therapie des Gefühlslebens fand sie eines Tages „den Weg", den sie "als den bei weitem wirksamsten" erkannte. Sie berichtet:

> „Ich war wie eine Lampe, der es an Öl fehlte ... aber es hingen so viele Menschen von mir ab, daß ich nicht aufzuhören wagte ...: Jahrelang war ich das Werkzeug gewesen, damit andere Heilung durch mich fänden ... In dieser Zeit erkannte ich, daß ich selbst Vergebung benötigte und daß nur sie mein seelisches Gleichgewicht wiederherstellen könne."

So entdeckte sie die große Gefahr der 'Helfer', „die sündhafte Art" ihrer „eigenen menschlichen Natur zu vergessen, die tief im Unterbewußtsein verankert ist":

> „Sie führt unmittelbar zur Sünde des geistlichen Hochmutes, die so manchem geistlichen Führer zum Fallstrick geworden ist. Obschon ich mir gar nicht bewußt war, in besonderer Weise der Vergebung zu bedürfen, erkannte ich doch sehr genau, daß ich 'irgendetwas' nötig hätte ..."

Nachdem sie den Herrn gebeten hatte, ihr zu Hilfe zu kommen, zögerte Er nicht, ihr zu antworten:

### „Er zeigte mir einen Weg...,

> ... der mir zuerst seltsam vorkam, weil er so einfach, so gewöhnlich, so uralt, so ganz und gar grundlegend war."

Eine Freundin machte sie auf die Beichte aufmerksam. Sie wies sie darauf hin, daß in der Beichte durch die Vergebung Jesu Christi Gottes Macht in ihr frei würde in einer Weise, die sehr wohltuend sei, und fügte hinzu:

> „Wenn Du versuchst, diese Kraft aus Dir selber herauszuzwingen, bist Du in Gefahr, Deine geistigen Kräfte zu überspannen ... Auf die Dauer bist Du genötigt, die Augen vor Deiner eigenen Menschlichkeit zu verschließen."

Agnes Sanfort gesteht:

> „Alles das mußte ich zugeben. Es war auch mir so gegangen. Aber ich verstand immer noch nicht, warum da die Beichte nötig sein sollte.

Ich weiß doch, daß Christus mir die Sünden vergibt, wenn ich an Ihn glaube".

So rätselte sie. Sie konnte nicht einsehen, warum es nötig sei, zu einem Priester zu gehen.

„Versuche es, und Du wirst es erfahren!", sagte ihr ihre Ratgeberin.

Außerdem riet sie ihr zu einer etwas genaueren Vorbereitung:
„Wähle Dir ... eine Woche täglich dieselbe Stunde und denselben Ort. Entspanne Dich und versetze Deinen Geist in die Gegenwart Gottes. Nimm dazu Bleistift und Papier und bitte den Heiligen Geist, Dir alle unvergebenen Sünden ... in Erinnerung zu bringen!"

So ging Agnes Sanford tatsächlich zur Beichte.Was sie danach erlebte, beschreibt sie mit folgenden Worten:
„... ich hatte kaum den Ort verlassen, da wurde ich von Kopf bis Fuß von einer mich überwältigenden Empfindung durchflutet ... In mir brannte ein Feuer ... Damals begann wirklich

### ein Heilprozeß...

Ich kann nur sagen, daß ich zum ersten Male zutiefst empfand, daß Jesus Christus mich liebt. Etwas berührte mein Herz. Ein Strom von Zärtlichkeit war in mir frei geworden. Das bewirkte die Vergebung Jesu Christi, Sein Leben, das Er auch für mich dahingegeben hat."

Und sie ergänzt:
„Ich war aufgewachsen in der Lehre, daß das Blut Christi von aller Sünde reinige,
... aber ich wurde von ihren Bindungen nicht wirklich frei, bis ich es mit der Beichte versuchte."

Abschließend gibt sie einen wertvollen Hinweis:
„Seither schreitet meine Erlösung fort in dem Maße,
wie ich klar erkenne, daß ich Vergebung nötig habe."

Aus der Sicht der Psychotherapie fügt sie noch hinzu, daß die Grundlagen der Beichte auch "psychologisch als wirksam erwiesen" seien und "alles enthalten, was ein christlicher Psychiater ... in Anwendung bringen würde."

Während sie vorher geglaubt hatte, die Beichte sei nur "ein Ausweg für Nervenkranke oder die letzte verzweifelte Möglichkeit für Schwerverbrecher", erkannte sie nun in der Beichte, durch Gottes Gnade, "den besten Weg, wieder ins seelische Gleichgewicht zu kommen!".

Diese konkrete Erfahrung einer Frau unserer Zeit läßt uns die Dringlichkeit des Anliegens dieser Botschaft deutlich erkennen. (1)

Blenden wir hier noch einmal ein Wort Pater Pios aus seiner Botschaft über die göttliche Agonie" ein:

> „Ich meine die Klagen des Erlösers zu hören: 'Wenn wenigstens der Mensch, für den ich leide, sich die Gnaden zunutze machen würde, die ich ihm mit meinen so furchtbaren Leiden erlange. Wenn er wenigstens erkennen würde, wie hoch der Preis ist, den ich bezahle, um ihn zu erlösen und ihm das Leben des Sohnes Gottes zu schenken!'"

## Gespräch mit dem Herrn

O Herr, durch diese Botschaften wird uns bewußt: wir sind uns selbst ein Rätsel ...

**Wieviel hast Du eingesetzt** - ja, sogar Dein kostbares Blut, um uns das unschätzbar große Gnadengeschenk der Befreiung von unseren Sünden zu erwirken! Ja, es ist alles bezahlt. Du allein hattest die grenzenlose Liebe, die Sündenlast aus der Welt hinwegzutragen an Dein Kreuz. So hattest Du uns den Weg zum ersehnten Frieden gebahnt ...

**Wie sehr muß es Dir wehtun,** daß die, die Du liebst, das so schwer erkaufte Geschenk der Befreiung nicht annehmen! – daß Deine Liebe sich vergeblich danach sehnt, ihnen das wahre Glück schenken zu können: Die Teilhabe an Deinem göttlichem Leben durch das Sakrament der Versöhnung.

**Wie sehr muß es Dich schmerzen,** daß wir Undankbaren meistens daran achtlos vorübergehen, uns an Tümpeln laben und diesen belebenden Strom der Gnade unbeachtet neben uns herfließen lassen!

------

1 (Vgl. Agnes Sanford, Heilendes Licht (Marburg a.d. Lahn 3 1978) S. 124-28)

Gehen wir den Fragen, die Pater Pio in diesen Botschaften stellen will, einmal gründlich nach:
**„W a s hält uns davon ab, dieses Gnadengeschenk zu ergreifen?"**

–Bedenken wir zu wenig, w e m wir die Tore weit geöffnet haben, wenn wir in Sünde fallen, und daß s o f o r t i g e Umkehr nötig ist, damit wir nicht immer mehr in den Einflußbereich der gottfeindlichen Macht des Bösen geraten?

Sie verblendet unsere Augen und l ä h m t unseren W i l l e n. Wie die Erfahrung lehrt, hat dies sehr unangenehme, ungeahnte Folgen. Es wirkt sich aus: in Ängsten, quälenden Gedanken, Aggressionen etc.

– Vergessen wir oft, daß diese „Mächte und Gewalten" (Eph 6,12) all Ihre Möglicheiten mobilisieren, um uns von der Umkehr zum Licht zurückzuhalten?

### Erkennen wir ihre geheime Taktik?

Sie legen uns ä u ß e r e H i n d e r n i s s e in den Weg und flößen uns i n n e r e W i d e r s t ä n d e ein, wie Stolz oder Trägheit etc.

- Meistens versuchen sie es einfach damit, uns gar nicht erst zum Nachdenken kommen zu lassen, indem sie uns durch A r b e i t s s u c h t und M e d i e n k o n s u m verführen, den ganzen Tag beschäftigt zu sein.

- Aber gelingt ihnen nicht auch das Allergefährlichste allzu oft?
Sie versuchen, uns zu Boden zu werfen, indem sie uns den M u t zur U m k e h r gänzlich e n t r e i ß e n. Sie reden uns ein:
„Wegen deiner Sünden kann Er dich nicht mehr lieben. Er ist ein strenger Richter!
Es ist aussichtslos! Zu spät!"

– Durchschauen wir also diese "Mächte"! Um zu verhindern, daß wir durch Umkehr den Herrn in Seiner übergroßen Barmherzigkeit erkennen, r e d e n sie uns sogar a u s, daß es sich überhaupt um S c h u l d handelt, wie dies eine gewisse Richtung der Psychologie versucht. Doch die Erfahrung lehrt, daß jene Folgen der Sünde:
die Ängste und quälenden Gedanken,die im Unterbewußtsein wuchern, sich so nicht abschütteln lassen.

Beim noch tieferem Nachdenken über die T a k t i k des Bösen erkennen wir jedoch auch etwas überraschend Positives: Die Widerstände, die es aufbaut, um uns den Weg zum Licht zu versperren, werden uns – wenn wir gelernt haben, sie zu durchschauen – zu S i g n a l e n, genau diesen Weg einzuschlagen.

Zumal man heute weiß, daß fast alle Krankheiten psychosomatischen Ursprungs sind, wird die Beichte als

**eine Befreiung ohnegleichen**

erkannt, die viele Gewissensnöte an der Wurzel heilen kann. Darauf werden wir bereits durch Gläubige anderer Konfessionen aufmerksam gemacht.

Aber noch mehr: Wie der barmherzige Vater dem verlorenen Sohn den Ring an den Finger steckte, ihm ein schönes Gewand gab und ein Fest ausrief, so wird die Beichte

**ein Freudenfest.**

„Einzig das Herz Jesu Christi, das die Tiefen der Liebe seines Vaters kennt, konnte uns den Abgrund seiner Barmherzigkeit auf eine so einfache und schöne Weise (wie in diesem Gleichnis) schildern: Das neue Gewand, der Ring und das Festmahl sind Sinnbilder des reinen, würdigen und reuevollen neuen Lebens des Menschen, der zu Gott und in den Schoß seiner Familie, der Kirche, heimkehrt." (KKK 1439)
So wird die Beichte ein wirklich gültiger

**Neuanfang**

Mehr noch: sie wird sogar

**die sozialste Tat,**

die ungeahnte Kettenreaktionen der Liebe auslösen kann – und wertvolle Energien freisetzt, Gnadengaben, die durch das Böse nicht zur Entfaltung kommen konnten.
Wenn ich vorher mir selbst und der ganzen Umgebung geschadet hatte durch eine dunkle Ausstrahlung der Bitterkeit, der Angst, der Verhärtung oder des Nicht-Verzeihen-Könnens, so bin ich jetzt erneut fähig, Freude, Frieden, Sanftmut, Geduld, etc. auszustrahlen, ja, mir werden nach dieser Befreiung neue Impulse geschenkt, „Finsternisse in Licht zu verwandeln".

Welche Verwandlung meiner Augen, meiner Ohren, meiner Sicht, meiner Kraft, aller Sinne ... durch diese Berührung mit der göttlichen Gnade der Vergebung!

An der Verwandlung der stadtbekannten Sünderin Maria Magdalena erkennen wir es deutlich:

Je tiefer der Mensch in Schuld verstrickt war, desto tiefer vermag er die Barmherzigkeit Gottes zu empfinden. Und je mehr dem Menschen vergeben wird, desto liebesfähiger wird er, desto leichter fällt es ihm, selber auch zu vergeben ...

Der Herr selbst lehrt den Pharisäer, der auf die Sünderin herabsieht, mit den Worten:

*„Ihre vielen Sünden sind vergeben, darum hat sie viel*
*geliebt; wem aber wenig vergeben wird, liebt wenig".*
(Lk 7,47)

Von hier aus erhellen sich uns die geheimnisvollen Worte aus dem Jubelruf der Osternacht...

### „O felix culpa" – "O glückliche Schuld"

„O unfaßbare Liebe des Vaters: Um den Knecht zu erlösen,
gabst du den Sohn dahin!
O wahrhaft heilbringende Sünde des Adam, du wurdest uns zum
Segen, da Christi Tod dich vernichtet hat.
O glückliche Schuld, welch großen Erlöser hast du gefunden!"

So kann Pater Pio sagen:
„Schaut auf eure Fehler und Sünden mit f r i e d l i c h e m Schmerz!"

Er sagt es besonders denen, die wie Judas sich selbst nicht vergeben können, weil sie an Gottes Barmherzigkeit nicht glauben.

Sein Ordensvater Franziskus gab in einem Gespräch mit Bruder Leo den Rat,
„sich nicht einmal durch den Blick auf die eigenen Sünden
davon abhalten lassen, auf den Herrn zu schauen".

# Überhören wir den Grundton von Golgota?

## Botschaft vom 10.07.1976

„Gott liebt Dich und mich, auch die um uns und mit uns - auch wenn sie nicht immer eines Sinnes mit uns waren und sind.
Vergebung braucht ein jeder; und wer um Vergebung anhält in seinem offenen Bekenntnis, erhält g a n z e Sache seiner Schuldvergebung. Dieses braucht der Mensch, solange er auf Erden wandelt und den Grundton von G o l g o t a nicht überhört.

Gott nimmt es genau mit dem Menschen. Ganze Sache durch Ihn verspüren heißt:
Alles ist getilgt, wo er glaubt, Lücken zu haben, die im Dunkel noch seien."


## Kommentar des Sehers

„Wenn ich mit Gott über meine Verfehlungen und Sünden spreche und Seine Vergebung erbitte, gehört R e u e dazu.

Der Umfang dieser Reue ist die ganz persönliche Sache eines jeden Menschen. Wenn uns eine wahre Reue nicht gelingt, müssen wir vor Gott niederknien. Erst dann kehrt eine erleuchtende Helligkeit in unser Herz ein. Was dann kommt, ist der Sieg, der auf den Knien errungen ist.

Wo echte Liebe ist, da ist auch echte Reue."


## Meditation

Die Botschaft weist auf die Quelle hin, die unser inneres Leben zur Entfaltung bringen will: auf den **Grundton von Golgota**.
Je mehr wir ihn in uns aufnehmen, ihm mit den Ohren unseres Herzens nachlauschen: je mehr wir die äußerste Hingabe Seiner Liebe auf uns wirken lassen, desto mehr erkennen wir, wie sehr wir der Vergebung bedürfen und desto mehr werden wir von echter Reue erfüllt ...

Denn je mehr wir unsere Aufmerksamkeit auf das Geheimnis Seines Kreuzes richten, desto klarer wird unser Blick für unsere eigene Armut: für unseren Mangel an Liebe.

Nicht nur das Böse, das wir getan, sondern auch das Gute, das wir unterlassen haben, geht uns mehr und mehr auf angesichts Seiner alles Begreifen übersteigenden Liebe.

Nur so ist zu verstehen, daß Menschen, die ganz in Seiner Nähe lebten, viel öfter nach dem Sakrament der Buße verlangten als andere, weil sie in ihrer Liebe zu Ihm auch die kleinsten Fehltritte als sehr schmerzlich empfanden:

Von der Kirchenlehrerin Teresa von Avila ist bekannt, daß sie sogar jeden Tag beichtete. Und Papst Johannes XXIII. empfing das Sakrament zweimal in der Woche.

So ist es wohl auch zu erklären, daß Pater Pio wie Franziskus sich für den größten Sünder seiner Ordensgemeinschaft hielt: Er hatte die Gabe der Tränen ...

Gebet

O Herr, hilf uns, daß auch wir, wie Pater Pio es tat,
täglich den Grundton von Golgota in uns aufnehmen:
Die Liebe, die „alle an sich ziehen" will,
auch die, die nicht mit uns eines Sinnes waren und sind
und die, die wir ohne Deine Hilfe nur schwer lieben können.
Während wir dies denken,
hören wir wieder den Grundton Deiner Liebe:

„Vater, vergib ihnen, denn sie wissen nicht, was sie tun ..."

Laß uns nie vergessen, wie Petrus bitterlich weinte,
als er Dich dreimal verleugnet hatte
und danach Deinem Blick begegnete.
Gib uns die Gnade solcher Liebesreue,
die uns sofort in das Kraftfeld Deiner Liebe holt!
Dank sei Dir, daß Deine Barmherzigkeit
dem reuigen Sünder ganz vergibt ...
Ja, daß Du Dich „über seine Rückkehr mehr freust
als über die 99 Gerechten", die der Umkehr nicht bedurften.

# DIE MACHT
# DER DEMUT

## Die Macht der Demut

## Unbezwingbare Waffe

### Botschaft vom 19.10.1968

„Ja, ich sage Dir:
Wer sein Leben in Gottes Hand legt, hat Gott für sein Jenseits zum Mitbruder. Dazu sage ich dir, Gottes Hand ist sehr stark. In der Welt gibt es nichts, was so stark wäre. Herzensdemut bringt Dich an die Hand Gottes. Und diese Gotteshand trotzt allen Stürmen.

Nach einiger Zeit nun will ich dich über die Wege Gottes belehren, wie sie mir waren. Dazu öffne Ohr und die Weiten deines Sinnes. Alsdann beginnt sich dein Leben zu erfüllen; und in deinen Stunden will dich der Herr neu segnen, da dein Glaube Herzensglaube ist – wenn auch um deines Lebens Ende ein Geheimnis verbleibt, so wie es mir ward, und ich gewahrte nur, wie wenig an Leiden mir erspart blieb. Alsdann empfand ich Segnungen in Fülle, die ich von oben in Empfang zu nehmen hatte. Und Gnade – und nur Gnade, immer neu, empfing ich inmitten der Gezeichneten".

### Meditation

Was könnte uns Besseres geschehen, als durch die Demut an die Hand Gottes zu finden, die allen Stürmen trotzt.
Das läßt uns entdecken:

### Die Demut ist eine starke Waffe

Wie schwer ist es, im Alltag mit der Demut Ernst zu machen!
Erst die Erfahrung der Aussichtslosigkeit, aus eigener Kraft unser stolzes Ich zu überwinden, öffnet uns die Augen. Die Konfrontation mit unserer Grenze in diesem täglichen Kampf läßt uns ahnen, daß wir „Feinden" gegenüberstehen, „die stärker sind als wir" (LM 255).

So fordert jene dunkle Macht, die seit dem Sündenfall „in unsere Gedanken hineinfunkt" (Edith Stein), uns (allerdings gegen ihren Willen) heraus, uns der stärksten Macht zu öffnen, die allein uns befreien kann: Jesus Christus.

Er, der Herr des Himmels und der Erde, hat durch die Macht seiner Demut, den Mut zum Dienen im Gehorsam bis zum Kreuz, den Fürsten des Stolzes, „Satan und solche, welche durch Auflehnung selber herrschen wollen" (29.03.76) e n t m a c h t e t.

An Seiner „Hand, die allen Stürmen trotzt", d.h. im Befolgen des Wortes
„*Lernet von mir! Ich bin sanftmütig und demütig von Herzen*"
(Mt 11,29),
sind wir dem Bösen trotz all seiner Intelligenz überlegen.
Wenn die leiseste Regung des Stolzes bereits dem Feind einen Türspalt öffnet, so macht e i n   S c h r i t t   z u r   D e m u t  ihm den Aufenthalt in unserer Nähe unmöglich.

Wer es erfahren hat, weiß:
Ein Streit wird am schnellsten beendet, wenn einer der Streitenden in irgendeiner Weise den Mut aufbringt, den Stolz zu überwinden und sich zu demütigen, wie Pater Pio es empfiehlt. („Demütigen wir uns unablässig ... wie der Seemann, der gegen den Strom rudert" LM 35).

Der Herr hat ja verheißen: „*Wer sich selbst erniedrigt, wird erhöht werden*" (Mt 23,12). Und in Jes 57,15 lesen wir, daß Gott bei den Demütigen wohnen und einkehren will.
In diesem Sinne sagt Paulus: „Gott tritt dem Stolzen entgegen, dem Demütigen aber schenkt er seine Gnade. Beugt euch also in Demut unter die mächtige Hand Gottes, damit er euch erhöht, wenn die Zeit gekommen ist" (1 Petr 5,5f).
Wen würde es da nicht drängen, diesem empfohlenen Weg nachzujagen?!

## Wie aber erlangen wir diese starke Waffe?

Von Pater Pio können wir es lernen. Wie wir aus den Botschaften wissen, hat er "täglich neu angesetzt", Jesu "ganze Demut", die Grundlage seines Erlösungswerkes, betrachtend zu erfassen, in Stille, Gebet und mit ganzer Hingabe.

## Gespräch mit dem Herrn

O Herr, Du sahst, wie der Mensch durch den Stolz herausgefallen war aus der ursprünglichen und richtigen Beziehung zu Dir, der Demut. Du schautest sein ganzes Elend. Und Deine Liebe war so groß,daß Du den unbegreiflichen Entschluß faßtest ...:

Auf Golgota hast Du uns aus dem Gefängnis der Ursünde, des Stolzes, befreit und zur Demut erlöst, um uns A n t e i l zu geben an Deinem göttlichen Leben! – Schon hier auf Erden, durch Deinen Heiligen Geist!

Du entäußertest Dich, Du verließest die göttliche Herrlichkeit und wurdest Mensch. Ja, Du hast Dich erniedrigt bis zum Gehorsam am Kreuz.

Du allein hast die Macht, den Hochmut auszurotten, der sich immer noch in verschiedenen Gewändern in uns versteckt hält: Wir entdecken ihn in dem Maße, in dem wir unsere alltäglichen Erfahrungen mit Deinem Leben konfrontieren:

Immer, wenn mich Geltungsbedürfnis, Eitelkeit, Machthunger, Ruhm- und Ehrsucht befallen haben,

erschrecke ich, wenn ich Deine Erniedrigung betrachte, die Du für mich auf Dich genommen hast.

Wenn der Eigenwille mich blendet, meinen Horizont einengt,

geht es mir unter die Haut, wenn ich Dich in Deiner schwersten Entscheidungsstunde am Ölberg sagen höre: „Vater, nicht mein Wille, sondern der Deine geschehe!"

Wenn ich wegen kleiner oder großer Kränkungen so empfindlich war, daß ich beleidigt und nachtragend reagierte,

und ich dann vor Augen habe, wie Deine Majestät verspottet und verhöhnt, verleumdet und mißhandelt wird, dann beschämen und verwandeln mich Deine Worte: „Vater, vergib ihnen, sie wissen nicht, was sie tun!"

Pater Pio sagt an anderer Stelle:

**„Wenn ich meine Not mit der Deinen vergleiche, dann muß ich einsehen, daß meine Not doch gering ist gegenüber der Deinen".**

(Vgl. die „Meditation über die göttliche Agonie" von Pater Pio, wiedergegeben in der Meditation der Botschaft „Welche Fragen werden uns im Jenseits gestellt?").

Überraschend konkret und gleichnishaft zugleich hast Du uns gezeigt, w i e w e i t die Demut geht, als Du, der Herr des Himmels und der Erde, den Jüngern die Füße gewaschen hast.

Von dieser Deiner göttlichen Demut tief betroffen, bitten wir Dich, o Herr: Befreie uns doch von allen Formen des Hochmuts, der sich immer wieder so hinterlistig einschleicht!

Laß uns durch das Einatmen Deiner überwältigenden, großen, erlösenden Liebe fähig werden, unsere verkehrte Ich-Bezogenheit ausatmen zu können, um so zu Demut, Gottvertrauen und innerer Ruhe zu finden.

„Ich will euch sagen, was glücklich macht"

Botschaft vom 14.07.1972

„Ich will euch sagen, was glücklich macht: Es ist w a h r e  H e r z e n s-
d e m u t.
Glücklich könnt ihr werden durch euer Gottvertrauen. Aus einem gläubigen Herzen kommt ein gutes Gebet. In unserer inneren Ruhe wird Herzensglück geboren."

Meditation

Nach Aristoteles ist das höchste Gut, das der Mensch erstrebt, das Glück
(Vgl. Nikomachische Ethik).
Wie oft ist die Suche des Menschen nach Glück vergeblich, wenn er es in
Macht, Ruhm, Reichtum und Erfolg zu finden glaubt!

Wie aber kommen wir dem  G e h e i m n i s  des  w a h r e n  G l ü c k s
auf die Spur?

Pater Pio konfrontiert uns mit einer völlig unerwarteten Antwort.
   „Demut" – wie wenig ist dieses Wort geachtet in unserer Zeit! Wie
   wenig ist man selbst in christlichen Kreisen über die wahre Bedeutung der Demut informiert!
   Oft wird sie verwechselt mit Unterwürfigkeit, „Duckmäuserei", Min-
   derwertigkeitskomplexen oder gar zerstörerischer Selbstverwerfung.
   Daher weist Pater Pio uns in mehreren Botschaften auf die Bedeutung dieses zentralen Anliegens hin.

Fragen wir uns zunächst:
Wo finden wir konkret verwirklicht, was Pater Pio mit dem Wort „Herzensdemut" meint?

Ein Werk, das viel zu unbeachtet ist, gibt uns hier eine vortreffliche Antwort.
Vielleicht sind wir überascht, wenn wir den Namen des Autors hören: In
seiner Auslegung des „Magnifikat" weist uns Martin Luther auf "das aller-
vornehmste Beispiel der Gnade Gottes" hin. Er schreibt:
   „Erwägst Du nicht, welch wunderbares Herz dies ist?
   Sie sieht sich als Gottesmutter über alle Menschen

hinausgehoben und bleibt doch so einfältig und ge-
lassen dabei, daß sie deshalb nicht eine geringe
Dienstmagd für unter ihr stehend angesehen hätte.

O, wir armen Menschen! Wenn wir ein wenig Gut, Gewalt oder Ehre haben, ja ein wenig hübscher sind als
andere, sind wir nicht imstande, uns einem Geringeren
gleichzustellen, und gibt's im Ansprüchemachen kein
Maß, was wollten wir erst tun, wenn wir große, hohe
Güter hätten? ...

Aber dies Herz Marias steht fest und gleich zu aller
Zeit: Sie läßt Gott in sich wirken nach Seinem Willen
und nimmt (für sich) nicht mehr daraus als einen guten
Trost, Freude und Zuversicht in Gott ...

A l l e  Herzen sollten  v o n  i h r  ein solches Vertrauen
zu Gott gewinnen ..." (1)

Ja, das **Gottvertrauen!**. Auch auf diese starke Säule, die zum Glück trägt,
lenkt Pater Pio in dieser Botschaft unsere Aufmerksamkeit; denn auf dieser Basis kann „wahre Herzensdemut" wachsen: An Maria sehen wir, worin
beides letztlich ihre Wurzel findet: in ihrer liebenden Ehrfurcht vor Gottes
unendlicher Majestät und Heiligkeit!
Weil sie nur Ihn im Blick hatte, – seine Güte und Allmacht, der sie auch das
unmöglich Scheinende zutraute, war ihr demütiger Gehorsam möglich. So
konnte sie dem Engel antworten:
   *„Siehe ich bin eine Magd des Herrn ...* „(Lk 1,38*).*

Die hohe Stufe dieser Haltung leuchtet umso stärker, wenn wir die entge-
gengesetzte Haltung der ersten Menschen betrachten, die uns viel geläu-
figer ist.
Wir wissen nur zu gut, was aus dem fehlenden Gottvertrauen geworden ist,
aus dem Mißtrauen gegen Ihn; der Sieg des Eigenwillens über die Bereitschaft, Seinen Willen zu erfüllen, – der Ungehorsam, – das Sein-Wollen wie
Gott, der stolze Drang zur Unabhängigkeit von Ihm.

-------

1 Martin Luther, Das Magnifikat, Alfons Riedlinger, Hrsg. (Freiburg 1982) S.
   49 u. 71.

Steckt in uns allen nicht die Neigung, das Glück auf diesem Wege ergreifen zu wollen? Wie schwer ist doch der Weg zum Glück, den Pater Pio uns in dieser Botschaft zeigt und den Maria uns vorlebt!

Auf diesem Hintergrund erhebt sich wohl bei vielen umso deutlicher die skeptische Frage:

### „Demut – tatsächlich der Weg zum Glück?

Die Maxime vieler Psychologen lautet heute: „Von Schuldgefühlen loskommen"

Aber wie ...?

... sie vergessen ...?

... oder als unbegründet darstellen ...?

Der Weg zur „inneren Ruhe", den diese Botschaften uns führen wollen, ist ein anderer. Pater Pio zeigt uns ganz konkret, wie echte Demut zum Herzensglück führen kann.

### Was aber ist echte Demut?

„Demütig sein heißt in der W a h r h e i t sein" Diese Definition von Theresia von Avila entspricht genau dem Leitgedanken Pater Pios: Er sagt: „Demut ist immer Wahrheit". Was Pater Pio damit meint, können wir den folgenden Botschaften entnehmen.

Zunächst will er uns ermutigen, der Wahrheit über uns selbst aber auch der anderen mehr beglückenden Seite der Wahrheit ins Auge zu sehen ...

Dies veranschaulicht er uns im Rückblick auf sein eigenes Leben.

Er berichtet schlicht und offen:

**„Ich war mit vielem an mir nicht zufrieden. Aber ich erkannte gar bald, daß E r m i r z u r V e r f ü g u n g s t a n d"**
(28.12.1974)

Damit will er uns offenbar an die Einladung des Herrn erinnern.

*„Kommet alle zu mir, die Ihr mühselig und beladen seid.*
*Ich will Euch Ruhe verschaffen".*

In welcher Weise uns dies konkret helfen kann, zeigt er uns in der Botschaft vom 26.10.1974:

„Sage es denen, die mit Dir sind: Immer überkommt sie ein Gefühl des Glückes, sobald sie ihre Sünden vor Gott ausgelegt haben im Gebet.

Ja, ich sage Dir: solche Glaubenshaltung macht glücklich, weil der Gläubige eine tiefe, innere Verbindung mit Gott hat; und in dieser Verbundenheit wächst er dem Herrn entgegen.

Diese Einstellung sollte bei jedem vorhanden sein. Dann wären keine Kriege ...

Das Herzensglück hängt nicht vom Wohlstand ab. Reiche Menschen, die sich gar viel erlauben können, aber ohne Gott im Herzen leben, haben kein bleibendes Glück.
Wenn sie sich glücklich fühlen, so ist es nur ein vorübergehendes Glück. Es wird im Innern nicht heimisch.

Wenn Herzensglück bei jemand nicht beheimatet ist, dann ist in dessen Leben etwas nicht in Ordnung ..."


So rät Pater Pio dringend, Fehler und Schwächen nicht zu verdrängen, denn er weiß, welch großen Schaden unverarbeitete Schuld in der Seele anrichten kann. Und – wie schon erwähnt – lehrt die Erfahrung, daß es keine Methode gibt, dem Unterbewußtsein echte Schuld auszureden. Der Widersacher will verhindern, daß wir den Mut aufbringen, sie durch Erkennen und reuevolles Bekennen an das Tageslicht Seiner heilenden Liebe zu bringen. Er hat ein Interesse daran, daß alle unsere verdrängten Fehlhaltungen und seelischen Schäden unberührt im Dunkel des Unterbewußtseins lagern.

Als kluger Seelenführer legt Pater Pio uns daher auch die dritte Säule ans Herz, die uns neben der Herzensdemut und dem Gottvertrauen zum Glück trägt:

### Die innere Ruhe

So sagt er: „Wir sollen unsere Verfehlungen bedauern, aber mit einem f r i e d l i c h e n Schmerz, indem wir uns immer der Göttlichen Barmherzigkeit anvertrauen". (Ep. I,268)
Und er macht uns auch auf entsprechende Versuchungen aufmerksam, die uns dieses hohe Gut des Friedens, der „inneren Ruhe" entreißen können:

„Hüten wir uns ... vor bestimmten Vorwürfen und Gewissenbissen gegen uns selbst, denn meistens kommen sie vom Feind, um unseren Frieden in Gott zu stören.

Wenn diese Vorwürfe und Gewissensbisse uns erniedrigen und uns im guten Handeln eifrig machen, o h n e  uns das Vertrauen in Gott zu nehmen, können wir sicher sein, daß sie von Gott kommen.

Aber wenn sie uns verwirren und uns ängstigen, uns das Vertrauen nehmen, uns faul machen und zögerlich im guten Handeln können wir sicher sein, daß sie vom Dämon kommen.

Deshalb müssen wir sie verscheuchen, indem wir uns in vollem Vertrauen zu Gott flüchten. So bleiben wir in jedem Teil der Seele ruhig und bewahren den Frieden und werden große Fortschritte auf dem Weg zu Gott machen" (Ep. I,268).

Damit kommen wir schon dem letzten Sinn der Demut auf die Spur: Sie will uns die Wege frei machen für den Herrn.

Pater Pio sagt:
„Statt über Eure Fehler zu philosophieren, richtet die Augen
auf den, der Euch führt. Wichtig ist nur, daß Ihr auf dem
Weg, der Euer Weg ist, zu dem einen Ziel aller Seelen
gelangt, die Gott geschaffen hat, damit sie seinem
vielgeliebten Sohn ähnlich werden und sich nach und nach in
I H N  verwandeln"(1).

Pater Pio will uns helfen zu verwirklichen, was sein Ordensvater Franziskus, den Spuren Mariens folgend, uns vorgelebt hat:
Franziskus sah die höchste Stufe der Demut darin, ganz von sich abzusehen, und nur noch  a u f  d e n  H e r r n  z u  s c h a u e n.

So lenkt er unseren Blick vor allem auf jene Dimension der Demut, die für ein „Leben in Fülle" entscheidend ist:

--------

1 Maria Winowska, Das Wahre Gesicht des Pater Pio: Bibliothek
  Ekklesia, Bd. 2 (Aschaffenburg 1961, 8. Aufl.) S. 65)

Demut ist nicht nur „Betrübnis über unsere Fehler". Auch und gerade an den himmlischen Heerscharen wird sie sichtbar, und zwar als beseligende Freude; denn sie lenken ihren Blick nur auf den Herrn. So erkennen wir immer mehr: Demut ist zutiefst

Teilhabe am Leben Jesu,

dessen Liebe so groß war, daß Er die göttliche Herrlichkeit verließ, sich erniedrigte und gehorsam wurde bis zum Tode am Kreuz, um so der Menschheit, die aus der ursprünglichen und richtigen Beziehung zu seinem Schöpfer, aus der Demut, herausgefallen war, das Verlorengegangene wiederzubringen.

Durch Sein Wort und Beispiel enthüllt er uns das unfaßbare Geheimnis der Erlösung: die Demut

„ *Wer sich selbst erniedrigt, wird erhöht"* (Mt 23,12).

Das Johannesevangelium erschließt uns das innere Leben Jesu. Die Worte des menschgewordenen Gottessohnes bringen an mehreren Stellen zum Ausdruck, daß er nicht Seine Ehre sucht, sondern immer darauf bedacht ist, dem Vater die Ehre zu geben (vgl. Joh 8,50; 5,19.30.41; 6,38; 7,16.28; 14,10.24)
Er ordnete sich in allem ganz und gar Ihm unter und hat sich "Seiner göttlichen Macht entkleidet" (P. Pio). So macht Er uns Mut, etwas Entsprechendes zu tun: die Macht unseres kleinen Ichs loszulassen, damit der Vater in uns wirken kann.

Offenbar sollen wir von Ihm lernen, den Willen Gottes im Gebet zu erfragen und zu tun, ohne darauf zu achten, ob Menschen uns tadeln oder loben.

Er, dessen Ausstrahlung so außergewöhnlich war, daß die Menschen sagen mußten: *„Er redet wie einer, der Macht hat"*, zeigt uns den hohen Wert des Dienens, indem Er selber den Jüngern die Füße wäscht.

Und – um es noch einmal zu sagen, weil es so wichtig ist: Diese Grundhaltung Seines Lebens, die Selbstentäußerung, findet ihren Höhepunkt in der Eucharistie: Er, der Herr des Universums, geht so weit, sich so klein zu machen, daß er sich selbst den Menschen schenkt, ihnen zur Nahrung wird.

Durch solches Schauen in das Antlitz Christi, auf die Macht seiner unauslotbar demütigen Liebe, die unsere Existenz trägt, werden wir ermutigt und befähigt, Seinem Ruf zu folgen:
*„Lernet von mir: Ich bin sanftmütig und demütig von Herzen"!*
(Mt 11,29)

So erschließt sich der Weg zu einer kostbaren Erfahrung: Je größer mein Mut zur Wahrheit über mich selbst, je größer mein Staunen über Gottes erbarmende Liebe zu mir trotz all meiner Armut und Begrenztheit, desto mehr spüre ich, daß Er der G r u n d   m e i n e r   F r e u d e wird, mein „Herzensglück".

Und umso mehr drängt es mich, Seine Nähe zu suchen und Ihm zu dienen. (Demut kommt von ahd. diemuoti: „Wille zum Dienen") ...

... und desto mehr kann ich einschwingen in den Wunsch Jesu, vor Gott Kind zu werden (vgl.Mt 18,3).

Erst wenn sich unsere Seele mit der Herrlichkeit Gottes, des Herrn des ganzen Kosmos, befaßt, sich im Glauben Seiner Gegenwart öffnet – als ein leeres Gefäß, in dem Er Seine Macht und Güte wirken lassen kann – ist sie endlich in der glücklichen Lage, frei zu werden von sich selbst, sich selbst vergessen zu können; bei Jesus sein heißt **„Daheim sein".**

Zugleich wächst in ihr die Sehnsucht, alles loszulassen und auszuschalten, was diese Freude trüben könnte ....
vor allem das diametrale Gegenteil, die Wurzel aller Sünden, die uns am meisten hindert an der Gemeinschaft mit Gott: den Stolz. Durch ein Wort von Nietzsche kommt er zum Ausdruck:
„Wenn es einen Gott gäbe, wie hielte ich es aus, nicht Gott zu sein!"

Wie realistisch ist angesichts solcher Anmaßung die Haltung Pater Pio's, die den alltäglich zu bewältigenden Kampf mit dem Stolz in den Blick nimmt: An seine Zellentür hatte er geschrieben:
„O Mensch, gedenke, daß Du Staub bist und zum Staube zurückkehrst".

Demut (lat. humilitas, abgel. v. „humus" – „Erde"), die Anerkennung der Abhängigkeit des Menschen von seinem Schöpfer, ist die Haltung des Empfangens. Pater Pio konnte nicht begreifen, wie man sich auf irgend einen Vorzug etwas einbilden könne:

„Was habe ich denn, das ich nicht empfangen hätte?!"

So steuert er mit seiner Maxime „Demut ist immer Wahrheit" radikal und konsequent den letzten Platz an, den ihm niemand streitig macht …

Wie befreit ist da die Atmosphäre von jeder Versuchung, sich verschönern zu wollen! Wer sich zu dieser Haltung durchringen konnte, freut sich an allem, was gut ist, ungeachtet, ob er selbst oder andere es vollbracht haben. Er kann die Werke anderer „gut sein lassen", ohne sie herabmindern zu müssen.

Er „bläht sich nicht auf" (1 Kor 13,4); denn er will frei sein von allem, was ihn hindern könnte zu lieben.

Der Wert dieser i n n e r e n  R u h e  tritt uns noch plastischer vor Augen, wenn wir
das unruhige Leben des Stolzen
in den Blick nehmen.


In seiner Sucht nach dem ersten Platz lebt er ständig in Angst und Sorge, zu kurz zu kommen. In seinem krankhaften Geltungsbedürfnis sucht er sein Glück darin, überall geehrt zu sein und setzt es gerade dadurch aufs Spiel. Wie oft hat er zu leiden unter Überempfindlichkeit und „Beleidigt-Sein" bei den kleinsten Anlässen!

Da er ständig den Blick auf das eigene Ich zurücklenkt, entdeckt er nicht den Weg zum Wert des „Du", das ihn beschenken könnte. Der Stolz verbietet ihm, Rat und Hilfe oder gar Trost anzunehmen. So verbannt er sich selbst in das Gefängnis der Isolation und versperrt sich letztlich den Weg zur befreienden Entdeckung der Liebe Gottes, die sich ihm auch durch die Menschen mitteilen will.
(Die scholastische Theologie definiert Sünde, und damit auch die Ursünde, den Stolz, als „Abwendung von Gott und Hinwendung nur zu sich selbst" („aversio a Deo et conversio ad se solum")

Auf die Frage: „Warum lehnte Luzifer sich gegen Gott auf", antwortete Pater Pio:
„… Aus Selbstgefälligkeit und auch weil er es nicht über sich brachte, den Gott-Menschen, Jesus, anzubeten". (LM 254)

Indem er das nicht will, macht er uns gerade dadurch aufmerksam darauf, auf welche Weise wir am tiefsten in Gottes Liebe hineingezogen werden. Wie groß die Gefahr des Stolzes ist, die von der Anbetung fernhält, und wie notwendig daher die Waffe der Demut ist, macht Pater Pio uns vollends klar, wenn er im Hinblick darauf sagt:

„Solange Du der Schlange nicht den Kopf abschlägst, hast Du absolut nichts erreicht". (LM 36)

Wir spüren, was er meint: Sich lösen von der Herrschaft des Ichs! Welch fundamentale Bedeutung dies hat, macht er deutlich in der Botschaft

## „Was blockiert den Aufstieg?"

Hier wird klar, wie sehr wir drüben auf Hilfe angewiesen sind, wenn wir nicht in diesem Leben uns immer neu zur Überwindung von „Selbstüberhebung und Selbstgerechtigkeit" durchringen: zur Demut:

## Wie aber kann das gelingen?

Für diesen ständigen Kampf mit dem Bösen gibt uns Pater Pio aus seinem reichen Erfahrungsschatz handfeste Spielregeln mit auf den Weg. Er tut dies in einem Rundbrief an seine Schüler.

Hier erschließt er uns bereits, woran er uns in dieser Botschaft mit den Worten „wahre Herzensdemut" erinnern will:

„... Hauptsächlich müßt Ihr in der Tugend unseres göttlichen Meisters und unseres serafischen Vaters (hl. Franziskus, Anm. d. Üb.), die für uns Vorbilder sind, voranschreiten: damit meine ich die Demut, innere und äußere Demut. Aber mehr die i n n e r e als die äußere Demut, mehr die wirklich e m p f u n d e n e als die gezeigte und mehr die t i e f e r e als die sichtbare.

Schätzen wir uns als das ein, was wir in Wirklichkeit sind: Ein Nichts, Elend, Schwachheit, fähig, das Gute in Übel zu verwandeln, das Übel dem Guten vorzuziehen, uns das Gute zuzuschreiben, was wir nicht haben oder ausgeliehen bekamen, uns im Übel zu rechtfertigen und aus Liebe zum Übel das höchste Gut zu verachten.

Mit dieser festen Überzeugung im Geiste sage ich Euch:

1. Gefallt Euch niemals wegen irgendetwas Gutem, das Ihr in Euch
   entdeckt, denn jede vollkommene Gabe kommt vom Höchsten!
   Gebt also Gott immer Ehre und Herrlichkeit, und Ihr dürft nichts
   anderes erwarten als die Belohnung des Guten, das Ihr tut!

2. Beschwert Euch niemals über B e l e i d i g u n g e n, von wem
   sie auch immer kommen mögen! Erinnert Euch daran, daß Jesus,
   unser Vorbild, mit Hohn, der von der menschlichen Schlechtigkeit
   kommt, gesättigt wurde, ohne sich jemals zu beklagen.

3. Entschuldigt alle mit christlicher Liebe, indem Ihr Euch das
   Beispiel des Göttlichen Meisters vor Augen haltet, der sogar
   seine Kreuziger vor seinem Vater entschuldigte.

4. Seufzt immer wie Arme vor Gott!

5. Wundert Euch gar nicht über Eure Schwächen und Unvollkommen-
   heiten, sondern schätzt Euch als das ein, was Ihr wirklich seid!
   Errötet wegen Eurer Unbeständigkeit und Untreue vor Gott
   und vertraut auf Ihn! Legt Euch ruhig in die Arme des himmlischen Vaters, wie ein kleines Kind sich in die Arme der Mutter legt!

6. Werdet wegen Eurer Tugenden nicht überheblich, sondern bedenkt,
   daß alles Gute von Gott kommt. Seid eifrig darin, Ihm Ehre und
   Herrlichkeit in unendlicher Danksagung zu geben!

7. Unternehmt nichts, auch nicht die kleinste und unwichtigste
   Sache, ohne Euch zuerst an Gott gewendet zu haben!"

# Mit dem Mut zur Wahrheit beginnt es...

Botschaft vom 23.06.1972

„Wer sich für Gott entscheiden will, muß Mut haben.
Du wirst solchen begegnen, die nicht den Mut haben, sich so wie sie sind, Gott zu stellen. Im Lichte Gottes erkennt man als Mensch dieser Welt seine Fehler auch so, wie sie einmal gewesen,– sobald der Mensch den Vorhang seines Innenlebens zurückzieht und Gott hineinleuchten läßt.

Und so sage jedem, der mit Dir über Gott sprechen möchte, daß er vor Gott bereuend um Vergebung bitten soll, für alles, was in der Vergangenheit in seinem Leben an nicht-Gutem noch liegen könnte.
Dann wird etwas ganz neu ...“

## Meditation

Welchen Mut müßten wir aufbringen, um in einen Spiegel zu schauen, der uns nicht nur unsere Vor-, sondern schonungslos auch unsere Nachteile offenbarte!

Betrachten wir zuerst große Vorbilder, die diesen Schritt mit ganzer Hingabe wagten. Wie sehr ergreift uns, was der Herr offensichtlich den heiligen Pfarrer von Ars erleben ließ auf seine Bitte hin, sich einmal in Seinem Licht schauen zu dürfen: Was muß er durchlitten haben, wenn er Ihn inständigst anflehte, diese grausame Enthüllung der Wahrheit über ihn selbst zu beenden, damit er nicht vergehe. Offenbar erfüllte die Liebe des Herrn seine Bitte, um ihn, den weithin so geschätzten Beichtvater, in der Gnade der Demut zu erhalten (für ihn wurde sogar eine besondere öffentliche Verkehrsverbindung von Lyon nach Ars eingerichtet).

Auch Pater Pio gewährte der Herr diesen schonunglosen Einblick kurz vor seiner Stigmatisierung.
Offenbar wollte Er Ihm die Gnade erweisen, ihn erkennen zu lassen, wie sehr er bei all seinen außergewöhnlichen Gaben Seines göttlichen Erbarmens bedürfe.
Auf diese Weise wurde auch er vor der größten Gefahr bewahrt, die ihn mit Sicherheit bedroht hätte angesichts dieser hohen Auszeichnung, vor der Gefahr des Stolzes.

So erfuhr er an sich die Wahrheit, die frei macht: frei von jeder Form der Ichverhaftung und frei zur Seligkeit, dem Herrn zu dienen.

Um auch uns dahin zu führen, erinnert er uns an ein Bild des Johannes vom Kreuz: Ein Vogel, die mit einem dünnen Faden angebunden ist, kann ebensowenig fliegen wie einer, der durch einen Strick festgehalten wird.

Pater Pio will uns in den folgenden Botschaften konkreter darauf vorbereiten, das Glück der N e u - W e r d u n g an uns zu erfahren. Daher zeigt er uns, wie wir die „dünnen Fäden" erkennen und von ihnen befreit werden können.
Zunächst weist er hin auf Grundvoraussetzungen für solches Neu-Werden.

Gebet

O Herr, gib uns schon hier auf Erden
den befreienden Mut zur Wahrheit
über uns selbst:
die Demut!

Du möchtest uns Mut machen,
Dir jede Sünde zu bringen.
Dank sei Dir,
daß Du uns dadurch immer wieder
das Glück der N e u -W e r d u n g erfahren lassen möchtest:
das unverdiente Geschenk Deiner vergebenden Liebe,
das uns Dir näher bringt,
das uns das Innerste Deines Herzens erschließt.

# Wie kann Unbewußtes, Verdrängtes aufgedeckt werden?

Botschaft vom 20.1.1973

„Wer vom Herrn besonders gesegnet werden will, um dann auch für andere ein Segensträger zu sein, der muß sich von Ihm in die Gebetsstille führen lassen. Diese Gebetsstille kann man nur erreichen, wenn man auf allerlei unnütze Liebhaberei in der Außenwelt verzichtet, ohne sich persönliche Freuden abzutun.

Wenn wir uns nun recht weit für das Wirken des Heiligen Geistes öffnen, wird Er in uns aufdecken und auch ausräumen wollen, was an Fehlern, Schwächen und Gebrechen in den dunklen Winkeln unseres Herzens verborgen ist. – Und das Zukurzkommen der Gebetsstille".

## Meditation

Pater Pio weiß, wie schwer es uns heute fällt, O a s e n der G e b e t s - s t i l l e zu schaffen, in denen wir der verborgenen Sehnsucht Raum geben könnten, uns dem Wirken des Heiligen Geistes zu öffnen. Wie würden wir sonst zu der so nötigen Selbsterkenntnis gelangen?

Er, der um alles weiß, möchte auch in die dunkelsten Kellerräume unserer Seele hineinleuchten, in denen manches lagert, was wir nicht anschauen wollen oder vergessen haben.

All dies will Er ans Tageslicht Seiner heilenden Liebe bringen und uns sensibel machen für das, was uns davon abhalten könnte, das „Ziel unseres Lebens" zu sehen und im Auge zu behalten:

**„Ganz für Christus da zu sein"**

Die Erkenntnis und Heilung der eigenen Fehler und Schwächen ist die Voraussetzung, um für andere zum Segensträger zu werden.

## Gebet

Heiliger Geist, gib uns die Gabe der U n t e r s c h e i d u n g, damit wir statt der vielen Zerstreuungen echte Entspannung suchen für Körper und Geist!

So rege uns an, uns immer mehr in der Kunst des Ü b e r w i n d e n s  zu üben, damit wir Zeit finden für Stunden der Stille, in denen wir offen sind für die Verwandlung, die mit S e l b s t e r k e n n t n i s  beginnt!

## „Hindernisse für den Anschluß an den Herrn"

Pater Pio gibt Impulse zur Gewissenserforschung

Botschaft vom 27.09.1976

„Der Menschen Leidenschaften sind gar viele. Es kann die G e d a n -
k e n w e l t sein, die immer wieder von neuem Sündentore öffnet. Oft
sind es die Augen!
Aber auch die ungezügelte Z u n g e ist oft Anlaß, Schaden anzurichten.

M e n s c h e n f u r c h t steht oft dem gläubigen Leben im Wege.

Oft kommen die Hindernisse durch N i c h t - V e r z e i h e n - K ö n -
n e n , Unversöhnlichkeit, wenn der andere um Nachsicht bittet. Ich sage
einem jeden: Vergebt auch solchen, die ihre Fehler nicht einsehen, selbst
wenn keine Versöhnung gezeigt oder darum angehalten wurde."

Meditation

Wie oft unterschätzen wir die starke Macht der Gedanken. Sie können
Sündentore öffnen und führen sogar oft zu Taten.
Pater Pio regt uns an, sie zu k o n t r o l l i e r e n .

Offenbar will er uns durch diesen Hinweis bewußt machen: Wir stehen
immer wieder neu vor der Entscheidung,

ob wir uns durch positive Gedanken
(wie Wohlwollen, Vertrauen,
Versöhnung, Mitleiden, Güte etc.)
einschalten in den Kraftstrom
der göttlichen Liebe,
oder ob wir durch negative Gedanken (durch Gefühle des Mißtrauens,
des Hasses, des Nicht-Verzeihen-Könnens, des Stolzes, des Selbstmitleids,
der Mißgunst, der Angst, der Verzweiflung, etc.) unsere Schleusen
öffnen für das Kraftfeld des Bösen.

Durch die Erkenntnisse der psychosomatischen Medizin wissen wir einiges über die folgenschweren Auswirkungen unserer Gedanken: Sie sind eine Realität. Sie können uns selbst krank oder gesund machen. Sie können auch anderen Menschen schaden oder heilend auf sie wirken. Ja, sie können die Atmosphäre vergiften oder verbessern.

Pater Pio will uns bewußt machen, welche Verantwortung wir im Verborgenen haben.

## Wie können wir unsere Gedanken aus dem Bannkreis des Bösen ins Licht erheben?

Pater Pio gibt die gleiche Antwort wie die klassische Mystik: Er rät, das Leben und Leiden des Herrn zu betrachten, um in Seinen Kraftstrom einzutauchen, in dem wir fähig sind, der finsteren Gedanken, die in uns hineingefunkt wurden, Herr zu werden (er sagt: „Versetze dich oftmals in das Erlösungswerk"...und: „Ich setzte täglich neu an, Seine Liebe und ganze Demut zu erfassen").

Denken wir immer daran, daß auch unsere Z u n g e die Wahl hat, Segen zu wirken oder Schaden anzurichten?

Die Bibel hält für uns diesbezüglich überraschend aufschlußreiche Worte Jesu bereit:

*„Nichts ist verhüllt und nichts ist verborgen, was*
*nicht bekannt werden wird"* (Lk 12,2)

*„Deshalb wird man alles, was ihr im Dunkeln redet,*
*am hellen Tage hören, und was ihr einander hinter*
*verschlossenen Türen ins Ohr flüstert, das wird man*
*auf den Dächern verkünden"* (Lk 12,3).

*„Über jedes unnütze Wort, das die Menschen reden,*
*werden sie Rechenschaft ablegen am Tage des Gerichtes.*
*Denn nach deinen Worten wirst du gerecht gesprochen*
*und nach deinen Worten wirst du verurteilt werden"* (Mt 12,36).

Vor unnützen Schwätzereien warnt Pater Pio an anderer Stelle.

## Was aber sind „unnütze Schwätzereien"?

Um dies zu ergründen, können uns vielleicht die „drei Siebe des Sokrates" hilfreich sein, durch die er alles filterte, was er sagen wollte:

Das erste Sieb:     Ist es wahr?

Das zweite:     Ist es gut?

Das dritte:     Ist es wichtig?

Der erfahrene Seelenführer Johannes vom Kreuz will uns durch ein markantes Wort zur Vollkommenheit verhelfen:

„Halte Zunge und Gedanken straff im Zaum, hege stets Inbrunst zu Gott, und der göttliche Geist wird dich d u r c h g l ü h e n !"(1).


Gebet

Hilf uns, o Herr, daß uns dies gelingt! Und gib uns die Gnade, daß wir frohen und dankbaren Herzens das Wort ernst nehmen:

*„Wißt ihr nicht, daß euer Leib ein Tempel des Heiligen Geistes ist"*
(1 Kor 6,19)?


-- -- -- --


Ein lebendiges Beispiel für besiegte M e n s c h e n f u r c h t haben wir in Makarios dem Großen vor Augen. Er ließ sich nicht aus der Ruhe bringen, als Menschen ihn grausam verleumdeten, mißhandelten. Von einem Mädchen wurde er beschuldigt, der Vater ihres Kindes zu sein.
G e l a s s e n ertrug der fromme Einsiedler alle Beschimpfungen und alle Verachtung der Dorfbewohner. Ja, er ließ es sogar zu, daß der falsche Verdacht noch dadurch verstärkt wurde, als er – aus Mitleid – für das Mädchen durch seine Arbeit den Lebensunterhalt verdiente.


-------

1 Johannes vom Kreuz, Lebendige Liebesflamme.

Doch als die Stunde der Geburt kam, zeigte es sich, daß die junge Mutter nicht gebären konnte, bis sie ihre Lüge und damit die Unschuld des Makarios bekannt hatte.

Er aber blieb g e l a s s e n und ließ sich selbst dadurch nicht beeindrukken, daß die Leute ihn plötzlich wie einen Heiligen verehrten.

Wir fragen uns vielleicht: Was steckt hinter dieser beneidenswerten Gelassenheit?

Pater Pio weiß um ihr Geheimnis. So rät er uns eine bittere, aber befreiende Medizin:

> „Demütigen wir uns unablässig, als ruderten wir ständig
> gegen den Strom!" (LM).

### Wie aber kann eine solche Umkehr in uns geschehen?

Was gibt uns die Kraft dazu?

Pater Pios Beispiel verrät es uns:
Gott läßt keinen im Stich, der Ihm ganz vertraut und um Seinetwillen etwas wagt.

Gespräch mit dem Herrn

Schenke auch uns diese beneidenswerte Freiheit von Menschenfurcht! Hilf uns, daß auch wir wie Makarios nicht darauf achten, was Menschen über uns denken, sondern darauf, ob unser Denken, Reden und Handeln in Deinem Sinne ist. So laß uns wie Schwester Faustine beten:

> „Verbirg mich, Jesus, in den Tiefen Deiner Barmherzigkeit, dann mag
> mich mein Nächster beurteilen, wie es ihm gefällt!" (1).

Zum Schluß dieser Botschaft weist uns Pater Pio liebevoll auf eins der gefährlichsten Hindernisse zu Dir hin: Die Unversöhnlichkeit.

-------
1 Tagebuch der Schwester Maria Faustyna Kowalska (Hauteville 1993)

So bitten wir Dich, o Herr: Komm uns zu Hilfe durch Deinen Heiligen Geist: Schenke uns die Bereitschaft, nicht nachtragend zu sein, sondern unter allen Umständen zu v e r z e i h e n.

Du weißt, o Herr: Wenn innere Verletzungen nicht heilen wollen, fällt uns dies so schwer ...

### Was kann uns in dieser Not helfen?

Der beste und liebevollste Therapeut bist Du selbst, o Herr.
Du ließest uns etwas Wunderbares entdecken: Die „Heilung der Erinnerung", in der Du sogar die Wunden aus der Vergangenheit heilst, wenn wir Dich darum bitten (2).

Und auch um das Schwierigste bitten wir Dich:
Schenke uns selbst die Liebe zu denen, die keine Versöhnung wollen, zu all unseren F e i n d e n, so wie Du es uns vorgelebt hast, als Du betetest:

*„Vater, vergib Ihnen, denn sie wissen nicht, was sie tun"* (Lk 23,34).

---

2 Näheres darüber im folgenden Kapitel.

# Wenn wir unter Komplexen leiden

Botschaft vom 06.02.1972

„Niemand von euch kann dafür, wenn er von Zeit zu Zeit von Komplexen befallen wird. Wer da in der Stille immer wieder klagt, als sei er nicht würdig: Dennoch zählt er zu den Würdigen.

So trachte ein jeder nach einer tiefen Demut (im Sinne von Gottvertrauen, W.K.). Erkenne ein jeder die Redlichkeit seiner Gefühle und verdränge jeden Zweifel aus Mitleid mit sich selber. Um so stärker wird aus ihm ein würdiges Wesen der Schöpfung.

Und hell wird seine Stimme klingen, statt bedrückt wie jemand, der belastet ist (Belastung ist hier nicht moralisch gemeint. W.K.), während er im Leben steht, neu um Gnade fleht und Genüge tut im Guten".

## Meditation

Der Herr kennt uns durch und durch. Er weiß auch, daß uns zuweilen das Gefühl packt, Versager vor Ihm und den Menschen zu sein. So kommen wir oft in Gefahr, uns nicht annehmen, uns nicht lieben zu können.

In solchen dunklen Stunden steigt manchmal die Frage in uns auf:
Wie können wir von solch quälenden Komplexen, inneren Verwundungen und von der Angst befreit werden, mit all unseren Fehlern und Belastungen nicht anerkannt und letztlich nicht geliebt zu sein?

Diese Frage hat Sein Ohr längst erreicht. In dieser Botschaft gibt Er uns Antwort.

Sie will in ihrer Tiefe ausgelotet werden, denn sie zeigt die Voraussetzungen für die **innere Heilung**, ein Gnadengeschenk, wofür der Heilige Geist uns in diesem Jahrhundert die Augen öffnet. Es wird weltweit mehr und mehr entdeckt (1), in dem Maße, wie uns klar wird:

------

1 Hier sei beispielhaft Barbara Shlemon genannt. Sie machte die neuartige Therapie „Innere Heilung" durch „Heilung der Erinnerung" bekannt, die nachweisbare Heilerfolge hat: Francis Mac Nutt / Barbara Shlemon, Heilendes Gebet (Köln 1984).

**Es gibt Verwundungen, die nur Gott heilen kann in Seiner Allmacht und Liebe.**

Sicher denkt der Heilung Suchende heute vor allem an die guten Verdienste der Psychotherapie. Aber wir wissen auch um ihre Grenzen. Stellvertretend für viele hat uns Hans Schaller darauf hingewiesen: In seinem Buch „Ja zu meinen Umwegen" gibt er zu bedenken:

> „Psychologisches Wissen vermag zu klären, Zusammenhänge aufzudecken und dadurch Heilung vorzubereiten. Es führt daraufhin, vermag dies selbst aber nicht zu erwirken ...
> Wir können die Ursachen für unser Scheitern immer deutlicher erkennen, präziser in Zusammenhänge hineinblicken, ohne dadurch – und das ist die Grenze – schon fähig zu werden, diese Wirklichkeit auch innerlich anzunehmen.

> Das innere Ja, die Aussöhnung, das gute Verhältnis zur Wirklichkeit: All das, was hier gefragt ist, braucht mehr, als die Funktion des Verstandes leisten kann. Es hat seine Wurzeln in einer größeren personalen Tiefe – ist ganzheitlicher und umfassender.
> Wissen allein heilt nicht. Das, worüber wir klare Kenntnis haben, ist dadurch nicht schon integriert und angenommen." (Hans Schaller SJ, Ja zu meinem Umwegen (Mainz 1990) 71f)

**Wie weist diese Botschaft den Weg zu einer umfassenden „Inneren Heilung"?**

Durch seinen Hinweis auf D e m u t und G o t t v e r t r a u e n packt Pater Pio das Übel an der Wurzel: Er entlarvt damit die destruktive Kraft, die sich hinter allen negativen Gefühlen verbirgt.

Es ist derselbe Feind der Seele, der versucht, uns durch versteckten S t o l z in seine Gewalt zu bekommen.

Hier führt er die gegenteilige Strategie ins Feld: Er funkt in unsere Gefühle hinein mit dem Ziel, uns zu entmutigen, die Freude am Leben zu nehmen, ja, M i ß t r a u e n gegenüber der Liebe Gottes in unsere Herzen zu säen, uns so in die Verzweiflung hineinzuziehen. So redet er uns Skrupel ein, daß wir zu unwürdig sind, um auf die Erhörung unserer Gebete hoffen zu können, natürlich mit dem Ziel, unser vertrauenvolles Beten zu verhindern, es als zwecklos zu bezeichnen. Offenbar weiß er, daß wir im Gebet in so engen Kontakt mit Gott kommen, daß darin unsere Persönlichkeit umgestaltet, ja von Grund auf geheilt werden kann.

## Gespräch mit dem Herrn

Gestärkt durch diese Botschaft kommen wir voll Vertrauen mit allen Verwundungen, die noch im Unterbewußtsein rumoren, zu Dir.

So wie Du damals Deinen Jüngern Heilung von Angst und Kleinglauben brachtest, so willst Du auch heute noch Deinen Kindern heilend zu Hilfe kommen. Stärke in uns diesen Glauben: Strahle mit dem Licht Deiner Liebe, die die Finsternis der Welt besiegt hat, hinein bis in die dunkelsten Winkel unseres Herzens, dahin wo die Ängste und Komplexe hausen!

Du gibst uns die Chance, mit Dir alle Ereignisse zu durchdenken, die in der E r i n n e r u n g immer wieder schmerzen, die uns Kummer machen, weil sie blamabel und demütigend oder sogar ungerecht waren.

Aus eigener E r f a h r u n g und durch die Z e u g n i s s e anderer wurde es mir klar: Wenn wir uns daran gewöhnen, unbewältigte Erlebnisse und Erfahrungen mit D i r zu b e s p r e c h e n , werden sie sich allmählich verwandeln: Sie verlieren ihren Stachel, die Bitterkeit verschwindet, und wir können immer wieder auf sie zurückkommen, ohne uns aufzuregen.

Sind solche Nöte letztlich ein Weg, Dich doch noch zu finden oder Dir tiefer zu begegnen?

Läßt Du die Ängste zu, um uns aus der Reserve zu locken, damit wir alles tun, um sie in Deiner Kraft zu überwinden? Und schützen sie uns nicht vor der schlimmsten Gefahr: Vor der des Stolzes?

So begriff ich mehr und mehr das Wort des heiligen Paulus:

„*Danket immer und für* a l l e s ”(Eph 5,20).

Und:

*„Alles gereicht denen zum besten, die Ihn lieben"* (Röm 8,28).

Immanuel Kant bezeugt: Zwar habe er im Laufe seines Lebens viel gelesen, aber das, was ihn in schweren Stunden am meisten zu trösten vermocht hätte, seien Worte aus der Heiligen Schrift gewesen. Es waren die Worte:

*„Fürchte dich nicht, denn ich bin bei dir"* (Jes 43,4).

Ist Pater Pios Rat zu d e m ü t i g e m  G o t t v e r t r a u e n aktuell im heutigen Zeitalter der Postmoderne?

Wir spüren deutlich, warum er gerade dies in unsere Zeit hineinruft, in der – mehr oder weniger ausgesprochen – „S e l b s t e r l ö s u n g " zum weitverbreiteten Prinzip geworden ist, – eine Konsequenz aus den Lehren der New Age-Bewegung?! Verfechter dieses Prinzips übersehen neben ihren sympathischen Hinweisen auf „Positives Denken" etc. die menschliche Begrenztheit und das totale Angewiesensein auf Gottes Hilfe, gerade bei der sogenannten „Selbstverwirklichung".

### Mit Pater Pio durch Demut auf den Boden der Realität!

Aus eigener Erfahrung wußte Pater Pio um die Wirksamkeit dieser starken Waffe. Ja, an ihm sehen wir ganz deutlich, wie der Demütige mit beiden Beinen auf dem Boden der Realität steht:

Obwohl er durch seine außerordentlichen Gnadengaben im Rampenlicht der Weltöffentlichkeit stand, war er sich bewußt, daß ohne die engste Verbindung mit Gott nichts von alledem hätte geschehen können.

Wie bewährte sich diese Haltung in den härtesten Prüfungen des Alltags?

Als Kränkungen und gemeine Verleumdungen sein Selbstwertgefühl tief verletzen mußten, schöpfte er daraus die Kraft, trotz seines cholerischen Temperamentes nicht mit Empörung, stolzer Abwehr oder Selbstmitleid zu reagieren. Er wußte, daß der Kampf mit solchen Waffen des kleinen Ichs nur die Mächte der Finsternis stärken würde. Etwas ganz anderes tat er:

Er hatte das Geheimnis des Lobpreises erfahren, das uns Psalm 22,4 verrät: Gott wohnt in den Lobgesängen seines Volkes. So berichtet er: „Ich rühmte Ihn um so stärker ..." (2) Ja, er war überzeugt, daß da, wo Seine Gegenwart immer mehr Raum gewinnt, alles Böse verschwinden muß. Im Lobpreis wurde sein demütiges G o t t v e r t r a u e n zu einem Bollwerk gegen all das, was ihn niederdrücken wollte, und darin erfuhr er reichen Trost (Vgl. „Die Macht des Lobpreises").

Und wir? Liegt uns in der Bedrängnis von Komplexen und Ängsten diese wunderbare Waffe nicht doch zuweilen recht fern?
Diese Botschaft will sie uns näherbringen.

### Worauf gründet gesundes S e l b s t v e r t r a u e n , das stärker ist als Komplexe und Ängste?

Ja, besonders in unseren dunklen Stunden könnten wir von Pater Pio und von allen, die durch Demut und Gottvertrauen heil und heilig wurden, lernen!
Ihr Vertrauen in Seine Führung bewahrte sie davor, zu sehr um ihr eigenes Ich zu kreisen. Stattdessen schauten sie auf Ihn: Sie glaubten Seiner Frohbotschaft, die uns das Einzig-Not-wendende sagt und bezeugt: Daß Er jeden einzelnen l i e b t, obwohl er uns alle bis auf den Herzensgrund d u r c h s c h a u t.

### Wie kann diese Gewißheit unser Leben verändern?
Sie kann uns befreien von den Resten des falschen Gottesbildes, das uns Angst einflößte. (die Kleine hl. Therese nennt die Menschen, die an Gottes Liebe zu uns zweifeln, die eigentlichen Atheisten, weil sie nicht an den richtigen Gott glauben).

Gespräch mit dem Herrn

O Herr, laß die entscheidende, so oft vergessene Wahrheit in uns endlich zum Durchbruch kommen: Ich bin Dein Kind, ein Kind des höchsten Königs! Ich bin Dein Ebenbild. Du hast einen Funken Deines göttlichen Lebens in mein Herz gelegt, Licht von Deinem Licht. Ich bin Dein einmaliger, unverwechselbarer Gedanke.

Tag und Nacht habe ich Zutritt bei Dir, kann alles abladen, was mich bedrängt. Ja, Du wartest auf mich. Du freust Dich, wenn ich komme ... und Dir Zeit schenke.

Die Worte Seuses: „Gott hat Dich in seiner Ewigkeit so liebevoll umfangen, daß ER Dich niemals mehr lassen will", stärken in uns diese Gewißheit.

Ich bin Dir so viel wert, daß Du es Dich Deinen Sohn kosten ließest, um mich zu retten. Ja, D U hast alles getan, um uns würdig zu machen. „Du hast uns wunderbar erschaffen und noch wunderbarer erneuert".

Nur im Lichte solcher Erkenntnis kann trotz meiner Fehler und Schwächen gesundes Selbstvertrauen wachsen, das die Minderwertigkeitskomplexe heilt, indem es den Ängsten den Nährboden entzieht, – dieses Selbstvertrauen, das nichts zu tun hat mit aufgeblähter, egoistischer Selbstbehauptung, sondern im Gottvertrauen wurzelt: In dem Vertrauen, daß Dein Gedanke, der mich ins Leben rief, Dir etwas wert ist.

Erst dann, wenn ich diese Kernwahrheit unseres menschlichen Daseins erkenne (und in meinem Leben annehme), kann ich jede Spur von Selbstverachtung überwinden. Und erst dann, wenn ich mich selber annehmen und lieben lerne, bin ich fähig, dem Sinn des Lebens näher zu kommen: Dich und den Nächsten wie mich selbst zu lieben und so Dir immer ähnlicher zu werden.

Meditation

**Ein königliches, aber zugleich gefährliches Geschenk.**

Das hohe Ziel, zu dem der Herr die Menschheit führen will, Seine ewige Gefährtin zu sein, zeigt uns, wie sehr Er den Menschen achtet. Daher hat Er ihm die F r e i h e i t gegeben, ohne die eine Antwort echter Liebe nicht denkbar ist. Sie führt uns in den Kampf.

In meinen dunklen Stunden habe ich immer wieder die Wahl:
entweder einen W a c h t p o s t e n in mir
aufzustellen, der die Gedanken prüft,
ob sie aus den drei Quellen des Stolzes,
des Unglaubens und der Furcht
stammen, und zugleich diese im Namen Jesu
zurückzuweisen             oder all die Zweifel, Komplexe
                                       und Ängste zu p f l e g e n und darin zu v e r h a r r e n, sodaß sie uns
von dem befreienden Leben in
Seiner Gegenwart zurückhalten,

entweder wie Maria zur Führung
Deines Geistes „Ja" zu sagen aus
der Demut, die vertrauensvoll
das Wort wagt: „Nicht mein, sondern-
D e i n   W i l l e   g e s c h e h e "!

oder wie der „Auf-sich-Selbst-
Fixierte" die Führung Seines
Geistes nicht zu beachten, aus
dem Stolz, der nur dem
E i g e n w i l l e n folgt,

entweder der Liebe zu Ihm und
dem Nächsten den  e r s t e n   P l a t z
einzuräumen

oder diese Sehnsucht verschütten
zu lassen durch all die vielen
A b l e n k u n g e n, die uns abstump-
fen, ja lähmen wollen, sodaß wir
kaum Zeit für Ihn erübrigen, für das
Verbundensein mit Ihm und damit
die Vollmacht verlieren, dem
Bösen zu gebieten.

Wie schwer ist der tägliche Kampf mit dem eigenen Ich, eigentlich mit den „Mächten und Gewalten", die hinter unseren Problemen und Schwierigkeiten stehen! Aber wir ahnen den verborgenen Sinn dieser Kämpfe. Gott läßt sie zu, damit wir uns im Ü b e r w i n d e n üben, als Vorbereitung auf das hohe Ziel.

Gespräch mit dem Herrn

Herr, gib uns Deine Gnade, damit wir siegreich aus solchen Kämpfen hervorgehen:
Präge uns das Kernwort der Demut immer tiefer ins Herz ein: „Nicht ich, sondern Christus in mir". Dann können wir mit dem Psalmisten sagen:
*„Alles vermag ich in dem, der mich stärkt"* (Phil 4,13).

Alles ....? Willst Du uns wirklich so sehr teilhaben lassen an Deiner göttlichen Vollmacht?
Deine Antwort, die ich in der Bibel fand, ist sehr anschaulich:

*„ Wenn Euer Glaube auch nur so groß wäre wie ein Senfkorn, würdet Ihr zu dem Maulbeerbaum hier sagen: Heb Dich samt Deinen Wurzeln aus dem Boden, und verpflanz Dich ins Meer!, und er würde Euch gehorchen".*

Und: *„ Wer an mich glaubt, wird die Werke, die ich vollbringe, auch vollbringen, und er wird noch größere vollbringen, denn ich gehe zum Vater".*
*„Alles ist dem möglich, der glaubt."* (Lk 17,6; Joh 14,12; Mk 9,23)


Meditation

Pater Pio mahnt eindringlich in derselben Botschaft,

**Zweifeln keinen Raum zu geben.**

Ja, all dies, was der Herr Seinen Kindern als Erbe anvertraut, hängt an diesem überaus wichtigen Faden (1), den der Widersacher so gern zerreißen möchte.
Da Satan weiß: Wir empfangen genau nach dem M a ß e  unseres Glaubens, ist er höchst interessiert daran, diesen Glauben ins Wanken zu bringen, indem er uns Zweifel einflößt. Er will die Verbindung mit Ihm zerstören.

Wie der leiseste Zweifel unsere Kraft und Vollmacht zunichte machen kann, sehen wir erschreckend konkret an Petrus. Solange er fest den Blick auf Ihn gerichtet hatte, konnte er sogar übers Wasser gehen. Aber eine Sekunde „Blick in die Tiefe unter ihm, in Angst und Zweifel" unterbrachen die Verbindung zu Ihm und zogen ihn hinab. Doch als er um Hilfe schrie, war Er sofort da. Und was Er ihm sagte ... – wie oft sagt Er es auch traurig zu uns –:
    *„Kleingläubiger, warum hast Du gezweifelt?"*(Mt 14, 31).
Und:
    *„ Warum habt ihr solche Zweifel in eurem Herzen?"* (Lk 24, 38).

-------
1 Vgl. die Botschaft „Wichtige Voraussetzungen für vollmächtiges Beten"

Gebet

Befreie uns,
Herr,
von allen Zweifeln,
die aus Mißtrauen
gegen Deine allmächtige Liebe
uns überkommen!

Sie öffnen der Angst die Tür,
die auch die Minderwertigkeitskomplexe im Schlepptau hat.
Halte das Wort in uns wach:
„Gebt dem Teufel keinen Raum"!

## „Einfach-Sein" gibt Gott mehr Raum

Botschaft vom 27.9.1969

„Ich muß dich wissen lassen: Was Gott zu Seiner Verherrlichung dient, sind einfache, schlichte Menschen. In solche legt Gott Seine Vollmachten hinein. Behalte deine Treue, die Gott dir lohnt! Recht oft braucht dich Gottes Geist, um Christus zu verherrlichen".

### Meditation

Wie kommen wir dem Geheimnis der christlichen Einfalt näher?
Oft wird sie in den Augen der Welt gedeutet als Naivität, als mangelnder Realismus. Der Volksmund spricht sogar von „Einfaltspinseln" im Sinne von Einfallslosigkeit und Dummheit. Der Herr aber hat sie uns vor Augen gestellt in Einheit mit der Klugheit:
> *„Seid klug wie die Schlangen und arglos wie die Tauben"*
> (Mt 10,1)

### Doch worin besteht die Klugheit der Einfältigen? Wodurch verherrlichen sie Gott?

Indem sie mit aller Konsequenz ihren Weg im Blick auf Ihn gehen, weil sie, wie Paulus mit größtmöglicher Klarheit sagt: „Seine jedes Erkennen übersteigende Liebe" erkannt und an sie geglaubt haben. Ihnen genügt es zu wissen, daß Er, der höchste, liebende und allmächtige Herr, sie unverwandt anschaut.
Sie haben die Worte des Herrn in ihren Herzen bewahrt:

> *„Ich preise Dich, Vater, Herr des Himmels und der Erde,*
> *daß Du es den Klugen und Weisen verborgen,*
> *und es den Unmündigen offenbart hast"* (Mt 11,25f).

> *„Selig die Armen im Geiste, denn ihrer ist das Himmelreich"* (Mt 5,3).

> *„Amen, das sage ich euch: Wenn ihr nicht umkehrt und wie die Kinder*
> *werdet, könnt ihr nicht in das Himmelreich kommen. Wer so klein sein*
> *kann wie dieses Kind, der ist im Himmelreich der Größte. Und wer ein*
> *solches Kind um meinetwillen aufnimmt, der nimmt mich auf* (Mt 18.3-5).

> *„Selig, die reinen Herzens sind, denn sie werden Gott schauen* (Mt 5,8).

# DAS GEHEIMNIS
# DES LEIDENS

## V. DAS GEHEIMNIS DES LEIDENS

### Ist Leid Strafe?

Botschaft vom 3.2.1973

„Sei still, mein Sohn! (Dabei fühlte ich seine Hand über mir, Anm. d. Sehers). Freue Dich! Denn wisse das eine: Der Mensch entwickelt sich, so er von Gott gelenkt, nach aufwärts durch das Leid, das über ihn kam. Und so sage ich Dir, daß es keinen anderen Pfad zur Höhe gibt als durch die Pforte des Leides. Sei stets weise, und erkenne es auch in Prüfungen. Aber was jedes Menschen Sinn verwirrt, was auch sein Herz zerquält hat, ist der Grund, nicht erkennen zu wollen. Menschen halten für Züchtigung, was Liebe ist. Dabei sind sie weit entfernt, von Gott bestraft zu werden, auch wenn es als Geißel harter Art erscheint. Daraus erwächst Liebe, Barmherzigkeit, Hilfe. Tief zwar sind alle Gottesgeheimnisse und -entscheidungen; doch klar und hell sind sie wie der Leib edlen Gesteins.
Preiset also die Göttlichkeit, sofern ihr den verborgenen Sinn des Leidens erkannt! Es ist ein Sich-Durch-Ringen bis zur milden Hand des Ewigen. Dieses ist eine Essenz des wahren Erdenlebens:
Jeder Schmerz, den du auf Erden erlebst, ist wert, daß du ihn trägst."

### Kommentar des Sehers

Schon jetzt erfahren wir, wie uns durch Leiden **Liebe, Barmherzigkeit, Hilfe** erwachsen. Aber erst recht wird dies uns drüben zuteil: Wenn wir z. B. gegen die Liebe zum Nächsten gefehlt haben, ist die Barmherzigkeit Gottes im Leiden schneller bei der Hand aus Liebe zu dem Geschöpf, das da gefehlt hat.
Wenn wir uns bemühen, den Kontakt mit dem Geist Gottes herzustellen, dann ist das ein **Sich-Durch-Ringen bis zur milden Hand des Ewigen.** Ich glaube, wenn der Mensch durch tiefes Leid geführt worden ist, dann bewirkt das Greifen nach der milden Hand des Ewigen, daß er sich fühlt, als wenn ihm nichts an Leid geschehen wäre.
**Die Essenz des wahren Erdenlebens** ist die Urspur, die der Mensch zu gehen hat, damit er zur **milden Hand** kommt. In der heiligen Schrift steht: „Ihr seid das Salz der Erde". Das ist die geringe Schar, die in der Nachfolge steht; wenn sie in einigen stumpf wäre, dann wäre zum Salzen nichts mehr da.

## Meditation

Nach dieser Einführung in das Mysterium des Leidens erkennen wir, daß es ganz andere Hintergründe hat, als wir so oft vordergründig vermuten, weil der Segen, der darauf ruht, uns verborgen bleibt!

Wieviele Menschen haben noch die gleiche Vorstellung wie sie Ijobs Freunde hatten: Leid ist eine Strafe Gottes! In dieser Botschaft will Gott der Herr uns befreien von diesem falschen Gottesbild.

Er wollte das Leiden nicht. Aber die Liebe war ihm so viel wert, daß er das größte Risiko eingegangen ist:
Er gab dem Menschen Freiheit. Als dieser durch den Mißbrauch der Freiheit Leid verursachte, hat er es selber sühnend für uns auf sich genommen und es dadurch geheiligt, so daß es in seiner Nachfolge aufwärts trägt.

Durch Pater Pios Vorbild wird uns gezeigt, wie wir mitten im Leiden Gottes Hilfe, Trost und Kraft erfahren können. Im festen Vertrauen auf das Wort: „Denen, die Gott lieben, wird alles zum Besten gereichen" konnte er in seinen dunkelsten Stunden wie Paulus und Silas im Kerker Gott loben und preisen. So hat er uns gezeigt, wie wir uns **durchringen können zur milden Hand des Ewigen.**

Daß Gott denen, die ihn lieben, wirklich alles zum Besten gereichen läßt, erkennen wir an folgenden Beispielen:

Die russische Philosophin Tatjana Goritschewa konnte am 12. Mai 1992 in einem Vortrag berichten:
„Viele meiner Freunde, die wegen ihres Glaubens verfolgt im Gefängnis saßen, erzählten mir, daß es die glücklichste Zeit ihres Lebens war, an der Grenze zwischen Tod und Leben zu existieren, jeden Tag zwischen dem Teufel und Gott auszuwählen. Gerade in der Grenzsituation ist Gott spürbar nahe. Das Gebet zur Gottesmutter hat sie alle gerettet".

Daß Leid offenbar nicht als Züchtigung, sondern aus Liebe gegeben ist, wird uns auch durch die Erfahrungen der Elisabeth Kübler-Ross mit Krebskranken nahegebracht. Sie vertrauten ihr an, daß diese Leidenszeit die wertvollste Phase ihres Lebens gewesen sei.

Ebenso wissen wir von zwei Franziskanerpatres aus Jugoslawien, die ungerechterweise jahrelang im Gefängnis festgehalten wurden, daß es für sie eine Zeit der Gnade war, die sie nicht missen wollten, weil sie ihre Mitgefangenen seelsorglich aufrichten konnten, sodaß z. B. der eine von seinen Mitgefangenen die dankbaren Worte hörte:
„Dein Schicksal wurde für mich Gnade".

Wie sehr das Leiden eines Menschen für viele zum Heil werden kann, hat uns der Herr eindrucksvoll durch das Leben des hl. Ignatius von Loyola vor Augen gestellt. Als er durch eine schwere Verwundung aus der glänzenden Offizierskarriere herausgerissen wurde, öffnete sich das Tor für seine Bekehrung und für das danach folgende weltweit so segensreiche Wirken der Jesuiten, das mit ihm begann.

## Warum durchkreuzt Gott der Menschen Pläne?

Botschaft vom 24.02.1973

„Warum durchkreuzt Gott der Menschen Pläne? - Ich sage Dir: Dieses tut er um der Menschen willen, weil er mit jedem einzelnen ein Ziel anstrebt, um zu bewahren, um zu retten.
Fliehen vor Gott ist für den Menschen töricht und sinnlos. So Dir nun welche begegnen, die auf der Flucht vor Gott sind, sage ihnen, daß sie aufgeben und es Unsinn ist, weiter Gott aus dem Wege zu gehen; denn gerade solche Menschen sucht er".

### Kommentar des Sehers

„Auch bei einem strebsamen Menschen kann Gott die Ziele **durchkreuzen**, aber dann ist es eine Art von Versuchung, besser Prüfung, und das ist noch zu hart gesagt, weil immer Liebe dabei ist. Er will uns vor dem bewahren, was ihm am meisten zuwider ist.
Ich denke gerade an das Wort:
*„Ach, daß Du doch kalt wärest oder heiß, da Du aber lau bist ...!"*
(Offb 3,15bf).

### Meditation

### Was aber versteht Pater Pio unter Lauheit?

Den Herrn nicht so lieben, wie es seiner Liebe, seiner Erlösungstat entspricht.

Durch das Zeugnis einer der Führung des Pater Pio Unterstellten wissen wir, daß Pater Pio sehr darauf beharrte, daß jeder täglich zweimal das Leiden des Herrn betrachte, da Er es für jeden einzelnen aus Liebe auf sich genommen hat.

Pater Pio konnte durch seine visionäre Gabe vielen Menschen helfen. Wenn sie in harter Bedrängnis mit ihren Schicksalen haderten, ließ der Herr ihn durch eine Schau erkennen, daß solches Leid ihnen aus Gnade gegeben wurde, um sie vor Schlimmerem, ja vielleicht sogar vor dem Schlimmsten zu bewahren: Ihre Wege in der Irre zu beenden.

Dies erfuhr z. B. jener Mann, der durch einen schweren Autounfall verkrüppelt war. Als er Pater Pio begegnete, konnte dieser ihm sagen, daß der Unfall eine große Gnade für ihn gewesen sei; denn sonst wäre er ein Mörder geworden und säße heute bereits im Gefängnis.

Und ebenso ging es jener Dame, der Pater Pio auf den Kopf zusagen konnte, daß sie deswegen ihr Fußleiden nicht loswerden könne, weil da noch eine ungerechte Erbschaft wiedergutzumachen sei.

Wie sehr war jenem Epileptiker durch ein Wort der Erkenntnis von Pater Pio geholfen. Er eröffnete ihm, daß er für diese Krankheit danken solle; denn ohne sie würde er die Welt zu sehr lieben und dadurch auf Abwege geraten.

So können wir beten mit Edith Stein:
„ ... Bist Vater der Weisheit auch Vater der Allmacht mir;
führst durch Nacht Du mich auch, führst doch mich zu Dir".

# Einsamkeit - Härte oder Chance?

## Botschaft vom 04.03.1972

„Siehe Carissime! Auch ich hatte in meinem Erdenleben manche Menschen, die mich kränkten, mich nicht verstanden. Gern hätte man mir Wermut statt Wein gegeben. Und als ich vor einer großen Sache stand, die fertig geworden wie durch ein Wunder (das Hospital, Anm. d. Hrsg.), sah gar mancher mit Neid darauf.

Ja, Gott läßt durch Menschen Satans Last und Neid zu. Aber nun wisse dieses: Es sind alles Brücken zur Herrlichkeit; und fürchte nicht die Einsamkeit. In der Einsamkeit offenbart sich Gott am größten und herrlichsten. Hier wird die Gemeinschaft mit dem Herrn größer und inniger, dieweil Du ihm ungeteilt zur Verfügung stehst, zur Segnung des Schauens, wobei es keine Enttäuschung gibt, sondern nur Ewigkeitsfrucht".

## Meditation

Als ein von Einsamkeit geplagter Mensch Pater Pio sein Leid klagte, antwortete er ihm zum Trost:
„... der göttliche Bräutigam spricht: 'In die Einsamkeit will ich meine Geliebte rufen und dort zu ihrem Herzen sprechen". (LM 42)

Einem anderen Hilfesuchenden gab er auf die Bitte um ein gutes Wort für den weiteren Lebensweg folgendes mit:
„Schweigend und in der Stille schreitet die ... Seele voran". (LM 41)

In einer anderen Botschaft sagt er:
„Wer für andere zum Segensträger werden will, muß sich in die Stille führen lassen."

Pater Pio spricht aus Erfahrung: Auf eine Verleumdungskampagne folgte eine lange Zeit der Einsamkeit.

Inwiefern die Stille fernab von jeder Ablenkung Quelle des Trostes werden kann, offenbarte uns Pater Pio schon in einem Brief an eine seiner Führung Unterstellte:

„Unsere Einsamkeit ist nur eine scheinbare. Unser Schutzengel steht uns immer zur Seite.

Vom Morgen, kaum sind wir erwacht, den ganzen Tag hindurch und nachts,

... immer ... immer ... Wie viele Dienste leistet uns der Schutzengel, ohne daß wir uns dessen bewußt werden, ja sogar ohne daß wir es wissen".

## Welcher Weg führt zum Segen in Fülle?

Botschaft vom 04.12.7191.

„Wer sich als Mensch auf der Erde immer stärker danach sehnt, von Gott in Anspruch genommen zu werden - sei es sogar für anderer Sühne -, der dient ihm mit seinem täglichen 'Ja', und eine Fülle von Segnungen liegt für ihn bereit. Nur ist eins unmöglich: Diese Fülle von Segnungen Gottes mit natürlichen Händen zu greifen.

Dafür muß sich der Mensch bereiten und seinem Leben eine Weihe geben" (durch Gebet, Kirchenbesuch und Sakramentenempfang, Anm. d. Sehers).

„Verzage keiner, auch wenn er durch tiefe Tiefen geführt wird, sondern glaube, daß der Herr etwas Besonderes mit ihm vorhat und mit allen jenen, die ihm in Treue zu dienen bereitstehen! Und nehmt es nicht so, als demütige Er euch, sondern erkennt euren Meister besser in seiner Macht und Herrlichkeit, in seiner Zuneigung!

Manches wird Euch dort unten schon erhellt" (durch Botschaften von drüben und persönliche Erleuchtungen, Anm. d. Sehers).

Gespräch mit dem Herrn

*„Ich bin gekommen, damit sie Leben haben und es in Fülle haben"*
(Joh 10,10)

Wie viel hat Dich dies gekostet, Herr?
Du sehnst Dich danach, daß wir diesem Leben in Fülle immer mehr auf die Spur kommen und daß wir Deine Mitarbeiter werden, damit es bei unseren Brüdern und Schwestern zum Durchbruch kommt.
Franziskus hat dies in die bekannten Worte gefaßt: „Herr, mach mich zu einem Werkzeug Deines Friedens"!

Aber Herr, Du kennst unsere Schwächen. Du weißt, wie schwer es uns oft wird, täglich neu das anzunehmen, was Du jedem sagst, der bereit ist, Dir zu folgen:
*„Wer mein Jünger sein will, nehme täglich sein Kreuz auf sich*
*und folge mir nach"!*
(Lk 9,23).

Du weißt, wie schwer es ist, täglich neu das kleine Ich zu besiegen, das meistens andere Pläne hat. Was kann uns allen in diesem ständigem Entscheidungskampf helfen?
Ich glaube, immer wieder das Schauen auf den schwersten Entscheidungskampf der Weltgeschichte, der sich in Getsemani abspielte:

Herr, alles sahst Du klar voraus - den Verrat, Hohn, Spott und die Grausamkeit, jede Demütigung, alle Marter und Mißhandlung, das vielgeliebte Volk, das Dich mit Palmzweigen in der Hand als Messias umjubelte, – jetzt kommt aus seinen Reihen der Ruf: „Kreuzige ihn!". Aber Du siehst auch alle Menschen, die sich nach der rettenden Erlösungstat sehnen ...

Und jetzt bricht die Sehnsucht Deiner alles übersteigenden Liebe siegreich durch; die Sehnsucht, die.gefallene Menschheit dem Vater zurückzugeben.

Durch die Blutstropfen Deiner Entscheidunsnot, verwandle meine Ängste in den Mut, zur Bereitschaft, Dir mit meinem stets neuen „Ja" zu dienen.

Oft ist die Fülle der Segnungen, die Du für uns bereit hältst, unseren Augen noch verborgen.
Zuweilen aber läßt Du in das Walten Deiner Heilsökonomie Licht fallen, wie folgende Begebenheit uns veranschaulicht:

Eine Frau, die schon lange krank war und nur mühsam den Haushalt führen konnte, fragte Pater Pio, ob er wisse, warum gerade sie so lange leiden müsse.
Sehr erstaunt war sie, als sie ihn sagen hörte, das sei eine große Gnade: „Der Herr hat Dich zu leiden auserwählt. Du hast zwei Brüder, die ein schlechtes Leben führen, und die Verwandten sind auch nicht besser". Wie froh war sie, als sie noch von ihm hörte, daß sie diese Seelen gerettet habe, wenn sie noch zwei Jahre im Leiden tapfer durchhielte. Dann werde sie gesund werden.
Er schloß mit den Worten: „Jedes Leid ist Gnade".

Wie freuen wir uns, Herr, daß aus der Sicht des Jenseits, das uns so ferne erscheint, Pater Pio dieses Wort „Gnade" Deinem Wesen noch entsprechender „übersetzt", wenn er es **Zuneigung** nennt.

# SCHON IST
# NAHE DER HERR

## VI. SCHON IST NAHE DER HERR

### Der Antichrist

Botschaft vom 27.10.1973

„Wehre ab kniend; denn man wird beim Erscheinen eines Scheinmessias ihm zunächst huldigen.
Und er wird sagen: 'Des Herren Tag kommt n i c h t'. Der Mensch ist der
Mensch der Sünde und Sohn des Verderbens. Dann wird man Wunder
des Antichrists im Fernsehen übertragen, und die Verführung der
Menschheit zum Abfall wird ständig zunehmen. Viele Menschen glauben, es sei nun für sie alles geschafft; und das Wort des Teufels hat sich
erfüllt: 'Ihr werdet sein wie Gott'. Und in der Anbetung des Übermen-
schen sind sich fast alle einig. – Der größte Betrug Satans ist gelungen.

Die Führung besteht in der Einheit des Drachen, des Satans und in der
dämonischen Macht. Dabei ist der Antichrist die religiöse Macht".


Fragen an den Seher

„Wird man den Antichrist erkennen, wenn er kommt?"

Der Seher antwortet:
„Der Scheinmessias nennt sich nicht mit dem Namen 'Antichrist'. Es wird
so kommen, daß die Mehrzahl der Menschen ungläubig ist, immer mehr
geneigt zu Lust und Spiel, zu Spott und allen möglichen Ablenkungen.
Dadurch verbreitet sich eine Atmosphäre, in der keiner mehr an die Möglichkeit eines Antichristen denkt. Das Thema 'Christ – Antichrist' wird überhaupt nicht mehr genannt und steht nicht zur Entscheidung, und es bahnt
sich ja heute schon immer mehr an, daß d i e s e   e n t s c h e i d e n d e
D e v i s e  verharmlost oder lächerlich gemacht wird. Merken Sie denn
nicht schon, wie das unter der Decke schwelt?"

„Am Schluß ist auf eine dreifache Einheit hingewiesen. Könnten Sie dazu
etwas Näheres sagen?"

Der Seher antwortet:

„Der Drache ist der heimliche List-Tuer, die Schlange, die die Vorarbeiten in die Wege leitet. Die dämonische Macht besteht darin, die Willenskraft des Einzelnen zu biegen, ihn uninteressiert zu machen für Gott, der ihnen immer mehr im Wege steht, an dem sie sich nur zu gern vorbeidrücken, um ihn schließlich zu leugnen. Und das alles um der eigenen Selbstvergötterung willen. In diese Haltung und Gesinnung schlittern so viele hinein und merken es nicht einmal.

Innerhalb dieser satanischen Trinität nimmt nun der Antichrist die religiöse Seite wahr, und mit seinen Scheinwundern, die sogar im Fernsehen übertragen werden, betört und ködert er die Menschheit derart, daß sie ihm als ihrem Erretter zugubelt und ihm huldigt".

„Wir wissen von Jugend auf und aus der Bibel, daß der Antichrist einmal kommen wird ..."

Der Seher sagt:
„Von da her sind wir gewarnt. Aber alle Warnungen werden nichts mehr nützen, wenn die Menschen allgemein auf das Blendwerk eines einzigen Menschen hereinfallen, hinter dem Satan mit seiner ganzen List und Tükke steht; denn bei ihm geht es um den Endkampf gegen Christus. "

Zum Schluß gibt der Seher folgenden Hinweis zum Thema „Wunder":
„Es gibt Wunder, die schon den Nazis Schwierigkeiten bereiteten. Es gelang ihnen nicht, das Bluten aus Händen, Füßen und Stirn zu erklären.
Es gibt Menschen, durch die Wunder geschehen können aufgrund einer besonderen Gnadengabe, Heilwunder. Sie gelingen aber nicht immer, und das hängt ab sowohl vom Heilenden als auch vom Kranken. Der eine hat nicht immer die volle Kraft (des Glaubens und der Liebe), und der andere ist zu nervös oder zweifelt.

Es wird Wesen geben (deren Kraftquelle dunkler Art ist, Anm. d. Hrsg.), die durch allerlei Zaubermittel unerklärliche Dinge vollbringen, die die Menschen verwirren; aber sie greifen danach und fallen auf den Redeschwall herein. Das können Verwandlungswunder sein, und die gibt es heute schon. Man kann sie aber deuten und erklären. Der Antichrist aber wird Wunder tun können, von denen die Menschen sagen: Die sind göttlicher Natur. Das will er erreichen und wird sich selber als übernatürliches Wesen hinstellen."

## Bibelstellen

*„Die ganze Welt* (die nicht den Namen des Herrn anrufen, verherrlichen) *staunte hinter dem Tier her* (Tier = Metapher für den Antichrist ebd.) ... *Und alle, die auf der Erde wohnen, werden es anbeten: Alle, deren Name nicht im Lebensbuch des geschlachteten Lammes geschrieben steht* (von Grundlegung der Welt an)" (Offb 13,3.8)(1).

*„Freut euch, daß eure Namen im Himmel verzeichnet sind"* (Lk 10,20).

*„Meine Kinder, ... ihr habt gehört, daß der Christusfeind kommen wird. Tatsächlich sind schon viele Christusfeinde da. Daran sehen wir, daß die letzte Stunde gekommen ist ...*
*Wer ist also der Lügner und Christusfeind? Jeder, der behauptet, daß Jesus nicht Christus, der versprochene Retter, ist. Wer das behauptet, lehnt mit dem Sohn auch den Vater ab"* (1 Joh 2,18.22).


## Gebet

Dank sei Dir, o Herr, für Deine treusorgende Liebe, in der Du uns dies alles durch Deine Boten vorausgesagt hast! Du willst uns durch Pater Pio noch einmal – wie schon in der heiligen Schrift – daran erinnern, wie die Deinen die Herrschaft des Antichrist durchschauen und wie sie im Endkampf bestehen können.
Vor allem bitten wir Dich: Schenke uns doch die Gnade der Unterscheidung der Geister, damit wir nicht doch noch auf irgendeine Weise in die Faszination des Verführers hineingezogen werden!

Heiliger Geist, gib den Gläubigen die Durchhaltekraft und den Heroismus, die schweren Prüfungen dieser Zeit siegreich durchzustehen!

--------

1 Vgl. J. Finkenzeller, Art. 'Antichrist', in: Lexikon der katholischen Dogmatik, W. Beinert, Hrsg. (Freiburg 1987, 2. Aufl.) 18.

## Was begünstigt das Klima des Antichristen?

Pater Pio sagt es in folgender Botschaft (21.07.1972):

„Die Menschen wähnen sich im Zeitalter der A u f k l ä r u n g: Sie s u - c h e n   n i c h t nach einer klaren Antwort auf Gottes-Fragen. Aber sie sollen wissen:
Wer die Erde erschuf, bestimmt auch deren Ablauf und Ende!

Ärgert euch nicht! Spötter und Spöttereien werden zunehmen, und nichts wollen sie hören von Gottes Verheißung und Seiner Wiederkunft".


## Meditation

Diesen R a t i o n a l i s m u s, durch den Satan über vieles regiert hat, diese Überbetonung des Verstandes, verurteilt Jesus. Er mißt dem Verstand den richtigen Stellenwert zu: „Ihr habt den Verstand als Führung, die Gnade zu eurer Erleuchtung" (1).

Was der „Gnade der Erleuchtung" den Boden bereitet, lesen wir in der Bibel:
„*Wenn ihr nicht werdet wie die Kinder, könnt ihr nicht in das Himmelreich eingehen*" (Mt 18,3).

Wir spüren, was der Herr damit meint: Es geht um diesen starken Glauben, die Demut und die kindliche Liebe.

Und wenn wir in die Versuchung geraten, uns nur auf unseren Verstand zu verlassen, kann uns das folgende Wort hilfreich sein: „*Ich preise Dich, Vater, daß Du es den Klugen und Weisen verborgen, den Unmündigen aber offenbart hast*" (Mt 11,25).

---

1 Maria Valtorta, Das Morgenrot einer neuen Zeit (Hauteville 1992) S. 101.

## Und der Herr enthüllt uns noch deutlicher die Hintergründe für den Erfolg des Antichristen:

„Dies alles wird geschehen, weil nicht nur die Laien, sondern auch viele Geistliche dem Rationalismus verfallen sind und jene Standhaftigkeit des Glaubens, der Liebe, der Kraft, der Loslösung von den Verführungen der Welt verloren haben, – alles das, was nötig ist, um im Lichtkreis Gottes zu bleiben"(2). So ruft er traurig aus:

*„ Wenn der Menschensohn kommt, wird Er wohl Glauben finden?"*
(Lk 18,8)

Im Blick auf diese furchtbare Passion der Christenheit, in der viele Menschen schwach werden und ihren Glauben verleugnen, – aber auch viele standhaft bleiben und ihr Leben für Christus hingeben, drängt es uns zu fragen:

## Wie geht die Zeit des Antichristen zu Ende?

Paulus sagt:
*„Der Antichrist wird sich gegen alles auflehnen und sich über alles erheben, was als göttlich und verehrungswürdig gilt. Ja, er wird seinen Thron im Tempel Gottes aufstellen und wird behaupten, er sei Gott! ... Dann wird der Feind Gottes offen hervortreten.*

*ABER JESUS, DER HERR, WIRD IHN MIT DEM HAUCH SEINES MUNDES TÖTEN.*

ER WIRD IHN DURCH SEIN BLOSSES ERSCHEINEN VERNICHTEN"
(2 Thess 2,4.8).

Der Höhepunkt aller Entwicklung des Bösen ist also zugleich der sehnlichst erwartete Zeitpunkt der E r s c h e i n u n g   d e s   H e r r n   i n
M a c h t   u n d   H e r r l i c h k e i t – mit seinen heiligen Engeln zur Vernichtung des Tieres aus dem Meer und des falschen Propheten und ihrer Anhänger (vgl. Offb 19,11-21) und zur Belohnung der Getreuen und Märtyrer (Offb 20).

Pater Pio ergänzt dies alles durch folgende Botschaft:

-------
2 A.a.O., S.43.

## Die Engel des Lichtes werden siegen

Botschaft vom 19.7.1975

„Carissime! Die Engel des Lichtes, welche dem Herrn zur Verfügung stehen, werden siegen und triumphieren. Jubel und Freude ist im Himmel bei jenen, die den Himmel bewohnen aus Seinen Reihen, während über den Erdball noch furchtbare Gerichte dahinbrausen. –

Auch im Weltall gibt es Kämpfe; sogar die schwersten, die je waren, werden noch folgen. Dabei werden sich die Kräfte der Finsternis und des Lichtes messen. Das Oberhaupt der Heerscharen des Lichtes, der HERR, wird gar oft vertreten sein durch Sankt Michael und seine Engel, – vor ihm gebunden in Fesseln Satan.
Ja, ja, sage es allen, die dich anhören wollen: Hinter Satan steht ein Gefolge, beladen mit Schuld an Kriegen, Mord, Tod, Hunger, Seuchen. – Und der HERR rechnet ab; denn Seine Art ist es seit je, wachsen zu lassen, was gegen Ihn und Seine Gebote ist.

Nur dies eine ist notwendig: Die Gebote (von Sinai) zu beachten. Wer sie beachtet, läßt den HERRN in alle seine Winkel und geheimsten Kammern, auch dorthin, wo noch manches versteckt und verborgen ist. –".


### Meditation

Dies alles ist das Morgenrot einer Zeit, die von alters her durch die Propheten in leuchtenden Farben geschildert wurde.

Es ist die Zeit des Friedens und der Gerechtigkeit, in der alle auf Christus schauen, den König der Könige, und Seine Jünger sein wollen, angezogen von Seiner Liebe, – und in der sich alle von Gott belehren lassen. So lernen die Menschen auch, weise zu werden und die Fallstricke Satans zu erkennen, der zwar in dieser Zeit für 1000 Jahre gefesselt ist, aber danach für kurze Zeit noch einmal freigelassen wird (vgl. Offb 20,2f). Sie üben sich darin, standhaft zu bleiben, indem sie sich mit der Kraft Christi verbinden durch Glaube und Liebe.

Paulus sagt dazu im Brief an die Epheser:

*„Was Er von Anfang an gewollt hat, hat Er den Seinen jetzt bekannt gemacht. Seit jeher war es Seine Absicht, durch Christus alle Zeiten zu vollenden - und alles zu vereinen, was im Himmel und auf Erden lebt, unter Christus als dem Haupt".*
(Eph 1,9-10).


Gebet

Dank sei dem Herrn für alle Seine Gnade!

## Die Entrückung

Botschaft vom 13.11.1971

„Es naht die Zeit, in der die Trennung der Kinder Gottes beseitigt ist. – Gott wird etliche entrücken. Entrückt werden heißt: Zu Jesus hingerückt werden, weil alle Glieder zu seinem Haupte gehören. So verbanden sie sich auch auf Erden bereits als Glieder mit Christi Leib – eine Wirklichkeit, die man nur glaubend bewundern kann.

Aus allen Teilen der Erde werden die Gläubigen in der Luft vereint sein, um den größten Triumph der Weltgeschichte zu erleben. Ja, in der Luft wird ihnen der Herr selbst begegnen.

Über der Residenz des Fürsten der Finsternis wird sich der Herr als Bahnbrecher mit den Seligen feierlich vereinigen. Zuschauen wird der gewaltige Gegenspieler, Satan, dem die mutigen Kämpfer entrissen werden, die sich nun um ihren Siegesfürsten formieren. Und der Held von Golgota an der Spitze führt sie in das festlich gefüllte Vaterhaus".

Bibelstellen:

*„Darauf werden wir, die noch leben und übrig geblieben sind … auf Wolken dem Herrn entgegen in die Luft entrückt werden und so immerdar mit dem Herrn sein"* (1 Thess 4,17).

Gebet

Dank sei Dir, o Herr,
für diesen überdimensional
liebevollen, göttlichen Rettungsplan,
der die Deinen der größten Drangsal entreißen
und zu Dir heimholen will.

## Botschaft vom 18.09.1972

„Das Zeitalter der Gnade und der Tag des Heils sind mit der Entrückung abgeschlossen. Und für die Schuldigen bricht das Gericht an.

Und was am Ende alles kommen wird, ahnt kaum jemand. Die meisten Menschen machen sich keine Mühe, darüber nachzudenken (Sie wiegen sich in Sicherheit, Anm. d. Hrsg.). Aber so zu denken, wäre ein Irrtum. Worte der Weissagung verraten, was notwendig ist zu wissen. Man sollte sie lesen und behalten.

Die Zeit ist nahe, wo das, was als Gerichtszeit gilt, beim Weltende herbeirückt. Es werden noch furchtbare Kriege kommen unter Schwarzen und Weißen (Schwarze gegen Schwarze – Weiße gegen Weiße – Schwarze gegen Weiße, Anm. d. Sehers). Ein Kinderspiel dagegen waren alle bisherigen Kriege. Das geschieht, n a c h d e m die jetzt Glaubenden entrückt und vor dem Herrn sich beugen, geführt von vielen, die einen Märtyrertod erlitten. Eines ihrer wunderbarsten Erlebnisse war die Entrückung".

## Botschaft vom 11.11.1977

„Carissime! Eine Entrückung, an welche du so oft denkst, ist ein wunderbares Ereignis. Wann dieses stattfindet, ist jedem Menschen verborgen. Auch reich beflügelte Engel können es dir nicht sagen – nur Gottvater weiß es.

Verspüren werden viele, daß gewaltige Dinge bevorstehen. Noch lacht eure Jugend über unsterbliche Seelen. Sorglos und gleichgültig leben sie in Sünden und wollen sie nicht erkennen. Aber die Entrückung kann und wird auch für diese in ein- und derselben Stunde sein auf dem ganzen Erdenrund.
Bei der Entrückung werden nicht alle den unermeßlichen Jubel empfangen; auch nicht alle sind Siegeszugteilnehmer. Aber die zur rechten Zeit Buße empfingen, schauen strahlendes Glück und sie werden niemals zur Tiefe hinabsteigen".

Gebet

Himmlischer Vater,
auch in dieser Botschaft
enthüllt sich ein Zug Deines Vaterherzens.
Du durchschaust alles,
auch die Nöte der Jugend in der Endzeit.
Du siehst den Mangel an Geborgenheit,
an Kraft aus dem Glauben,
weil die Stütze gläubiger Eltern oft fehlt,
und den Mangel an Abwehrkraft gegen das Böse,
das auf sie einstürmt.
Sagt auch im Blick auf sie
Dein Herz,
das jeden Menschen bis ins Tiefste durchschaut:
"Sie wissen nicht, was sie tun?"


Ja, Du siehst auch ihren tiefsten Kern,
Deinen göttlichen Funken,
und hörst den leisen Ruf ihrer Sehnsucht
nach dem ihnen noch unbekannten Gott.
Gibst Du ihnen noch im letzten Moment,
wie dem Schächer am Kreuz,
die Gnade,
Deinen Namen anzurufen,
durch die Kraft derer,
die für jene im Gebet eintreten? (1)

---

1 Vgl. Josef Künzli, Offenbarungen Göttlicher Liebe

# Kein Auge hat je gesehen ...

Botschaft vom 06.11.1971

**„Unfaßbar ist, daß Gott für die Seinen ein solch hohes Erbteil bereithält".**

## Meditation

Dieser verheißungsvolle Hinweis Pater Pios kann uns über manch seelisches Tief tragen – und uns für eine unbegrenzte Freude öffnen, die niemand uns rauben kann.
Er erinnert an das Wort:
*„ Was kein Auge gesehen und kein Ohr gehört hat, was keinem Menschen in den Sinn gekommen ist: Das Große, das Gott denen bereitet hat, die Ihn lieben"* (1 Kor 2,9).

## Gespräch mit dem Herrn

O Herr, es bleibt Dein Geheimnis, aber etwas davon hast Du schon kundgetan durch die letzten Kapitel der Heiligen Schrift.

Darin wird uns auch gesagt: *„Freude ohne Ende ist dem gewiß, der die prophetischen Worte dieses Buches beherzigt"* (Offb 22,7).

So können wir uns nicht satt lesen an dem, was der Seher von Patmos uns enthüllt über den neuen Himmel und die neue Erde – und über u n s e - r e  H e i m a t , die Heilige Stadt, das Neue Jerusalem, das aus dem Himmel in bräutlicher Schönheit herabkommt ...

Und dies ist das „Unfaßbare", wonach wir uns alle sehnen, unbewußt oder bewußt:
Dich zu schauen, in Deiner Herrlichkeit ...

Ja, das Wort von Pater Pio will uns eine leise Ahnung geben von dem, was uns erwartet, wenn Du, o Herr, uns *„alles in allem"* sein wirst (Offb 21, 1-6; 1 Kor 15,28).

„Du wirst bei uns wohnen und alle Tränen trocknen", – und wir werden – von unserer Blindheit befreit – 'Dich erkennen, wie Du bist', bei Dir zuhause sein, und mit allen Engeln und Heiligen Dir voll Freude lobsingen in Ewigkeit.

### Rückblick, Dank und Lobpreis

Wenn wir zurückschauen auf all das,
was uns Pater Pio durch diese Botschaften ins Herz legt,
damit wir tiefer darüber nachdenken,
zielbewußter leben
und erkennen,
daß alles,
ob Freude oder Leid,
uns zur Reifung für das große Ziel geschenkt wurde,
dann können wir nur in Dankbarkeit und Ehrfurcht
einstimmen in den Lobpreis des heiligen Paulus (Röm 11,33):

*„O welche Tiefe des Reichtums an Weisheit und Einsicht Gottes.*
*Wie unergründlich sind Seine Urteile, wie unerforschlich Seine Wege!*
*Wer hat des Herrn Sinn erkannt? Wer ist Sein Ratgeber gewesen?*
*Wer hat Ihm je etwas zuvor gegeben,*
*daß Gott es ihm wiedergeben müßte?*

*Denn Er ist Ursprung, ist Kraft und Ziel aller Dinge!*

*Ihm sei Ehre in Ewigkeit! Amen!"*